AF325439

Z

41996

CURIOSITÉS HISTORIQUES.

La Bibliothèque de poche est composée des volumes suivants :

Paris. — Typographie de J. Best, rue Poupée, 7.

BIBLIOTHÈQUE DE POCHE

PAR UNE

SOCIÉTÉ DE GENS DE LETTRES ET D'ÉRUDITS.

CURIOSITÉS HISTORIQUES.

PARIS.

PAULIN ET LE CHEVALIER, ÉDITEURS,

RUE RICHELIEU, 60.

1855.

TABLE DES CHAPITRES.

CURIOSITÉS HISTORIQUES.

INCERTITUDES DE L'HISTOIRE.

Nous n'épuiserons certainement pas ici la matière que comporte ce titre, puisque Langlet-Dufresnoy, qui a consacré au même sujet cent pages environ de son ouvrage, *l'Histoire justifiée contre les romans,* n'a fait à peine que l'effleurer ; nous nous contenterons de citer quelques faits comme exemples : nous les prendrons à peu près au hasard, afin de prouver mieux l'inépuisable abondance de cette thèse qui, au lieu d'un chapitre, exigerait tout un livre.

Langlet-Dufresnoy indique plusieurs sources des incertitudes historiques. L'une des principales à son sens, et il a certainement raison, « vient du caractère des hommes qui étudient l'histoire ou qui la composent. C'est ou pyrrhonisme dans les uns, dit-il, ou esprit de singularité dans les autres, quelquefois trop, quelquefois trop peu de réflexion, flatterie dans quelques-uns, et souvent une manière différente de considérer le même objet. »

Parmi ceux que l'esprit de singularité a égarés, Langlet-Dufresnoy cite le P. Hardouin, qui, pour ne pas être de l'avis de tout le monde, et afin de bouleverser toutes les opinions reçues (les profondes études, selon lui, ne devaient pas avoir d'autre but), commençait par biffer Virgile du nombre des poëtes du siècle d'Auguste, et par refuser toute créance aux anciens historiens.

« Mais, ajoute Langlet, comme le P. Hardouin ne voulait pas nous laisser sans histoire, qu'avait-il donc la bonté de substituer aux Thucydide, aux Xénophon, aux Diodore de Sicile, aux Plutarque, aux Tite-Live, aux César, aux Tacite, et à tant de grands historiens qu'il avait impitoyablement dégradés? Il nous donnait des romans qui avaient pris naissance dans son imagination : telle est l'histoire sainte qu'on lit dans sa Chronologie sacrée, contraire même à la Vulgate, qu'il daignait néanmoins conserver; telle est l'histoire des Mèdes, des Perses, d'Alexandre et des rois de Syrie, qu'on lit dans cette même Chronologie sacrée, supprimée par ordre du feu roi dès qu'elle eut commencé à paraître, réimprimée depuis dans ses *Opera selecta,* et adoptée enfin par l'un de ses disciples, qui a bien voulu mettre en français ce que le P. Hardouin a mis en latin dans ce livre, aussi bien que dans ses *Opera varia,* où l'on voit une histoire romaine tirée toute de son propre fond, et dans laquelle il fait la grâce au roi Louis XIV, par une généalogie très-singulière, de le faire descendre en droite ligne du grand Pompée.

» ... Il est surprenant, dit encore Langlet-Dufresnoy un peu plus loin, de voir le nombre d'écrivains qui se sont abandonnés à cet esprit de singularité. Je n'en rapporterai plus qu'un exemple tiré d'un auteur célèbre du seizième siècle : c'est M. du Bellay-Langey, qui prétend jeter quelques incertitudes sur un des plus grands événements de notre histoire au quinzième siècle.

» Il s'avise donc de révoquer en doute ce fait extraordinaire et merveilleux de la pucelle d'Orléans, cette héroïne incomparable, qui a relevé, si l'on peut ainsi parler, cette monarchie, et qui lui a rendu le lustre dont elle était déchue par la mollesse du roi Charles VII. »

Langlet ne cite pas le passage où du Bellay met en doute la sincérité de l'héroïsme de Jeanne d'Arc, et où il semble faire de la Pucelle une sorte de mannequin dont Charles VII tenait les fils ; mais nous ne l'avons pas omis, nous, dans un article de *l'Illustration* [1], où nous traitions des diverses opinions qu'on avait eues, du quinzième jusqu'au dix-huitième siècle, sur la mission de Jeanne.

« Si, disions-nous, de temps à autre, au quinzième et au seizième siècle, le souvenir de Jeanne d'Arc était ramené dans les communs propos, c'était presque toujours pour servir de thèse aux opinions les plus contradictoires. »

La classe à laquelle on appartenait y réglait presque toujours les jugements qu'on portait sur elle. Était-on du peuple ou de la bourgeoisie, on prenait sa défense ; était-on de la noblesse, on ne se faisait faute, à son sujet, d'aucun conte saugrenu et ridicule.

Dans le poëme de l'Artésien Martin Franc, *le Champion des dames, livre plaisant, curieux et abondant en sentences*, on trouve un exemple de ces disputes, où, dit l'auteur, on se *forcenoit* à prendre parti pour ou contre Jeanne d'Arc. *Franc-Vouloir* la défend, mais *Male-Bouche* l'attaque, disant que tout avait été feinte et mensonge dans sa vie ; ses expéditions guerrières sont, à l'entendre, les mascarades scandaleuses d'une soi-disant bergère déguisée en homme ; la révélation divine, le résultat de leçons bien apprises. Or, dans cette querelle,

[1] 10 mars 1855.

Franc-Vouloir parle comme pensait le peuple, et Male-Bouche, au contraire, suivant les convictions impies des gens de cour ; ce qui nous le prouve, c'est qu'à un demi-siècle de là nous retrouvons sous la plume d'un historien courtisan, non pas la généreuse opinion de Franc-Vouloir, mais, sauf quelques injures de moins, toute l'offensante façon de penser de son interlocuteur.

Guillaume du Belley-Langey, en son livre des *Instructions sur le fait de la guerre, ou de la discipline militaire* (Paris, Vascosan, 1549, liv. II, fol. 59), a écrit : « Du tems du roy Charles VII, en la guerre qu'il avoit contre les Angloys, fut Jehanne la pucelle en France, réputée une personne divine, et chacun affirmoit qu'elle avoit esté envoyée de par Dieu ; mais, à ce que l'on veut dire, ce avoit été le roy qui s'estoit avisé de cette ruse, pour donner quelque bonne espérance aux Françoys, leur faisant entendre la sollicitude que Nostre-Seigneur avoit de son royaume ; et avecques ce que ledit roy travailloit en ce que la susdite Jehanne fust trouvée véritable en ses dits, et que la plupart de ses entreprises vinssent à bonne fin ; pour exécuter lesquelles, elle-même s'armoit et se trouvoit parmy les chevaliers aux combats. Les Françoys y eurent une telle fiance que, delà en avant, la force des Angloys descheut de jour en jour et la leur augmenta. »

Cette manière de juger Jeanne d'Arc et de résoudre lestement le merveilleux problème de sa vie, était encore de fort bon ton au dix-septième siècle. Du Haillan n'y fit que reproduire, dans son *Histoire*, le dire de du Bellay ; plus tard, en l'enjolivant un peu, dans ses *Mémoires,* l'abbé d'Artigny s'en composa aussi une opinion non moins ridiculement injuste. On pensait qu'il n'appartenait pas à un écrivain sérieux « de croire à Jeanne d'Arc, et surtout de le dire. »

Pour l'histoire de Jeanne d'Arc, on ne s'en est pas tenu aux incertitudes d'opinion; des incertitudes s'élevèrent touchant les faits qui, dans cette grande chronique, sembleraient devoir permettre le moins de doute.

Ainsi l'on a été jusqu'à soutenir que Jeanne n'avait pas été brûlée à Rouen, et jusqu'à faire de longs mémoires à ce sujet.

Voici, par exemple, ce qui a été écrit dans *le Mercure galant,* que rédigeait de Vizé [1] :

« On dit assez généralement que Charles VII, pour récompenser les belles actions de Jeanne d'Arc, donna des lettres de noblesse à ses frères et à leurs descendants. Néanmoins des pièces récemment découvertes donneraient lieu de croire que cette héroïne a été mariée, et que, par conséquent, elle n'aurait pas été brûlée à Rouen, comme le marquent toutes nos histoires; mais quelque malheureuse à sa place.

» Ce sentiment, qui doit sembler un paradoxe, est appuyé sur des témoignages assez graves.

» Le savant P. Vignier, de l'Oratoire, que l'on ne soupçonnera pas de fourberie, et qui était entièrement désintéressé dans cette affaire, a fait des découvertes assez importantes là-dessus pour mériter l'attention publique.

» Dans un voyage en Lorraine, il découvrit, à Metz, un ancien manuscrit des choses arrivées dans cette ville, et fit transcrire par-devant un notaire royal, qui en certifia légalement l'authenticité, le passage qu'on va lire.

[1] Novembre 1683.

Nous ne changerons rien au sens; mais nous supprimerons les vieilles expressions, qui ne sont pas maintenant intelligibles pour tout le monde.

Extrait d'un ancien manuscrit de certaines choses arrivées en la ville de Metz.

« L'an 1436 (cinq ans après la condamnation de Jeanne d'Arc), fut maître échevin de Metz Philippe Marcou; et le vingtième jour de mai, l'an dessus dit, vint la pucelle Jehanne, qui avoit été en France, à la Grange-aux-Ormes, près de Saint-Pryvé; et y fut amenée pour parler à aucuns des sieurs de Metz, et se faisait appeler Claude.

» Le même jour, ses deux frères la vinrent voir. Ils croyoient qu'elle avoit été brûlée. Mais, sitôt qu'ils la virent, ils la reconnurent; elle les reconnut aussi; et le lundi, vingt-et-unième jour dudit mois, ils amenèrent leur sœur avec eux à Boquelon; et lui donna le sieur Nicolle un roussin; le sieur Aubert Boulle, un chaperon; le sieur Groguet, une épée; et ladite Pucelle sauta sur ledit cheval très-habilement, et dit plusieurs choses au sieur Nicolle.

» Comme donc il entendit bien que c'étoit elle qui avoit été en France, et qu'elle fut reconnue par plusieurs enseignes pour la pucelle Jehanne de France, qui avoit amené sacrer le roi Charles à Rheims, plusieurs vinrent dire qu'elle avoit été brûlée en Normandie. Ses frères l'emmenèrent à Maruelle, où elle se tint environ trois semaines. Et puis partit pour Notre-Dame-d'Alliance, et puis s'en alloit dans le duché de Luxembourg; et y fut très-grande presse jusqu'à tant que le fils du comte de Wnenbourg la mena à Cologne. Le père de ce comte aimoit très-fort Jehanne.

» Elle vint ensuite à Erlon ; et là fut fait le mariage de M. de Armoises, chevalier, et de ladite Jehanne la Pucelle ; et puis s'en vint ledit sieur de Armoises, avec sa femme la Pucelle, demeurer à Metz. »

« Le P. Vignier, est-il dit encore dans *le Mercure*, ne se serait pas encore rendu au témoignage de ce manuscrit, s'il n'eût été fortifié par une seconde preuve non moins importante.

» Un jour qu'il se trouvait à dîner chez M. d'Armoises, d'une illustre maison de l'ancienne chevalerie, il fit tomber la conversation sur la généalogie des seigneurs ; mais il en savait peu de chose : il donna au P. Vignier la clef de ses archives.

» Le P. Vignier y passa le reste de la journée ; et après de longues recherches, il eut le bonheur de retrouver le contrat de mariage d'un Robert des Armoises, chevalier, avec Jehanne Darc, dite la Pucelle d'Orléans. »

L'assassinat des enfants d'Édouard IV a été mis en doute aussi bien que les bûcher de Jeanne d'Arc ; et l'on ne s'en est même pas tenu, pour la réfutation de ce fait, à des rêveries d'oratoriens et à des articles du *Mercure*. Hume et Rapin Toyras se sont indirectement mis de la partie en émettant des doutes sérieux sur les crimes qu'on reproche à Richard III ; mais Buck et Robert Walpole ont été plus loin, ils ont été au fond du fait même pour en démontrer la fausseté.

Dans son livre, dont M. Rey a donné une traduction [1],

____

[1] *Essai historique et critique sur la vie de Richard III;* Paris, 1819, in-8.

Walpole démontre que rien n'établit la preuve des inventions sanguinaires de Richard contre les fils de son frère.

« Il lui suffisait qu'enfermés dans la tour de Londres, ils fussent hors d'état de s'opposer à ses vues ambitieuses. Tyrrel, que la légende désigne comme l'instrument dont il se servit pour accomplir ce crime, était un homme important, un brave officier dévoué à sa personne, qui, à la bataille de Rosworth, commandait la cavalerie, et que Henri VII fit décapiter, ne pouvant le gagner à son parti.

» Édouard V était faible et délicat : on croit qu'il mourut de maladie en prison. Son frère, le duc d'York, parvint, dit-on, à s'échapper, et, après avoir longtemps erré en Angleterre, se réfugia en France, où Charles VIII le traita en égal ; la duchesse douairière de Bourgogne, sœur d'Édouard IV et veuve de Charles le Téméraire, le reconnut pour son neveu. Il passa, en 1493, en Angleterre pour réclamer la couronne. Son étonnante ressemblance avec son père, sa taille majestueuse, sa valeur, le firent reconnaître par beaucoup d'Anglais mécontents de l'oppression de Henri VII. Jacques III, roi d'Écosse, lui donna en mariage une de ses parentes, princesse de la maison d'York. Pendant cinq ans, il eut les armes à la main ; il envahit successivement l'Irlande, le comté de Cornouailles, le nord de l'Angleterre ; il arma l'Écosse, et, au milieu de ses défaites, il trouva des ressources dans ses qualités brillantes ; mais enfin, abandonné et livré à Henri VII, en 1498, condamné seulement à la prison, et ayant voulu s'évader, il paya de sa tête sa hardiesse. Ses ennemis ne voulurent jamais admettre qu'il fût le fils d'Édouard IV, et les historiens ont longtemps répété qu'il s'appelait Perkins Warbeck [1], et qu'il était fils d'un courtier d'Anvers. En définitive, de quel côté est la vérité? »

Le peuple fut toujours porté à mettre en doute la mort des hommes extraordinaires. Il matérialise leur immortalité, pour ainsi dire, en assignant à leur existence l'éternité de leur gloire. Ainsi, en Allemagne, on crut longtemps que le grand Frédéric Barberousse n'était pas mort, mais qu'il était seulement endormi dans une caverne cachée à tous les yeux.

En Portugal, il se trouve encore des croyants acharnés, auxquels on a donné le nom de *sébastianistes*, qui vous soutiendront que le roi dom Sébastien ne fut pas tué dans son expédition d'Afrique, et qu'il a jusqu'à présent survécu à sa défaite.

Pour un grand nombre de paysans, Napoléon n'est pas mort; ces bonnes gens, par un effort de crédulité, arrivent à donner tout juste une contre-partie à la thèse si spirituellement soutenue par un ecclésiastique d'Agen, en 1836 : *Comme quoi Napoléon n'a jamais existé.*

Nous allons donner des extraits de la brochure où il développe son *système*, parodie excellente de celui de Dupuis dans son *Origine des cultes*, et aussi satire très-ingénieuse des procédés historiques et archéologiques de beaucoup de nos savants.

Napoléon, c'est le *soleil personnifié.*

1° Entre le nom de *Napoléon* et celui d'*Apollon* ou *Apoléon*, le soleil fait homme, avouez que la différence n'est pas grande. Il y a sans doute une lettre, même une syllabe de plus, car on écrit parfois *Néapoléo*, comme sur la colonne de la place Vendôme. Mais qu'importe cette

' Voy. *Curiosités biographiques*, p. 236 et suiv.

syllabe? A bien prendre même, il est bon qu'elle y soit. « Cette syllabe est grecque sans doute, comme le reste du nom, et en grec, *nè* (νη) ou *nai* (ναι) est une des plus grandes affirmations que nous pouvons rendre par le mot *véritablement ;* d'où il suit que *Napoléon* signifie : véritablement Apollon. C'est donc véritablement le soleil. »

Mais son autre nom *Bonaparte*, comment l'expliquer ? Rien de plus simple. Le jour a deux parties, l'une bonne et lumineuse, l'autre mauvaise et sombre. Au soleil est due la bonne partie, *bona pars ;* donc il est tout naturel qu'*Apollon* ou *Né-Apoléon* ait reçu ce surnom *Bonaparte.*

2° Apollon est né à Délos, île de la Méditerrannée ; Napoléon est né en Corse, autre île de la même mer.

Voyez la ressemblance. Selon Pausanias, Apollon était une divinité égyptienne. Or « on a dit qu'en Égypte Napoléon fut regardé comme revêtu d'un caractère extraordinaire, comme l'ami de Mahomet, et qu'il y reçut des hommages qui tenaient de l'adoration. »

3° On prétend que sa mère se nommait Létitia ; mais sous le nom de *Letitia*, qui veut dire la joie, on a voulu désigner l'aurore, dont la lumière naissante répand la joie dans toute la nature, l'aurore qui enfante au monde le soleil, comme disent les poëtes, en lui ouvrant avec ses doigts de rose les portes de l'Orient.

Encore est-il bien remarquable que, suivant la mythologie grecque, la mère d'Apollon s'appelait *Leto* ou *Léto*, Λητω. Mais si de *Leto* les Romains firent *Latone*, mère d'Apollon et de Diane, on a mieux aimé, dans notre siècle, en faire *Letitia*, parce que *lætitia* est le substantif du verbe *lætor* ou de l'inusité *læto*, qui voulait dire inspirer de la joie.

Il est donc certain que cette *Letitia* est prise, comme son fils, dans la mythologie grecque.

4° D'après ce qu'on en raconte, ce fils de Létitia avait trois sœurs, et il est indubitable que ces trois sœurs sont les trois Grâces, qui, avec les Muses, leurs compagnes, faisaient l'ornement et les charmes de la cour d'Apollon, leur frère.

5° On dit que ce moderne Apollon avait quatre frères. Or ces quatre frères sont les quatre saisons de l'année, comme nous allons le prouver. Mais d'abord, qu'on ne s'effarouche point en voyant les saisons représentées par des hommes plutôt que par des femmes. Cela ne doit pas même paraître nouveau, car, en français, des quatre saisons de l'année, une seule est féminine, c'est l'automne, et encore nos grammairiens sont peu d'accord à cet égard. Mais, en latin, *autumnus* n'est pas plus féminin que les trois autres saisons. Ainsi, point de difficulté là-dessus. Les quatre frères de Napoléon peuvent représenter les quatre saisons de l'année, et ce qui suit va prouver qu'ils les représentent réellement.

Des quatre frères de Napoléon trois, dit-on, furent rois, et ces trois rois sont : le Printemps, qui règne sur les fleurs; l'Été, qui règne sur les moissons; et l'Automne, qui règne sur les fruits. Et comme ces trois saisons tiennent tout de la puissante influence du soleil, on nous dit que les trois frères de Napoléon tenaient de lui leur royauté et ne régnaient que par lui. Et quand on ajoute que, des quatre frères de Napoléon, il y en eut un qui ne fut point roi, c'est parce que, des quatre saisons de l'année, il en est une qui ne règne sur rien, c'est l'Hiver.

Mais si, pour infirmer notre parallèle, on prétendait

que l'Hiver n'est pas sans empire, et qu'on voulût lui attribuer la triste *principauté* des neiges et des frimas, qui, dans cette fâcheuse saison, blanchissent nos campagnes, notre réponse serait toute prête : c'est, dirions-nous, ce qu'on a voulu nous indiquer par la vaine et ridicule principauté dont on prétend que ce frère de Napoléon a été revêtu après la décadence de toute sa famille, principauté qu'on a attachée au village de *Canino* de préférence à toute autre, parce que *canino* vient de *cani*, qui veut dire : les cheveux blancs de la froide vieillesse, ce qui rappelle l'Hiver. Car, aux yeux des poëtes, les forêts qui couronnent nos coteaux en sont la chevelure, et quand l'hiver les couvre de ses frimas, ce sont les cheveux blancs de la nature défaillante, dans la vieillesse de l'année :

> Cùm gelidus crescit *canis* in montibus humor.

Ainsi le prétendu prince de *Canino* n'est que l'Hiver personnifié, l'Hiver qui commence quand il ne reste plus rien des trois belles saisons et que le soleil est dans le plus grand éloignement de nos contrées envahies par les fougueux *enfants du Nord*, nom que les poëtes donnent aux vents qui, venant de ces contrées, décolorent nos campagnes et les couvrent de blancheur, ce qui a fourni le sujet de la fabuleuse invasion des peuples du Nord dans la France, où ils auraient fait disparaître un drapeau de diverses couleurs dont elle était embellie, pour y substituer un drapeau blanc qui l'aurait couverte tout entière après l'éloignement du fabuleux Napoléon. Mais il serait inutile de répéter que ce n'est qu'un emblème des frimas que les vents du Nord nous apportent durant l'hiver, à la place des couleurs que le soleil maintenait dans nos contrées, avant qu'il se fût éloigné de nous par son déclin vers le midi; toutes choses dont il est facile de voir l'analogie avec les fables ingénieuses que l'on a imaginées dans notre siècle.

6° Selon les mêmes fables, Napoléon eut deux femmes; aussi en avait-on attribué deux au soleil. Ces deux femmes du soleil étaient la Lune et la Terre, la Lune selon les Grecs (c'est Plutarque qui l'atteste), et la Terre selon les Égyptiens, avec cette différence bien remarquable que de l'une (c'est-à-dire de la Lune) le Soleil n'eut point de postérité, et que de l'autre il eut un fils, *un fils unique,* c'est le petit *Horus,* fils d'Osiris et d'Isis, c'est-à-dire du Soleil et de la Terre, comme on le voit dans l'Histoire du ciel (t. I, p. 61 et suiv.). C'est une allégorie égyptienne, dans laquelle le petit *Horus,* né de la Terre fécondée par le Soleil, représente les fruits de l'agriculture; et précisément on a placé la naissance du prétendu fils de Napoléon au 20 mars, à l'équinoxe du printemps, parce que c'est au printemps que les productions de l'agriculture prennent leur grand développement.

7° On dit que Napoléon mit fin à un fléau dévastateur qui *terrorisait* toute la France, et qu'on nomma l'hydre de la révolution. Or une hydre est un serpent, et peu importe l'espèce, surtout quand il s'agit d'une fable. C'est le serpent Python, dragon monstrueux qui était la *terreur* de la Grèce, et qui fut étouffé par Apollon lorsqu'il n'était encore que dans son berceau; et c'est pour cela qu'on nous dit que Napoléon commença son règne en étouffant la révolution française, aussi chimérique que tout le reste; car on voit bien que *révolution* est emprunté du mot latin *revolvo,* qui indique la situation d'un serpent roulé sur lui-même. C'est Python, et rien de plus.

8° Le célèbre guerrier du dix-neuvième siècle avait, dit-on, douze maréchaux de son empire à la tête de ses armées, et quatre en non-activité. Or les douze premiers (comme bien entendu) sont les douze signes du zodiaque, marchant sous les ordres du soleil Napoléon, et commandant chacun une division de l'innombrable armée des étoiles, qui se trouve partagée en douze parties correspondant aux douze signes. Tels sont les douze maréchaux, qui, suivant nos fabuleuses chroniques, étaient en activité de service sous l'empereur Napoléon, et les quatre autres, vraisemblablement, sont les quatre points cardinaux, qui, immobiles au milieu du mouvement général, représentent fort bien la non-activité dont il s'agit.

Ainsi, tous ces maréchaux, tant actifs qu'inactifs, sont des êtres purement symboliques qui n'ont pas eu plus de réalité que leur chef.

9° On nous dit que ce chef de tant de brillantes armées avait parcouru glorieusement les contrées du Midi, mais qu'ayant trop pénétré dans le Nord, il ne put s'y maintenir. Or tout cela caractérise parfaitement la marche du soleil.

Le soleil, on le sait bien, domine en souverain dans le Midi, comme on le dit de l'empereur Napoléon. Mais ce qu'il y a de bien remarquable, c'est qu'après l'équinoxe du printemps, le soleil cherche à gagner les régions septentrionales en s'éloignant de l'équateur ; mais, au bout de *trois mois* de marche vers ces contrées, il rencontre le tropique boréal, qui le force à reculer et à revenir sur ses pas vers le Midi, en suivant le signe du Cancer, c'est-à-dire de l'*Écrevisse,* signe auquel on a donné ce nom (dit Macrobe) pour exprimer la marche rétrograde du soleil dans cet endroit de la sphère. Et c'est là-dessus qu'on a calqué l'imaginaire expédition de Napoléon vers le Nord, vers Moscou, et la retraite humiliante dont on dit qu'elle fut suivie.

Ainsi, tout ce qu'on nous raconte des succès et des revers de cet étrange guerrier, ne sont que des allusions relatives au cours du soleil.

10° Enfin, et ceci n'a besoin d'aucune explication, le soleil se lève à l'orient et se couche à l'occident, comme tout le monde le sait. Mais pour des spectateurs situés aux extrémités des terres, le soleil paraît sortir le matin des mers orientales et se plonger, le soir, dans les mers occidentales. C'est ainsi, d'ailleurs, que tous les poëtes nous dépeignent son lever et son coucher. Et c'est là tout ce que nous devons entendre, quand on nous dit que Napoléon vint par mer de l'Orient (de l'Égypte) pour régner sur la France, et qu'il a été disparaître dans les mers occidentales après un règne de douze ans, qui ne sont autre chose que les douze heures du jour, les douze heures pendant lesquelles le soleil brille sur l'horizon.

Il n'a régné qu'un jour, dit l'auteur des *Nouvelles messéniennes* en parlant de Napoléon, et la manière dont il décrit son élévation, son déclin et sa chute, prouve que ce charmant poëte n'a vu, comme nous, dans Napoléon qu'une image du soleil, et il n'est pas autre chose : c'est prouvé par son nom, par le nom de sa mère, par ses trois sœurs, ses quatre frères, ses deux femmes, son fils, ses maréchaux et ses exploits; c'est prouvé par le lieu de sa naissance, par la région d'où il vint en entrant dans la carrière de sa domination, par le temps qu'il employa à la parcourir, par les contrées où il domina, par celles où il échoua, et par la région où il disparut, pâle et *découronné*, après sa brillante course, comme le dit le poëte Delavigne.

Il est donc prouvé que le prétendu héros de notre siècle n'est qu'un personnage allégorique dont tous les attributs sont empruntés du soleil; et, par conséquent, Napoléon Bonaparte, dont on a dit et écrit tant de choses, n'a pas même existé, et l'erreur où tant de gens ont donné tête baissée vient d'un *quiproquo* : c'est qu'ils ont pris la mythologie du dix-neuvième siècle pour une histoire.

« *P.—S.* Nous aurions encore pu invoquer, à l'appui de notre thèse, un grand nombre d'ordonnances royales dont les dates certaines sont évidemment contradictoires au règne du prétendu Napoléon; mais nous avons eu nos motifs pour n'en pas faire usage. »

Rentrons maintenant dans le sérieux de notre travail, auquel l'ingénieux ne doit pas suffire.

Même pour les choses qui devraient être les plus positives, le doute est admissible, l'incertitude possible. Prenons deux exemples au hasard, la date de l'année où nous vivons, et, pour ne pas sortir des nombres, le chiffre qui suit le nom des rois qui nous ont gouvernés pendant douze siècles. Eh bien, dans l'un comme dans l'autre exemple, pris, avouez-le, parmi les plus courantes et les plus usuelles, nous allons trouver une erreur.

On lit dans la *Gazette littéraire* du 4 novembre 1830 :

« A parler correctement, l'année 1830 devrait être 1833, car Joseph nous dit que, peu de temps avant la mort d'Hérode, pendant le gouvernement duquel naquit Notre-Seigneur, il y eut une éclipse de lune, dans la nuit du 12 au 13 mars, et il a été démontré astronomiquement que cette éclipse parut la quatrième année avant l'ère chrétienne ; conséquemment, la chronologie moderne se trompe de trois années entières. » Ainsi, pouvons - nous ajouter, au lieu d'être en 1855, nous devrions être en 1858.

Dans les *Anecdotes du dix - neuvième siècle* [1], Colin de Plancy a prouvé qu'en faisant droit à l'identité qui existe réellement entre le nom de Clovis et celui de Louis, et en comprenant conséquemment les trois Clovis dans la liste, ou plutôt, pardon du mot, dans le *numérotage* des rois qu'on désigne sous le nom de Louis, on trouvera que Louis XVIII aurait dû s'appeler Louis XXI.

De même pour les Charles. On omet dans leur série Charlemagne, ou plutôt Charles Ier, dit le Grand, et Charles II, dit le Chauve ; et l'on semble ne commencer la liste qu'à Charles ou Carloman, fils de Louis le Bègue, ce qui a fait que le roi qui a clos cette liste s'appelait Charles X, quand en réalité on aurait dû le nommer Charles XII et même Charles XIII, si l'on compte le cardinal de Bourbon, que les états de la ligue proclamèrent roi sous le nom de Charles X.

Rien ne prouve mieux le peu de sûreté de l'histoire que ce qui arriva un jour à Walter Raleigh, qui eut la conscience de le raconter lui-même, bien qu'il y trouvât la plus évidente critique de son métier d'historien.

Nous allons reproduire la traduction littérale du passage d'un livre anglais où la chose se trouve fort bien rapportée, traduction déjà donnée par le *Journal de Paris* du mois de mai 1787 :

« Raleigh, enfermé dans la tour de Londres, y prépa-

[1] T. II, p. 282.

rait le deuxième volume de son immortelle histoire (l'*Histoire du monde*).

« Il était à la fenêtre de son appartement, rêvant au devoir de l'historien et au respect que mérite la vérité, quand tout à coup son attention fut attirée par un grand bruit et un tumulte qui s'éleva dans une cour qui était sous ses yeux. Il vit un homme en frapper un autre qu'à son habit il jugea officier, et qui, tirant son épée, la passa au travers du corps de celui qui l'avait frappé ; mais celui-ci ne tomba cependant qu'après avoir renversé d'un coup de bâton son adversaire. La garde vint aussitôt se saisir de l'officier, qui était étendu à terre presque sans connaissance, et l'emmena, tandis qu'en même temps le corps de l'homme tué d'un coup d'épée fut emporté par quelques personnes, qui eurent beaucoup de peine à percer la foule qui les environnait.

» Le lendemain, Raleigh reçut la visite d'un ami connu par une probité sévère. Il lui raconta l'aventure dont il avait été témoin la veille, et qui lui avait fait une vive impression. Quelle fut sa surprise quand son ami lui dit qu'il n'y avait presque rien de vrai dans toutes les circonstances de son récit ; que son prétendu officier n'était pas officier, mais domestique d'un ambassadeur étranger ; que c'était lui qui avait donné le premier coup ; qu'il n'avait pas tiré son épée, mais que l'autre s'en était saisi, et la lui avait passée au travers du corps avant qu'on eût eu le temps de la lui arracher ; qu'aussitôt un spectateur qui était dans la foule avait jeté à terre, d'un coup de bâton, le meurtrier, et que quelques étrangers avaient emporté le corps du mort ! Il ajouta que la cour avait envoyé l'ordre d'instruire sur-le-champ le procès du meurtrier, et de ne lui faire aucune grâce, parce que le mort était un des prin-

cipaux serviteurs de l'ambassadeur d'Espagne. « — Per-
» mettez-moi de vous dire, répondit Raleigh à son ami,
» que j'ai pu me tromper sur l'état du meurtrier, mais
» que toutes les autres circonstances sont de la plus grande
» exactitude; car j'ai vu de mes yeux tous ces incidents,
» qui se passaient sous ma fenêtre, à cet endroit, vis-à-vis
» de nous, où vous voyez une pierre du pavé élevée au-
» dessus du reste. — Mon cher Raleigh, répliqua son
» ami, c'était sur cette même pierre que j'étais assis lors-
» que tout cela s'est passé; et j'ai reçu cette petite égra-
» tignure que vous voyez sur ma joue, en arrachant l'épée
» des mains du meurtrier; et, sur mon honneur, vous
» vous êtes trompé sur tous les points. »

» Sir Walter, étant resté seul, prit le manuscrit du
deuxième volume de son Histoire, qui était entièrement
achevé, et, réfléchissant à ce qui lui arrivait, se dit à lui
même : « Combien de faussetés ne doit-il pas y avoir dans
» cet ouvrage! Si je ne puis pas m'assurer d'un événement
» qui s'est passé sous mes yeux, comment pourrais-je ha-
» sarder de raconter ceux qui se sont passés des milliers
» d'années avant ma naissance, ceux mêmes qui se sont
» passés loin de moi depuis que je suis né? Vérité! vérité!
» voilà le sacrifice que je te dois… » En même temps il
jeta au feu son manuscrit, le travail de plusieurs années,
et le vit tranquillement consumer jusqu'à la dernière
feuille.

» De quel énorme fatras de volumes d'histoire, de vies,
d'anecdotes, etc., ajoute l'écrivain du *Journal de Paris*,
nos bibliothèques ne seraient pas surchargées si leurs auteurs avaient eu le même scrupule que Raleigh! »

PERPÉTUITÉ DES TRADITIONS.

S'il est curieux de retrouver l'histoire dans les livres, il n'est pas moins intéressant de la retrouver vivante dans les mœurs, dans les coutumes et surtout dans les traditions des peuples encore existants, et qui sont les descendants de nations fameuses aux époques antérieures, ou bien qui, se trouvant sur le passage de ces races conquérantes, en ont gardé une empreinte profonde et impérissable.

Allez en Bretagne, vous y trouverez avec surprise, et sans pouvoir vous expliquer les causes de sa perpétuité sur la terre armoricaine, la vieille tradition de Midas et de ses oreilles d'âne. C'est un roi breton qui est mis en scène dans la légende, et, par amour-propre national sans doute, on ennoblit un peu la fable en ne lui infligeant que des oreilles de cheval.

Dans l'Orléanais, l'aventure bien connue du poëte Ibicus et des grues qu'il prit à témoin contre les voleurs qui le massacraient, est une légende toujours en cours. On en place la scène dans la forêt de Cercottes, à quelques lieues d'Orléans. Un marchand de cette ville, nommé Amelot, y prend la place du poëte assassiné, et enfin c'est sur la place du Martroy, à Orléans, qu'on dit que les voleurs se trahirent eux-mêmes à la vue de la bande d'oiseaux qui devait témoigner de ce meurtre. Caigniez, qui ne connaissait peut-être pas la légende antique, apprit d'un Orléanais, nommé Servant, celle qui courait ayant Amelot pour héros, et tous deux en firent un drame qui fut joué à la Porte-Saint-Martin, il y a quarante ans environ. Personne n'y reconnut une fable renouvelée des Grecs.

Au moyen âge, dans les chants de quelques poëtes, surtout de ceux de la langue d'oc, se trouvent mêlés, aux souvenirs des faits récents, de vagues souvenirs des grandes époques antiques. Ainsi, à propos des croisades, un troubadour, ayant à raconter le retour d'un croisé en France, prêtera à son héros la plupart des aventures errantes du héros de l'Odyssée. Est-ce par la lecture d'Homère qu'il les aura apprises? je ne le pense point ; mais bien plutôt par la tradition qui, peu à peu, a fait passer ces grands événements des chants épiques dans les causeries du foyer.

« Le pèlerinage et les aventures d'un certain Raymond du Bousquet, seigneur provençal du onzième siècle, lequel, après avoir erré à la merci des flots, guidé par sainte Foy (Minerve), rentre enfin dans son domaine usurpé, se cache chez un de ses bergers qui lui est resté fidèle, et est reconnu au bain par une autre Euryclée, attestent l'influence des poëmes d'Homère, étrangement mêlés, dans l'imagination populaire, aux légendes chrétiennes [1]. »

Puisque nous parlons d'Homère, ce poëte qui rendait ainsi à la tradition ce qu'il lui avait pris, n'oublions pas de faire remarquer que c'est dans l'étude seule des mœurs décrites dans ses poëmes, des coutumes rappelées, etc., que se trouve certainement le secret du lieu de sa naissance.

D'après les récents travaux de quelques érudits anglais, il est probable qu'il a surtout vécu en Crète, si même il

---

[1] J. Aicard, *Patria*, II, 1833. — Il en sera encore parlé plus loin.

n'y est pas né. C'est par l'examen des mœurs et des usages encore existants dans cette ile, et par leur comparaison avec ceux que décrit Homère, qu'ils ont été amenés à cette conclusion.

« A cette heure, lit-on dans le *Blockswood's Magazine* du mois de juillet 1843, l'île de Crète nous montre le tableau des mœurs homériques. Donnons-en quelques exemples :

» La vieille superstition homérique, par exemple, qui unit les chevaux par la plus étroite sympathie et même par la prescience à leurs maîtres, cette superstition que Virgile a empruntée à Homère dans son bel épisode de Mezentius, subsiste encore dans l'île de Crète. Les chevaux prévoient le sort des cavaliers prédestinés, et expriment leur prescience en pleurant à la maison des hommes.

» Une autre preuve de la connaissance qu'avait Homère des mœurs crétoises, c'est son allusion aux bateleurs crétois, les Χαβιαρητάς les plus comiques peut-être du monde. Un de leurs exercices mérite d'être décrit. Deux hommes se placent à côté l'un de l'autre. L'un se tient droit dans une position naturelle, l'autre sur la tête. Naturellement, ce dernier ne pourrait tenir ses pieds en haut à la place qui appartient à la tête, si son camarade ne lui passait son bras autour des chevilles du pied, pour soutenir ses jambes renversées en l'air. Ainsi placés, ils se mettent à faire la culbute; à chaque tour, ils se trouvent dans une position contraire. Mais il y en a toujours un qui se tient droit sur ses pieds, et un autre dont les extrémités inférieures sont tournées vers le ciel. Et ils continuent ainsi pendant des heures. Cet exercice demande évidemment le concours de deux individus; ou, si le nombre des sauteurs était accru, il faudrait encore qu'ils fussent deux à deux. Or c'est justement le nombre qu'Homère assigne à ses bateleurs.

» Un trait plus remarquable encore qu'il a emprunté de la vie crétoise, c'est la τηλολωγια, ou conversation à distance. C'est là ce qui doit avoir suggéré à Homère l'idée de ses voix surnaturelles et formidables, celle de Stentor, par exemple, qui faisait autant de bruit en parlant que cinquante personnes; et celle d'Achille, dont les seuls rugissements suffisaient à épouvanter l'armée troïenne. Or, dans l'île de Crête et, suivant le colonel Leake, dans l'Albanie (où nous croyons que les émigrés crétois se sont retirés), il paraît que des bergers possèdent des voix si résonnantes, qu'ils peuvent, aidés sans doute par la sonorité de l'atmosphère grecque, héler une personne trop éloignée pour qu'on puisse même l'apercevoir, et engagent entre eux des conversations cérémonieuses (car tous les campagnards crétois sont aussi cérémonieux que les héros d'Homère) à des distances qui nous semblent incroyables. M. Zallony, dans son *Voyage à l'Archipel*, dit que quelques-uns des insulaires grecs ont la voix forte et animée, et que deux habitants, à la distance d'une demi-lieue, même plus, peuvent très-facilement s'entendre, et quelquefois s'entretenir. En Crête aussi, et sans doute à cause des conditions atmosphériques, la τηλοσκοπια ou faculté de découvrir les objets à une longue distance, est portée à un point qui semble incroyable. Cette faculté peut aussi être homérique, car Homère y fait allusion à plusieurs reprises.

» Mais les légendes et la mythologie de l'île de Crête sont ce qui montre le mieux l'étude qu'Homère avait faite de ce pays... »

Dans les costumes de quelques parties de la Grèce moderne, la Grèce ancienne renaît toute parée. M. Lebrun [1] l'a retrouvée ainsi dans l'Arcadie, avec la beauté si célèbre de ses femmes, le *pétase* pittoresque dont se coiffaient les bergers, etc., avec ce dernier débris des arts mélodieux, la flûte élargie par le bas, qui l'a fait souvenir de la flûte antique, « faite de deux os d'agneau joints ensemble avec de la cire. »

« Les Grecs croient encore aux Parques, dit M. Ampère [2]; ils les appellent de leur ancien nom *Moirai*. Trois jours après la naissance d'un enfant, on prépare un festin pour elles ; les femmes grecques vont dans la *grotte des Parques* prononcer une invocation magique assez obscène, dans laquelle figure le nom d'Olympe.

» Le peuple croit aussi aux Néréides, dont il n'a pas oublié le nom, et auxquelles il attribue un certain mélange de grâce et de cruauté. Elles enlèvent les enfants qui s'approchent des fontaines, comme ces nymphes, *déesses redoutables aux habitants de la campagne*, dit Théocrite, qui entraînèrent le bel Hylas au fond des eaux. Personne n'oserait approcher de la source du Styx, qui passe pour avoir les qualités les plus funestes. La croyance à Caron est encore populaire. Dans un chant rapporté par M. Fauriel, un berger que Caron veut emporter lutte avec lui, comme Hercule chez Euripide lutte avec le dieu de la mort pour lui ravir Alceste. Les mots *Adès*, *Tartaros*, sont encore en usage parmi les Grecs. Il y a plus, le Crétois invoque son compatriote Jupiter. Un village de l'Ida s'appelle Vallon de Jupiter [3]. Lors

[1] *Voyage en Grèce*, p. 232.
[2] *Rev. des Deux-Mondes*, 15 juin 1844, p. 40.
[3] Souzo, *Hist. de la révolution grecque*, p. 158.

même qu'elles ont disparu devant le christianisme, les divinités païennes ont laissé leur fantôme. Telle est certainement l'origine des esprits qui président aux fleuves, aux montagnes, aux forêts. Le soleil est un personnage divin qui s'entretient avec les mortels [1], et la nuit une femme qui s'appelle Nycteris…

» Chaque jour, les Grecs font acte de dévotion païenne. Les mariniers, en passant devant les promontoires les plus dangereux, jettent des dons à la mer comme à une divinité qu'ils veulent apaiser. Le Grec répand des libations de vin ou d'huile sur un vaisseau qu'on met à flot, ou sur les flammes du foyer. Les Athéniens, fidèles à leur nom et aux souvenirs d'Athéné (Minerve), considèrent comme un présage favorable que l'oiseau consacré à cette déesse, partout ailleurs oiseau funeste, vienne se poser sur leurs maisons [2]. On va encore dormir sous les chênes de Dodone, afin d'avoir des idées lucides : souvenirs des songes fatidiques d'autrefois [3]…

» Les légendes sont la poésie du peuple, et il est intéressant de les suivre en remontant jusqu'à leur origine. Hérodote parle du fantôme de Marathon. Pausanias rapporte qu'un personnage mystérieux parut dans la mêlée, abattant les barbares avec un soc de charrue ; il dit aussi que, d'après les monuments de Miltiade et de Cimon, on entendait de son temps, pendant la nuit, un tumulte de chevaux et de combattants. Aujourd'hui, les bergers croient encore entendre dans les marais des bruits étranges, et voir un petit homme chevaucher sur le mont Vrana : ce petit homme est un diminutif du fan-

---

[1] Fauriel, *Chants populaires*, t. II, pag. 84.
[2] Dodwell, *Travels*, II, 43-44.
[3] Pouqueville, I, *Introd.*, X.

tôme de Marathon. Ailleurs, d'autres traditions se sont transmises avec une fidélité qui étonne. Le promontoire de Leucade s'appelle encore le promontoire des femmes, dernier souvenir de l'histoire probablement fabuleuse de Sapho et de Phaon. Une grotte de Thessalie s'appelle l'antre d'Achille.

« Veut-on voir comment les traditions se conservent en s'altérant? On lit dans Pausanias qu'Hercule boucha les ouvertures par où s'échappait le trop-plein des eaux du lac Copaïs. Voici ce qu'on raconte maintenant dans le pays : « Les terres couvertes aujourd'hui par les eaux étaient autrefois une contrée florissante. Le roi de cette contrée avait un frère qui, par un sentiment de vengeance, ferma les ouvertures du lac; plaines et villages furent inondés. »

» En Arcadie, une fable inventée pour expliquer la formation de la fente par laquelle s'échappe le fleuve Aïonos a été métamorphosée en une légende plus bizarre.

» Les anciens Grecs croyaient que la montagne s'était ouverte en cet endroit pour donner passage à Pluton enlevant Proserpine. Naturellement, les Grecs modernes ont mis le diable à la place de Pluton. Un jour, le diable se battait avec un roi du pays; les armes du premier étaient des boules de graisse; l'une d'elles prit feu, le corps du roi, tout embrasé et lancé avec une force terrible, ouvrit passage aux eaux à travers la montagne. La parodie est évidente comme l'histoire originale; elle semble se rapporter à une action volcanique [1].

» Partout, en Grèce, on entend parler de fleuves qui semblent se perdre et qui reparaissent sous un autre

---

[1] Dodwell, *Travels*, II, 440.

nom, de communications entre des lacs et des cours d'eau très-éloignés. Ainsi mon guide m'assurait que l'Alphée venait du lac Phonia, comme on racontait à Pausanias que des gâteaux jetés dans le Céphise de Béotie reparaissaient dans la fontaine de Castalie. Ces préjugés tiennent également à une croyance païenne d'après laquelle les fleuves habitaient sous la terre, et se rattachent à la fable charmante du fleuve Alphée et de la nymphe Aréthuse.

» Un conte grec recueilli par Buchon [1], et dont l'origine est populaire, offre évidemment une version altérée de l'histoire de Psyché et de ses sœurs. Le conte moderne provient de l'île de Chio ; probablement la femme chiote qui l'a transmis disait, sans le savoir, l'ancienne fable milésienne qu'Apulée et la Fontaine ont reproduite avec tant de grâce, et qu'elle avait reçue de la tradition.

» Comment ne pas retrouver dans tout ce qu'on raconte à Delphes de la femme d'un papas qui se noya dans la fontaine de Castalie, l'histoire de la nymphe aimée d'Apollon, qui se précipita dans ses eaux et leur donna son nom !

» M. Fauriel a vu, avec beaucoup de probabilité, dans les aventures du sire du Bousquet revenant de la croisade, une transformation lointaine des aventures d'Ulysse revenant d'Itaque. S'il y a reconnu comme une dernière édition des récits populaires qui ont servi de base à l'Odyssée, tels qu'ils s'étaient perpétués en Provence depuis l'arrivée des Phocéens jusqu'au douzième siècle, pourquoi ne verrait-on pas un vague souvenir du retour d'Ulysse dans la gracieuse ballade grecque intitulée *la Reconnaissance?*

[1] *La Grèce continentale et la Morée*, p. 269.

» Une jeune femme est assise devant son métier et travaille. Passe un marchand étranger. Le marchand arrête son cheval et parle à la jeune femme :

» — Bonjour à toi, la belle. — Étranger, sois le bienvenu. — Ma belle, comment ne t'es-tu pas mariée, comment n'as-tu pas pris un brave pour mari? — Puisse crever ton cheval plutôt que j'entende de telles paroles! J'ai un mari qui est à l'étranger, il y a maintenant douze années ; je l'attendrai encore, je prendrai encore patience trois ans, et alors, s'il ne revient pas, s'il ne paraît pas, je me fais religieuse, j'entre dans la cellule, je prends le vêtement noir. — Ma belle, ton mari est mort ; ma belle, ton mari est perdu pour toi. Mes mains l'ont tenu, mes mains l'ont enseveli. — Si tu l'as tenu, si tu l'as enseveli, Dieu te le rende. — Je lui ai donné le pain et la cire pour que tu me les donnes. — Le pain, la cire que tu lui as donnés, je te les rendrai. — Je lui ai prêté un baiser, il m'a dit que tu me le rendrais. — Si tu lui as prêté un baiser, retourne vers lui et va vite le chercher. — Ma belle, je suis ton mari, je suis ton bien-aimé. — Si tu es mon mari, si tu es mon bien-aimé, indique les signes de la maison, et ensuite je t'ouvrirai. — Tu as un poirier à ta porte, dans la cour une vigne qui produit de beaux raisins et du vin qui est comme le miel. Les janissaires le boivent et vont combattre, les pauvres le boivent et oublient leurs besoins. — Cela, les voisins le savent, tout le monde le sait. Indique les signes de mon corps, et tout de suite je t'ouvrirai. — Tu as un signe à la joue, un signe au menton, et sur le sein droit une petite morsure. — Servante, allez ouvrir ; c'est lui-même, c'est mon bien-aimé.

» Quel charmant petit drame! ajoute M. Ampère. Peut-on ne pas se rappeler à la fois Ulysse indiquant à Pénélope les signes de la maison, lui décrivant le lit conjugal, et Ulysse reconnu à une cicatrice par la fidèle Euriclée ! »

En Italie, en Sicile, l'antiquité revêt de même, sous une parure de rites et de symboles, des légendes et des traditions que les exigences de la foi nouvelle ont fait substituer aux imaginations et aux croyances de la foi païenne.

A Messine, le jour de l'Assomption, la Vierge, portée par toute la ville, cherche son fils, comme la déesse de la Sicile antique cherchait Proserpine. Enfin, quand elle est au moment d'entrer dans la grande place, on lui présente tout à coup l'image du Sauveur. Elle tressaille et recule de surprise, et douze oiseaux qui s'échappent de son sein portent à Dieu l'effusion de la joie maternelle. « Comment, dit M. Michelet [1], le cruel M. Blount n'a-t-il vu là qu'une momerie ridicule [2] ? »

Les gens de la campagne de Rome craignent toujours la magicienne Circé et ne se risquent guère jusqu'à pénétrer dans l'antre de Circeio [3].

Les Romains, dit Niebuhr, savent bien que la belle Tarpéia est au fond d'un vieux puits du Capitole, assise, toute couverte de diamants.

Tous les Sabelliens, et surtout les Marses, interprétaient les présages en consultant particulièrement le vol des oiseaux ; les Marses charmaient les serpents et guérissaient leurs morsures [4]. Aujourd'hui les jongleurs viennent encore des mêmes contrées à Rome et à Naples.

Les *giravoli* des environs de Syracuse prétendent,

[1] *Introd. à l'hist. univers.*, p. 191.
[2] *Vestiges of ancient manners* etc., 1825, in-8, p. 158.
[3] Bonstetten, *Voyage sur le théâtre de l'Énéide.*
[4] Martial, *Épigr.*, liv. 1, épigr. 42.

comme les anciens psylles, guérir la morsure des serpents par leur salive [1]. Ils portent un serpent dans leurs mains, comme les statues d'Esculape et d'Hygie.

Le peuple du royaume de Naples attribue aujourd'hui à San-Domenico di Cullino ce que ses ancêtres attribuaient à Médée [2].

« Les fiers Transteverins, dont il a été tant parlé, dit M. Valéry, conservent encore, à travers leur dévotion et leur fanatisme nouveau, des traces de l'énergie et de la hauteur de leurs ancêtres. Comme le peuple ancien, le peuple actuel de Rome est prompt à s'émouvoir par les spectacles. Son bruyant carnaval n'est qu'un renouvellement des saturnales. On me contait qu'un Suisse de la garde papale écartait à plusieurs reprises un de ces hommes curieux de voir de trop près la prière du pape à Saint-Pierre : la dernière fois, le Transteverin, reculant, apostropha ainsi en grondant le hallebardier : *Barbaro, son di sangue romano, anche trojano.* Castiglione cite le trait d'un paysan qui, allant chez le podestat déclarer le vol de son âne, terminait sa plainte et l'éloge de cet âne en disant que, lorsqu'il avait son bât, il semblait véritablement un Cicéron. Ce mélange d'imagination et de souvenirs de l'antiquité se retrouve même dans le langage des femmes du peuple ; et une jeune Romaine qui voyait passer un beau garçon trouvait qu'il était *console di beltà.* Les gens de la campagne répètent familièrement les mots de *via Appia,* de *via Flaminia,* en vous indiquant votre chemin. Nulle part la recommandation de la bonne mine n'a autant d'effet qu'à Rome, et les bossus ou les gens contrefaits y semblent à peine des hommes. Le cardinal

[1] Voy. *Encyclop. du XIXe siècle*, notre article PSYLLES.
[2] Grimaldi, *Annali di regno di Napoli*, IV, 328, 338.

Odescalchi, d'un visage agréable, prêchait quelquefois avant d'être cardinal; les commères romaines se réunissaient alors au-dessous de la chaire, et faisaient une véritable scène en exprimant leur admiration pour sa figure. Un cardinal Lante avait été surnommé le cardinal *Carino* (charmant), et il portait familièrement ce titre dans la société. »

En France, le souvenir des grands événements, même lorsqu'ils remontent aux temps antiques, s'est, en quelques endroits, conservé de même.

On se rappelle la célèbre victoire qu'à la tête des légions romaines Marius, l'an 102 avant Jésus-Christ, remporta près d'Aix en Provence, sur les hordes des Ambro-Teutons, et dans laquelle, suivant Tite-Live, il y eut 200 000 morts et 90 000 prisonniers. Les souvenirs de cet exploit, qui recula de plusieurs siècles le naufrage de la civilisation antique, vivent encore aujourd'hui dans les lieux qui en furent le théâtre. Le champ de bataille où Marius abandonna sans sépulture ces monceaux de cadavres, qui pourrirent au soleil et à la pluie, s'appela *Campi putridi*, champs de la putréfaction, et cette dénomination s'est seulement changée en celle de *Pourrières*, qu'il porte aujourd'hui. Cette plaine devint célèbre par sa fertilité, et Plutarque raconte que les Massaliotes, qui en étaient propriétaires, employèrent les milliers d'ossements qui la couvraient, soit à enclore leurs vignes, soit à les étayer; d'où une partie du territoire d'Aix retint le nom de *Mala ossa :* on dit actuellement *Malousse*. A l'extrémité des *Campi putridi*, on éleva une haute pyramide dont les bas-reliefs représentaient Marius debout sur un bouclier porté par des soldats, et dans l'attitude d'un général proclamé *imperator*. La base de ce monument existe

encore sur le chemin de Toulon, à 10 kilomètres d'Aix.
Le monument était entier au seizième siècle ; le village
de Pourrières avait pris pour ses armes la scène représentée sur le bas-relief, et le peuple, faisant allusion à la
forme du bouclier romain, disait, pour désigner les gens
qui se donnent beaucoup de peine pour rien : « Ce sont les
armes de Pourrières, où trois hommes portent une tuile. »
Sur le sommet d'une petite montagne qui bornait la plaine
vers le levant, un temple fut construit et dédié à la Victoire. Plus tard, consacré au culte chrétien, il devint, grâce
à une légère modification de mot, l'église de *Sainte-Vic-
toire*. Perpétuant le souvenir d'un sacrifice annuel institué par Marius en commémoration de la bataille, les
habitants de Pertuis, petite ville à peu de distance d'Aix,
allaient, de temps immémorial, tous les ans, au mois de
mai, en grande procession, à la montagne de la Victoire ;
ils portaient des instruments de musique, des banderoles,
des bannières et des fleurs. Arrivés au sommet, ils faisaient
un feu de joie, auquel on répondait par un autre feu allumé
au Pertuis. Cette marche, convertie ensuite en procession,
a duré jusqu'à la révolution. En apercevant le sommet de
cette montagne, les matelots provençaux, lorsqu'ils en-
trent dans la rade de Marseille, s'écrient encore, presque
dans le langage de leurs aïeux, *lou deloubre de la Vittori*
(le temple de la Victoire). Quelques ruines de ce temple
subsistent près d'une ferme qui en a pris le nom de ferme
de *Deloubre*. On entend aussi quelquefois les paysans
répéter à leurs bêtes de somme, pour les exciter à marcher : *Ambra ! ambra !* ce terrible cri de guerre qui re-
tentit jadis dans toute la Gaule, et qui maintenant n'a
plus aucun sens pour ceux qui le répètent ; tant il est
vrai que la mémoire du peuple est longue, et qu'une

fois son imagination frappée, les siècles ont beau passer, balayant tout sur leur passage, il suffit, deux mille ans après, à l'observateur attentif, d'une fête bizarre, d'un mot étranger, pour lui faire reconnaître une ancienne impression de joie ou de terreur [1].

Les traces laissées par les conquérants dans les traditions des peuples qu'ils ont traversés à la course sont curieuses à suivre. Ainsi, sans qu'il en coûte rien à la vérité, on arrive à colorer l'histoire de tous les reflets du merveilleux, et il devient presque possible de saisir le mode de transformation d'un fait passant de l'histoire dans la légende.

Il faut lire, par exemple, dans les récits indiens, l'expédition d'Alexandre *(Iskander)* dans l'Inde [2]; il faut consulter aussi le souvenir des habitants du Caire et d'Alexandrie sur la campagne de Bonaparte en Égypte, événement tout à fait contemporain, et qui cependant, chez ce peuple à imagination vive, n'est déjà plus qu'une légende.

La mémoire des peuples est fidèle; elle ne perd rien de ce que la guerre et le malheur lui ont appris; elle oublie encore moins la gloire. En cela, les chants populaires, transmis de génération en génération, sont un de ses grands moyens de souvenir.

Ainsi, et c'est entre mille le seul exemple que nous voulions choisir, les croisades si malheureuses de saint Louis, en Palestine et en Afrique, furent longtemps chantées, par épisodes, dans les hymnes populaires des nations que le saint roi voulait convertir. Jugez-en.

Louis IX ayant été fait prisonnier à la funeste journée

---

[1] *Maqas. pittor.*, juillet 1840, p. 231.
[2] Voy. *Rev. britannique*, juillet 1848.

de Mansoura, son manteau royal tomba, dit la légende, entre les mains des musulmans. Le sultan victorieux (Touran-Schah) adressa une lettre au vice-roi de Damas pour l'informer de son triomphe. Cette lettre lui fut envoyée avec le manteau de saint Louis. Il était écarlate, disent les historiens arabes, et fourré d'hermine. Le vice-roi revêtit le manteau, et on composa à cette occasion les vers suivants :

« Chose étrange ! l'habit du roi de France, qui désirait ardemment de se trouver sur les épaules du prince des émirs (le sultan),

» Était blanc comme du papier, et nos épées l'ont teint couleur de sang.

» Notre prince a triomphé de tous les obstacles ; par lui ses esclaves sont habillés des dépouilles des rois. »

Touran-Schah ayant été assassiné par ses soldats, Louis IX recouvra la liberté. Ce prince restitua Damiette aux musulmans, et revint dans ses États. Son départ causa une joie universelle. Un poëte se chargea de l'exprimer dans une petite pièce qu'il était censé remettre à l'un de ses amis, afin que celui-ci la portât au roi de France. La voici :

« Quand tu verras le Français, dis-lui ces paroles d'une âme sincère :

» Puisses-tu recevoir de Dieu la récompense qui t'est due pour avoir causé la mort de tant de serviteurs du Messie !

» Tu venais en Égypte ; tu en convoitais les richesses ; tu croyais, insensé, que ses forces se réduiraient en fumée !

» Vois maintenant ton armée ; vois comme ton imprudente conduite l'a précipitée dans le sein du tombeau !

» Cinquante mille hommes ! et pas un qui ne soit tué ou prisonnier, ou criblé de blessures !

» Puisse le Seigneur t'inspirer souvent de pareilles idées ! Peut-être Jésus veut-il se débarrasser de vous.

» Peut-être le pape est-il bien aise de ce désastre ; car souvent un prétendu ami donne des conseils perfides.

» En ce cas, prenez-le pour votre devin ; faites comme s'il méritait encore plus de confiance que Schah et Satch.

» Et si le roi était tenté de venir venger sa défaite, si quelque motif le ramenait en ces lieux,

» Dis-lui qu'on lui réserve la maison du fils de Lokman ; qu'il y trouvera encore et ses chaînes et l'eunuque Sabih. »

On sait que Louis IX entreprit une seconde croisade ; il dirigea ses armes contre Tunis. L'historien Gemal-Eddin attribue cette résolution du roi de France à la crainte d'éprouver en Égypte le même sort qu'auparavant. Mais ensuite il fait mention lui-même d'un motif beaucoup plus vraisemblable, c'est qu'une fois maître de Tunis, le roi voulait attaquer l'Égypte par terre et par mer.

Quoi qu'il en soit, la seconde croisade de ce prince fut plus funeste encore que la première. Une grande partie de son armée périt de soif et de maladie ; lui-même succomba avec l'un de ses fils. Ainsi fut malheureusement accomplie cette prédiction qui circulait alors parmi les habitants de Tunis :

« O Français ! Tunis est la sœur du Caire ; attends-toi à un sort semblable.

» Tu y trouveras une maison du fils de Lokman qui te servira de tombeau, et l'eunuque Sabih fera place aux anges Monkir et Nakir. »

On s'étonnera peut-être moins de la transmission facile et souvent inaltérée des traditions, et aussi de leur perpétuité, si l'on veut bien se rendre compte du nombre assez restreint de personnes par lesquelles elle a dû passer pour arriver même d'une époque assez éloignée jusqu'à nous.

Le calcul des générations successives, depuis le commencement de notre ère, a dernièrement été fait[1]; voici, d'après ses résultats, ce qu'on lisait dans un journal de 1846 :

« Il y a 1846 ans depuis la naissance de Jésus-Christ, et nous ne sommes séparés de cette époque que par la vie de 37 hommes de 50 ans ou de 18 centenaires. En appliquant cette nouvelle mesure du temps à la création du monde, il n'y aurait depuis Adam jusqu'à nous que la vie d'un peu moins de 117 hommes de cinquante ans, ou de 58 centenaires, que chaque siècle produit toujours.

» La vie de 4 hommes de cinquante ans nous conduit presque à la naissance de Louis XIV ; celle de 7 hommes, au baptême de François Ier ; celle de 12, à saint Louis ; et enfin celle de 20, jusqu'à Charlemagne. »

M. F. Barrière s'est très-sérieusement préoccupé des faits, et, après avoir recouru aux preuves et aux exemples, il a été frappé comme nous de cette facilité de transmission orale dont nous parlions tout à l'heure, et, tout compte fait, du nombre restreint des générations et du peu de complication qui en résulte pour les souvenirs à transmettre par la tradition.

---

[1] Voy. un travail consigné dans le *Congrès historique européen*, etc., de 1835, p. 213 et suiv.

« Quand, écrit-il [1], on met pour ainsi dire l'une au bout de l'autre deux ou trois existences un peu prolongées, on est étonné de l'étendue qu'elles embrassent.

» Voltaire dut une partie des anecdotes qu'il répandit dans le siècle de Louis XIV aux souvenirs du vieux maréchal de Villars, qui, mort en 1734, était né en 1653 ; de la Fare, né en 1644 ; et de Chaulieu même, qui, né en 1639, avait pu voir dans son enfance un fils de Charles IX et de Marie Touchet, le fameux duc d'Angoulême, né en 1573 et mort à soixante-dix-sept ans, en 1650.

» Des exemples qui sont de nos jours, ajoute M. Barrière, qui sont d'hier, pour ainsi dire, frappent encore davantage. M. le duc de Brancas-Lauraguais, mort à quatre-vingt-onze ans, en 1824, était né en 1739. Doué d'un esprit fort précoce, il a pu jouir plusieurs années de la conversation de Fontenelle, qui conserva sa mémoire jusqu'au dernier moment. Fontenelle mourut en 1757. Il était né précisément un siècle avant, en 1657 ; et par son oncle, le grand Corneille, qui ne mourut que vingt-sept ans après, on remonte avec étonnement jusqu'en 1606, époque où naquit l'auteur du *Cid*, quatre ans avant la majorité de Louis XIII. Ainsi, véritablement, il n'y a eu que trois hommes entre Henri IV et Charles X : on croit rêver. »

En parlant du duc d'Angoulême, M. Barrière aurait pu aussi parler de sa femme, qui, pour ce qu'il voulait prouver, se trouve être un exemple bien plus étonnant encore. Elle avait épousé, le 25 février 1644, le bâtard de Charles IX, et elle ne mourut que le 10 août 1715,

----

[1] *La Cour et la ville*, p. 11-12, note.

c'est-à-dire cent quarante-quatre ans après la mort du roi son beau-père. Cette singularité n'a pas échappé à Boursault.

« Qui croirait, dit-il[1], qu'il y ait à Paris une bru dans une parfaite santé, et d'une médiocre vieillesse, dont le beau-père est mort il y a plus de six-vingts ans? Je parle, Monseigneur, de Mme la duchesse d'Angoulême, qui demeure à Sainte-Élisabeth. Elle est bru de Charles IX, qui mourut l'an 1574. Depuis Charles IX, nous avons eu Henri III, Henri IV, Louis XIII et Louis le Grand, qui règne il y a cinquante-quatre ans, et qui en régnerait encore autant si les vœux de ses sujets étaient exaucés. Peut-être, depuis les premiers âges, où les hommes vivaient si longtemps, n'y a-t-il eu de bru que Mme d'Angoulême qu'on ait vue dans une pleine santé plus de six-vingts ans après la mort de son beau-père! »

Il n'est rien de plus curieux et de plus intéressant que de consulter un centenaire qui a de la mémoire. On apprend de lui, sur des faits connus, une foule de détails imperceptibles, d'impressions personnelles et sûres, qui ravivent, avec une vérité et une couleur singulière, le caractère d'une époque.

« M. Hewart-Mackensie, dit Dutens, m'a raconté que, lorsqu'il était à Paris, en 1743, il y avait, à Saint-Germain, un abbé irlandais qui se rappelait très-bien avoir été présent lorsque Charles Ier, roi d'Angleterre, fut décapité, le 30 janvier 1649.

» Cet abbé avait alors, en 1739, cent quatre ans; il avait donc, ce jour mémorable, quatorze ans : aussi il avait été si vivement frappé de toutes les circonstances

[1] *Lettres*, I, 61.

de cette tragique journée, qu'il n'en avait oublié aucune et les décrivait avec beaucoup d'intérêt.

» Le roi Louis XV, en ayant entendu parler, fut curieux de le voir, et l'envoya chercher. Il ne voulut se servir d'aucune voiture; et, quoique Versailles soit à 12 milles de Saint-Germain, il y fut à pied, vit le roi et revint à son gîte le même jour. »

Certainement, dans le récit qu'il fit au roi, se trouvaien des particularités qui avaient échappé à tous les historiens et qu'il eût été bon de recueillir.

En 1750, à l'époque où Fontenelle bien portant commençait à espérer qu'il atteindrait les cent ans bien comptés (il ne s'en fallait alors que de sept années), on faisait grand bruit à Paris d'une centenaire authentique qui même, donnant bonne mesure, avait déjà vécu seize ans par delà son siècle révolu. Quel bel âge, disait-on partout, à tel point, que la longévité devenant de mode, les vieilles coquettes elles-mêmes ne tenaient plus autant à paraître jeunes!

Cette femme, qu'on allait voir comme une curiosité, — qui ne voudrait pas l'être à cette condition là? — ne se rappelait pas ce qu'elle avait fait la veille; mais en revanche, comme la mémoire, presbyte aussi bien que les yeux, voit toujours de loin quand elle ne voit plus de près, elle se souvenait au mieux de tout ce qui s'était fait à cent ans de là.

Le règne de Louis XV, la régence, Louis XIV lui-même, étaient choses trop récentes pour elle : elle n'avait mémoire que de la *Fronde*.

L'interrogiez-vous sur ce temps-là, elle vous en contait mille choses. Elle était servante d'un tapissier du faubourg Saint-Antoine quand s'était donnée, à deux pas

de sa maison, la fameuse bataille de 1652. Elle avait vu
M. le prince de Condé, elle avait entendu ce fameux coup
de canon de la Bastille qui, vous le savez, ne tua personne
que le « mari de la grande Mademoiselle. » Cette virago
romanesque, elle l'avait vue aussi, et, chose que les chroniqueurs n'avaient pas remarquée, et qui ne devait pas
échapper à une fillette de dix-huit ans, elle se souvenait
des beaux rubans jaunes dont était farcie et bordée la
robe guerrière de l'amazone. Elle nommait les morts du
combat, entre autres M. de Flamarens ; enfin elle racontait comment son maître le tapissier, qui donnait à plein
dans le parti royal, l'ayant soupçonnée d'être frondeuse,
elle avait été chassée par lui vers le temps de cette bataille. Sortie de Paris, elle était rentrée avec les princes ;
mais, toujours sans asile, elle avait dû coucher, la première
nuit, dans un *coche, sur la place du Palais–Cardinal.*

Cette pauvre vieille, si bonne à entendre, ne vivait
que de biscuit et de vin vieux. « Ses mains, disaient les
gens qui la virent en 1750, étaient presque transparentes.
La peau de ses bras retombait en petits plis légèrement
ondés. Son visage était un tissu de petites rides croisées.
Elle devait avoir été blanche, et sa couleur était celle
d'un satin un peu fané. »

Un autre centenaire que nous voulons rappeler vivait
à la même époque à peu près. Il se nommait Jacques
Blaisonneaux ; en 1777, il avait cent dix ans environ.
Le règne de Louis XIV, de 1680 à 1715, était l'époque
dont il se souvenait le mieux.

Il avait été soldat alors, et les grandes batailles où il
avait combattu étaient autant de jalons pour sa mémoire.
Il n'avait surtout pas oublié celle de Malplaquet, où, blessé
assez grièvement pour être obligé de prendre aussitôt

après ses invalides, il avait été pansé, à Cambray, par Fénelon lui-même.

C'était un des souvenirs dans lesquels il se complaisait le mieux et qu'on aimait le plus à réveiller en lui. Déjà presque octogénaire, il avait quitté la France, et s'en était allé dans nos colonies de la Guyane, où le malheur, le dénûment et les infirmités, l'assaillirent sans le briser.

C'est là qu'il fut rencontré par Malouet, qui lui a consacré le plus curieux chapitre de son *Voyage dans la forêt de la Guyane.*

« A six lieues du poste d'Oyapock, dit-il, je trouvai sur un îlot placé au milieu du fleuve, qui forme dans cette partie une magnifique cascade, un soldat de Louis XIV, qui avait été blessé à la bataille de Malplaquet et avait obtenu alors ses invalides. Il avait cent dix ans en 1777, et vivait depuis quarante ans dans ce désert. Il était aveugle et nu, assez droit, très-ridé; la décrépitude était sur sa figure, mais point dans ses mouvements; sa démarche, le son de sa voix, étaient d'un homme robuste; une longue barbe blanche le couvrait jusqu'à la ceinture. Deux vieilles négresses composaient sa société et le nourrissaient du produit de leur pêche et d'un petit jardin qu'elles cultivaient sur les bords du fleuve : c'est tout ce qui lui restait d'une plantation assez considérable et de plusieurs esclaves qui l'avaient successivement abandonné. Les gens qui m'accompagnaient l'avaient prévenu de ma visite, qui le rendit très-heureux; car il m'était très-facile de pourvoir à ce que ce bon vieillard ne manquât plus de rien et terminât dans une sorte d'aisance sa longue carrière. Il y avait vingt-cinq ans qu'il n'avait mangé de pain ni bu de vin; il éprouva une sensation délicieuse du bon repas que je lui fis faire.

» Il me parla de la perruque noire de Louis XIV, qu'il appelait *un beau et grand prince*, de l'air martial du maréchal de Villars, de la contenance modeste du maréchal de Catinat, de la bonté de Fénelon, à la porte duquel il avait monté la garde à Cambrai. Il était venu à Cayenne en 1730; il avait été économe chez les jésuites, qui étaient alors les seuls propriétaires opulents, et il était lui-même un homme aisé lorsqu'il s'établit à Oyapock. Je passai deux heures dans sa cabane, étonné, attendri du spectacle de cette ruine vivante... Je voulus le faire transporter au fort, il s'y refusa : il me dit que le bruit des eaux dans leur chute était pour lui une jouissance, et l'abondance de la pêche une ressource; que, puisque je lui assurais une ration de pain, de vin et de viande salée, il n'avait plus rien à désirer.

» Il m'avait d'abord reçu avec de grandes démonstrations de joie; mais lorsque je fus prêt à le quitter, son visage vénérable se couvrit de larmes; il me retint par mon habit, et, prenant ce ton de dignité qui sied si bien à la vieillesse, s'apercevant, malgré sa cécité, de ma grande émotion, il me dit : « Attendez; » puis il se mit à genoux, pria Dieu, et, m'imposant ses mains sur la tête, il me donna sa bénédiction. »

Le vieux Jacques Blaisonneaux, que son amour pour le bruit des cascades faisait aussi appeler Jacques des Sauts, mourut deux ans après, en 1779.

RAPPROCHEMENTS HISTORIQUES.

On a trouvé, dit-on, dans les papiers de Colbert, le relevé suivant, écrit de sa main. Il le destinait à être mis sous les yeux de Louis XIV, pour prouver à ce prince que plus les États ont d'institutions civiles et de garanties pour les citoyens, plus les événements de leur histoire ont une marche régulière et paisible :

Empereurs romains, depuis César jusqu'à Constantin V.

Morts naturellement	37
Assassinés	54
Empoisonnés	2
Expulsés du trône	6
Qui ont abdiqué	6
Enterré vivant	1
Suicidés	5
Frappés de la foudre	2
Morts inconnues	2
	115

Empereurs d'Occident, depuis Charlemagne jusqu'à
Ferdinand III (1657).

Morts naturellement	32
Assassinés	8
Empoisonné	1
Expulsés du trône	5
Noyé	1
	47

On lisait dans les journaux anglais de la fin de janvier 1831 la note suivante, qui, sous prétexte de relater une prophétie, certainement faite après coup, donne au moins matière à de curieux rapprochements :

« Les moines du moyen âge ont transmis une prédiction faite, dit-on, du temps de Guillaume le Conquérant, et d'après laquelle il ne devait pas y avoir dans ce pays plus de trois règnes de suite sans de nouvelles révolutions. Georges IV est le premier qui ait rompu le charme, comme le prouvent les noms des princes qui se sont succédé dans l'ordre suivant depuis la conquête :

» Guillaume Ier, Guillaume II, Henri Ier : Étienne usurpe la couronne.

» Henri II, Richard Ier, Jean : Louis, dauphin de France, est appelé au préjudice du légitime héritier.

» Henri III, Édouard Ier, Édouard II, qui est détrôné et mis à mort.

» Édouard III, Richard II, dont la déposition est prononcée.

» Henri IV, Henri V, Richard III : la couronne passe aux Tudors.

» Henri VII, Henri VIII, Édouard VI : usurpation de Jeanne Grey.

» Marie, Élisabeth : avénement de la maison de Stuart.

» Jacques Ier, Charles Ier : fondation de la république.

» Charles II, Jacques II : la couronne est déférée à la maison d'Orange.

» Guillaume III, Anne : avénement de la maison de Brunswick.

» Georges Ier, Georges II, Georges III, Georges IV. »

L'étrange similitude de destinée qui existe, à deux siècles de distance, entre les derniers Stuarts et les derniers Bourbons, n'a échappée à personne. Charles Ier meurt sous la hache ; Louis XVI est décapité. Le fils de Charles Ier revient, après le triomphe des idées révolutionnaires et le tranquille pouvoir d'un usurpateur, reprendre sa place sur le trône paternel ; le frère et non le fils (c'est ici la seule différence), le frère de Louis XVI, revient lui aussi faire succéder son règne, longtemps ajourné, aux pouvoirs dévorés l'un par l'autre de la république, du directoire, et de ce maître qui, au lieu de se faire appeler protecteur comme Cromwell, s'était donné le titre d'empereur. En Angleterre, après la mort de Charles II, son frère Jacques II monte sur le trône. Son retour aux idées d'intolérance, la faveur qu'il accorde aux jésuites, le font chasser d'Angleterre. En France, Louis XVIII étant mort, c'est aussi son frère qui lui succède, et, ce frère devenu roi, ce sont aussi ce retour aux idées d'intolérance et la faveur qu'il accorde aux prêtres qui causent sa chute et son exil. Jacques II vient en France ; Charles X se retire en Angleterre. Là s'arrête le rapprochement, la destinée des deux rois proscrits ne présentant plus qu'un seul point de ressemblance : c'est que tous deux ont fait souche de prétendants, et que jusqu'ici l'héritier en espérance du trône des Bourbons n'a ni été ni moins nomade ni plus heureux que Charles-Édouard, l'héritier des Stuarts.

Si l'on pénètre au fond de cette série de rapprochements et si l'on se met à les étudier minutieusement, on les trouve d'une vérité et d'une similitude aussi frappante pour les détails que pour l'ensemble.

Dutens, par exemple, a essayé ce travail de comparaison entre Charles Ier et Louis XVI, et il est arrivé à un résultat vraiment surprenant au point de vue de l'idendité des deux caractères :

« Quand Louis XVI mourut, dit-il [1], je fus frappé

[1] *Mémoires d'un voyageur qui se repose*, III, p. 105.

de la ressemblance qu'il y avait entre son sort et celui de Charles Ier, roi d'Angleterre; et je le fus encore plus lorsque, lisant l'histoire de la fin tragique de ce dernier prince dans Clarendon, je trouvai tant de rapports entre leurs caractères, leurs vertus et leurs faiblesses.

» Je fis l'extrait du portrait que Clarendon a tracé du roi Charles; je le fis voir à plusieurs des seigneurs et des dames qui avaient approché le plus Louis XVI. Tous convinrent que ce portrait paraissait avoir été fait pour ce digne et malheureux roi.

» Voici ce portrait traduit exactement de Clarendon; je n'en ai omis que quelques faits, qui ne changent en rien la nature du portrait :

« Il est nécessaire d'ajouter ici en peu de mots, dit » donc Clarendon, le caractère de Charles Ier, afin que la » postérité connaisse quelle perte inestimable la nation a » faite par la privation d'un prince dont l'exemple au-» rait eu autant de pouvoir sur les mœurs et la piété de » la nation que les lois les plus sévères.

» Pour parler d'abord de ses qualités considérées » comme personnelles, avant que de faire mention de ses » qualités royales, il méritait, si jamais personne l'a mé-» rité, le titre d'honnête homme. Il était si amateur de » la justice qu'il n'y avait pas de tentation capable de le » faire pencher du côté de l'injustice, à moins qu'on ne » lui déguisât tellement les choses qu'il crût juste ce » qui ne l'était pas. Comme il était naturellement plein » de compassion, il ne faisait jamais rien qui marquât en lui » aucune dureté de cœur... Il était fort ponctuel et régu-» lier dans ses dévotions. Il ne prenait jamais aucune ré-» création ni divertissement qu'il n'eût assisté aux prières » publiques, en sorte que dans les jours de chasse, ses

» aumôniers étaient obligés de faire le service de meilleure
» heure; il était aussi très-exact à ses dévotions particu-
» lières dans son cabinet. Il exigeait avec tant de sévérité
» qu'on parlât respectueusement de tout ce qui regardait
» la religion, qu'il ne pouvait souffrir aucune parole libre
» ni profane, de quelque tour d'esprit qu'elle fût enve-
» loppée.

» Quoiqu'il prît plaisir à lire des vers, que l'on faisait
» sur de certains événements, personne n'osait lui en
» montrer de sales ou d'obscènes. Il était un si bel
» exemple de la foi conjugale, que ceux qui ne l'imitèrent
» pas sur cet article n'osaient se vanter de leur liberti-
» nage.

» Ses vertus royales avaient des défauts qui les empê-
» chaient de paraître dans tout leur lustre, et de pro-
» duire les fruits qu'on en voulait espérer. Il n'était
» pas naturellement fort libéral, quoiqu'il donnât beau-
» coup.

» Il voulait que chacun gardât son rang et remplît son
» devoir : personne n'osait se faire voir dans une place
» qu'il n'avait pas droit d'occuper.

» Il n'aimait pas les étrangers, ni les gens présomp-
» tueux; il écoutait patiemment les affaires, et tâchait de
» s'y accoutumer de plus en plus, se trouvant souvent
» dans le conseil.

» Il était naturellement intrépide, mais il n'était pas
» entreprenant. Il avait un très-bon jugement, mais il
» ne s'y fiait pas assez, ce qui lui faisait quelquefois
» changer d'avis pour en suivre un pire, et adopter les
» conseils de ceux qui ne jugeaient pas si bien que lui.
» Cette défiance de lui-même le rendait plus irrésolu
» que la conjoncture de ses affaires ne le permettait. S'il

» avait été plus fier et plus décidé, il se serait attiré plus
» de respect et de soumission.

» Son peu de soin à appliquer des remèdes aux maux
» qui survenaient provenait de la douceur de son naturel
» et de la délicatesse de sa conscience, qui, dans les cas
» où il s'agissait de répandre du sang, lui faisait toujours
» choisir la voie la plus douce, sans écouter les conseils
» de rigueur, quelque raisonnables qu'ils fussent.

» Enfin c'était le plus digne gentilhomme, le meilleur
» maître, le meilleur ami, le meilleur père et le meilleur
» chrétien que son siècle eût produit; et s'il n'était pas
» le plus grand roi, s'il manquait de quelques-unes des
» qualités qui font les rois heureux et puissants, il n'y a
» jamais eu d'autre roi malheureux qui possédât la moitié
» de ses vertus et qui fût autant exempt de toutes sortes
» de vices. »

Si la destinée des dynasties britanniques a pu donner
matière à la curieuse note que nous avons reproduite
tout à l'heure d'après les feuilles anglaises, les dynasties
qui se sont succédé sur le trône de France peuvent
donner lieu à des rapprochements qui ne sont moins curieux. Nous en avons déjà parlé dans un article de l'*En-
cyclopédie du XIXe siècle :*

« En France, y disions-nous, surtout pour les premières dynasties, c'est moins par la force des révolutions que par l'épuisement et l'extinction des races que
les familles royales sont condamnées à mourir. Comme
pour mieux hâter cette extinction, presque tous les rois
de France, depuis Hugues Capet jusqu'à Louis-Philippe, ont été frappés dans leurs fils aînés; quelques-uns
même n'ont eu pour successeurs que leurs petits-fils ou
leurs arrière-petits-fils.

» Trois dynasties, celle des Capétiens, celle des Valois, et la branche aînée des Bourbons, ont eu une fin presque semblable.

» Les deux premières, quoique représentées par trois frères qui régnèrent successivement : là, Louis le Hutin, Philippe le Long, Charles le Bel ; là, François II, Charles IX et Henri III, s'éteignirent faute de postérité mâle.

» La troisième race, si violemment frappée en 1830, dut aussi s'éteindre dans la personne d'un roi que deux de ses frères, Louis XVI et Louis XVIII, avaient précédé sur le trône. »

On nous permettra d'entrer, à propos des rois de France, dans une série de rapprochements plus futiles, et dont le *hasard* fait sans doute toute la curiosité, mais qui, par la persistance même de ce *hasard* sur un même point, ne manquent pas d'un certain intérêt, peut-être même d'une certaine portée.

On a remarqué que le nombre fatidique de la race des Bourbons fut le nombre 14.

Louis XIII mourut comme Henri IV, son père, un 14 de mai. Il avait quatorze ans quand il tint les états généraux de 1614.

La monarchie absolue (à ne la regarder comme définitivement fondée qu'à l'époque où l'on cessa d'assembler les états généraux) dura 174 ans ; il y a, en effet, ce nombre d'années entre 1788, époque de la convocation des états de 1789, et 1614, date de ceux qui les avaient précédés immédiatement.

Le plus grand roi de la race de Henri IV fut le quatorzième roi de France du nom de Louis.

Louis XIV monta sur le trône en 1643, mourut

en 1715, vécut soixante-dix-sept ans ; or, en additionnant les chiffres dont se compose chacun de ces nombres, on trouve 14.

Louis XV mourut en 1774.

Louis XVI régnait depuis quatorze ans quand il convoqua les états généraux qui devaient faire la révolution.

Entre l'année où Henri IV fut assassiné (1610) et celle où Louis XVI fut détrôné (1792), il s'écoula un nombre d'années qui est divisible par 14.

Louis XVII mourut, dit-on, en 1794.

Enfin la restauration des Bourbons eut lieu en 1814, et en additionnant les quatre chiffres de 1814, on trouve 14.

C'est surtout pour Henri IV que la rencontre continuelle du chiffre prédestiné se fait sentir. On la remarque de bonne heure :

« Voici, dit Saint-Foix, la recherche curieuse qui fut faite sur le nombre 14, par rapport à Henri IV. Il naquit quatorze siècles, quatorze décades et quatorze ans après la nativité de Jésus-Christ ; il vint au monde le 14 de décembre, gagna sa plus importante victoire (celle d'Ivry) le 14 de mars, et mourut le 14 de mai ; il a vécu quatre fois quatorze ans, quatre fois quatorze jours, quatorze semaines, et il y a quatorze lettres en son nom, Henri de Bourbon. »

Après Saint-Foix, à force de chercher, on trouva encore que le premier roi du nom de Henri, en France, fut sacré au 14 mai.

On découvrit aussi que Marguerite de France, première femme du Béarnais, était née le 14 mai 1552.

Enfin, le président Hénault, renchérissant sur le tout, cite des lettres patentes du roi Henri II qui ordonnent l'élargissement de la rue de la Ferronnerie pour faciliter au roi le chemin du Louvre à l'Arsenal, et il fait observer que ces lettres furent données le 14 mai 1554, cinquante-six ans (4 fois 14) avant l'assassinat de Henri IV.

Pour Louis XVI, le nombre fatidique avait monté d'un multiple. C'est *vingt et un* qui se rencontre obstinément dans sa vie et dans son règne.

21 avril 1770, son mariage à Vienne; envoi de l'anneau.

21 juin, même année, fête désastreuse de son mariage.

21 janvier 1781, fête à l'hôtel de ville pour la naissance du dauphin.

21 juin 1791, fuite à Varennes.

21 janvier 1793, sa mort sur l'échafaud.

Ajoutez à ces rapprochements que les rapports qui l'ont conduit à l'échafaud émanaient de la commission des *Vingt et un*.

On assure que, par une idée superstitieuse, ou pour tout autre motif, Louis XVI ne permettait pas qu'on jouât chez lui au *vingt et un*.

Il attachait aussi une fatalité au nombre qui suivait son nom comme roi.

Nous lisons dans le *Rapport du commissaire Albertier, sur la journée du 11 décembre 1792* :

« Au lieu de la leçon de géographie qu'il a coutume de donner à son fils, le ci-devant roi a fait avec lui une partie au jeu de siam. L'enfant, qui ne pouvait aller plus loin que le point seize, s'est écrié : — Le nombre seize est bien malheureux ! — Ce n'est pas d'aujourd'hui que je le sais, a répondu Louis. »

Les anciens avaient une foi vive dans la fatalité des nombres. Dans chaque fait rapporté tout à l'heure, ils eussent vu la réalisation d'un présage.

Le nombre ternaire avait surtout pour eux une grande vertu.

Dans un mémoire à la *Société royale de Londres*, en 1825, le révérend John Jamieson a fait voir que si anciennement tous les nombres impairs étaient regardés comme possédant un caractère particulier de sainteté, il a existé dans les siècles reculés, et parmi des nations diverses, et il existe encore partiellement de nos jours, une croyance qui attache au nombre trois une vertu mystique encore plus puissante et plus spécialement dans sa connexion avec les cérémonies religieuses. Le nombre neuf aussi, étant le multiple des trois états, était par cette raison réputé sacré chez les Grecs et chez les Romains.

Dans une de ses *Lettres*, publiée pour la première fois en 1828, par M. Creuzer, le Grec Belléus ne croit pouvoir faire de meilleur vœu pour l'empereur Michel Stratéotique que de le recommander au *nombre ternaire :* « Moi, lui dit-il, ton serviteur, je te salue comme mon maître et mon roi. Je te salue par trois *leucoscares*[1]. Ce nombre est mystique et ce nom est divin. La blancheur du poisson démontre son innocence ; d'ailleurs le scare est le seul des poissons qui parle, il est de plus poisson musical ; et sous ces rapports, je le regarde comme le symbole de ton langage harmonieux et facile. *Que le nombre trois te sauve !* Sois orné par la blancheur des vertus, et que ta bouche ne profère que des paroles divines, ô roi très-bon et très-équitable ! »

Il se rencontre pour les souverains des siècles malheureux, qui ne sont qu'un enchaînement de désastres et de déchéances, où l'on voit les couronnes tomber les unes

---

[1] Le *scare* est une espèce de poisson, et *leucos* signifie blanc.

après les autres. Depuis le commencement de celui-ci, par exemple, il n'est pas pour ainsi dire un trône qui n'ait eu à subir quelques violentes vicissitudes.

Au mois de juin 1831, le *Globe* pouvait déjà dresser un état redoutable de ces ruines de souverains ; et depuis 1831 que n'est-il pas passé ! Il y aurait de quoi doubler la liste. Nous nous en tiendrons à la première énumération du *Globe* :

« Parmi les rois contemporains, y est-il dit, combien en est-il qui n'aient point passé par une déchéance complète ou partielle, ou qui n'aient été à la veille de l'éprouver ?

» En France, Louis XVI a été plus que détrôné ; Louis XVIII a subi deux exils ; Charles X en a subi trois.

» Ferdinand VII a habité Valençay pendant cinq ans, son père Charles IV est mort découronné à Rome.

» Après la bataille d'Iéna, le roi de Prusse s'est vu un instant dépossédé, n'ayant plus un village où son autorité fût reconnue.

» En 1806 et 1809, l'empereur François d'Autriche a de même été à la discrétion du vainqueur d'Austerlitz et de Wagram.

» Le grand-duc Constantin a été dépouillé de sa couronne des czars.

» Le roi de Piémont est resté plus de quinze ans sans un pouce de terre en Italie.

» Le roi des Deux-Siciles, beau-père de Louis-Philippe, a deux fois été chassé de Naples.

» Le roi Gustave de Suède est réduit à voyager en hiver sur l'impériale d'une diligence, et sa main royale y a été gelée.

» Le roi Guillaume de Nassau, à demi découronné maintenant (il venait de perdre la Belgique), est déjà resté sans État pendant longues années.

» Le roi de Saxe, en 1814, s'est trouvé quelque temps sans royaume, frappant en vain à la porte des diplomates ; plus tard, il a été contraint de partager sa royauté.

» Miguel a été obligé d'aller méditer, sous l'aile de M. de Metternich, sur les vicissitudes humaines.

» Le pape catholique Pie VI est venu mourir à Valence ; Pie VII, son successeur, a été prisonnier à Fontainebleau ; et Grégoire XVI faisait, il y a trois mois, radouber certaine vieille felouque, qui compose toute sa marine, pour se dérober aux troupes bolonaises, commandées par Sercognani.

» Qui pouvait se croire plus solidement établi que Napoléon ? Cependant il a deux fois été renversé du trône, et avec lui sont tombés Jérôme, roi de Westphalie ; Murat, roi de Naples ; Joseph, roi d'Espagne.

» Nous ne parlons pas des phases nombreuses de la révolution française, ni de tous les accidents qui, tour à tour, ont déplacé et replacé les petits princes d'Allemagne et d'Italie. »

Une circonstance du plan de descente en Angleterre, qui avait été arrêté par Napoléon, offre un rapprochement extraordinaire.

Une division de la flotte française devait faire route vers les grandes Indes et prendre possession de Sainte-Hélène !

Comme la Providence se joue des projets des hommes les plus habiles ! Napoléon alla finir ses jours, captif, sur ce même rocher où il voulait aller imposer son joug et planter son drapeau[1].

Ce n'était pas la première fois que le nom de cette île,

----

[1] *Anecdotes contemporaines et inédites d'un ancien officier supérieur* ; 1827, in-12, p. 6.

qu'ils ont tant fait maudire, venait à l'esprit et tombait sous la plume de Napoléon.

Parmi les cahiers d'étude qu'on a retrouvés de lui, il en est un inachevé qui contient des *devoirs* de géographie.

A la dernière ligne, on ne lit que ces trois mots :

« Sainte-Hélène, petite île. »

« Là, en effet, devait s'arrêter sa géographie, dit l'auteur d'un article sur ces travaux de Napoléon écolier[1]. »

—

GRANDS ÉVÉNEMENTS

PRODUITS PAR DE PETITES CAUSES.

Il a paru au dernier siècle, sous le titre que nous venons d'écrire, un ouvrage en deux volumes attribué à l'avocat Richer. Nous avions pensé, avant de le lire, que notre travail s'y trouverait tout préparé pour les époques anciennes, et que nous n'aurions qu'à le compléter pour les temps plus récents ; nous nous trompions, ce n'est qu'une compilation très-indigeste, quoique très-délayée de phrases, où des événements qu'on veut faire croire plus importants qu'ils ne le sont pour la plupart sont longuement déduits de causes qu'on dénature afin de les donner pour futiles. Le livre de Richer nous a donc été fort peu utile, sinon pour la découverte de quelques faits

[1] *Revue des Deux-Mondes*, 1er mars 1842.

dont nous lui renverrons l'honneur quand nous aurons à les reproduire.

Il faut reprendre l'histoire de bien loin, *ab ovo*, pourrait-on dire avec juste raison, pour trouver le premier événement d'une haute importance dont la cause première fut une chose futile. La guerre de Troie, en effet, dont on connaît trop les origines, les péripéties et les suites, rentre dans cette catégorie : mais, nous ne voulons pas recommencer l'*Iliade* et l'*Odyssée*; bien plus, nous ne voulons pas même, comme nous l'avons déjà dit, recommencer le livre de Richer, plein de faits empruntés surtout à l'histoire ancienne. Nous laisserons donc de côté l'antiquité et nous viendrons vite aux temps moins éloignés, plus curieux, et, je ne sais pourquoi aussi, moins connus.

« Feu M. Naudé, écrit Gui Patin [1], m'a autrefois dit que Constantinople ne fut prise, l'an 1453, par les Turcs, que par la faute des prêtres et des moines, qui ne voulurent rien contribuer pour la levée des soldats et pour la défense de la ville. » Ainsi, voilà une ville, dont la résistance héroïque avait duré des siècles, qui se trouve dépourvue de moyens de défense et livrée ainsi à la conquête par l'égoïsme irréfléchi d'une caste.

« [2] Cinquante années d'une paix profonde avaient effacé, sur le continent, les dernières traces des anciens démêlés de l'Angleterre et de la France, et tourné vers l'agriculture, le commerce et l'industrie, l'esprit des populations de l'Occident, lorsqu'un débat aussi frivole

---

[1] *Lettres à Spon*, t. III, p. 334.

[2] Extrait d'une *Histoire* inédite *de la Saintonge et de l'Aunis*, par M. Massion de la Rochelle.

dans sa cause que funeste dans ses effets vint tout à coup agiter la scène politique.

» A la suite d'une querelle survenue, en 1293, à Bayonne, entre deux matelots, l'un Anglais, l'autre Normand, celui-ci fut tué par son adversaire. Les marins de Normandie demandèrent justice de ce meurtre au sénéchal anglais de Guienne ; mais cet officier demeurant sourd à leur réclamation, ils résolurent de venger eux-mêmes la mort de leur compatriote.

» Quelque temps après, ayant rencontré en mer un navire anglais, ils s'en emparèrent, suspendirent aux vergues, pêle-mêle avec des chiens, quelques hommes de l'équipage, et renvoyèrent les autres en Angleterre, en les chargeant de dire aux gens de leur pays que cette exécution était la réparation du meurtre commis, à Bayonne, par un Anglais sur un Normand.

» Cette représaille en amena d'autres. Bientôt les Anglais exercèrent leur vengeance sur tous les navires français qu'ils rencontraient, sans distinction de Normands ni d'Aquitains, et le sang coula dans plus d'une rencontre, particulièrement dans les parages de la Saintonge et de l'Aunis.

» Ces démêlés continuèrent assez longtemps entre les mariniers des deux nations, sans qu'Edward et Philippe le Bel parussent en être informés ou se montrassent disposés à y mettre un terme. Mais un conflit des plus graves vint bientôt faire une affaire d'État de cette querelle de matelots, et mettre en contact les couronnes de France et d'Angleterre.

» Une flotte de deux cents navires normands, allant charger des vins dans les ports du Midi, eut l'audace de capturer, sur son passage, un grand nombre de bâti-

ments anglais dont elle massacra les équipages et con-
fisqua les cargaisons. Les armateurs des places d'Angleterre, informés de cet attentat, équipèrent aussitôt
une escadre de soixante voiles, et allèrent attendre les
Normands au retour. Après une mêlée sanglante, ceux-ci
furent mis en fuite, la plupart coulés ou incendiés, et le
reste emmené en Angleterre [1].

» Peu de temps après, une flotte anglaise vint faire une
descente sur les côtes de l'Aunis. La Rochelle fut insultée, son territoire envahi et dévasté. Plusieurs habitants de la ville et de la banlieue furent égorgés. Renaud
de Pressigny, seigneur de Marans, fut contraint de se
retrancher dans sa forteresse. Tout le pays courut aux
armes pour repousser les attaques de l'ennemi [2].

» Les choses en étaient venues à ce point que les deux
rois ne pouvaient plus se dispenser d'intervenir dans la
querelle. Philippe le Bel somma son vassal d'outre-mer
de faire arrêter ceux de ses matelots qui s'étaient le plus
signalés par leur animosité contre les Normands, et de
les faire détenir dans les prisons de Périgueux en atten-

[1] Walsing, p. 58 et 60. — Heming, t. I, p. 20 et 40. — *Chron.
Dunst.*, t. II, p. 609. — Trivet, p. 264.

[2] Ex jurgiis enim aucto furore, Normani aliquos Anglos
morte affecère, eoque audito, Angli et Aquitani maritimi, con-
flatâ classe, aliam classem Gallorum partim cepère partim
mari mersère, atque indè in maritimam Francorum oram
excursionibus actis, prædas auxère Rupellamque plurimo im-
petu oppugnârunt. (Baronius, *Annal. eccl.*, an. 1293, n° 3
et 4.) — Cumque notorium sit similiter quamplures dictorum
hominum de Baionâ villam nostram de Rupellâ proditionaliter
invaserunt, insultus quamplurimos in eam facientes, et habi-
tatores ipsius quosdam etiam occidentes, etc. (Rymer, *Act.
publ.*, t. II, p. 617.) Vid etiam Edm. Martenne et Urs. Durand,
Thesaur. anecdot., t. I, p. 1249.

dant qu'on pût faire leur procès. Edward n'obéit point à la sommation de son suzerain, et se contenta de députer auprès du roi de France l'évêque de Londres, qui, par divers moyens, chercha à gagner du temps.

» Les hostilités continuaient cependant : on confisquait, de part et d'autre, navires et cargaisons ; et tandis que les Anglo-Gascons tombaient sur tout ce qui se montrait dans le voisinage de leurs côtes, Edward, craignant quelques entreprises du roi de France sur la Guienne, fortifiait Bordeaux.

» Philippe le Bel dépêcha [1] les évêques de Beauvais et de Noyon vers le roi d'Angleterre, avec ordre de l'ajourner, comme vassal de la couronne de France, devant la cour des pairs de Paris [2]. Edward ne jugea pas à propos de comparaître ; mais il députa son frère Edmond, comte de Lancastre, auprès de Philippe, en lui recommandant d'éviter avec soin, dans ses conférences avec le roi, tout ce qui pourrait amener une rupture.

» Le monarque, enflammé d'un courroux vrai ou simulé, ne voulut se prêter à aucune négociation. Edmond se disposait à retourner en Angleterre sans avoir pu obtenir aucune audience, lorsqu'il fut retenu par Marie de Brabant et Jeanne de Navarre, mère et épouse de Philippe le Bel. Ces deux princesses lui firent entendre que le roi ne voulait rien autre chose qu'une satisfaction publique, qui pût réparer aux yeux de l'Europe l'honneur de sa couronne insultée. Elles lui proposèrent, à cet effet, d'abandonner fictivement à Philippe les villes de

[1] 1294.

[2] Rymer, *Act. publ.*, t. II, p. 617. — Edm. Martenne et Urs. Durand, *Thesaur. anecdot.*, t. I, p. 1249.

Saintes, Talmont, Puymirol et Montflanquin [1], par un contrat simulé qu'on révoquerait ensuite.

» Edmond transmit cette proposition au roi son frère. Edward était alors absorbé dans un grand projet : il se disposait à porter la guerre en Écosse pour subjuger ce royaume, comme il avait déjà fait de la principauté de Galles. Il trouva donc fort commode de se débarrasser du roi de France par une ombre d'engagement qui ne le liait en rien. Dans sa confiance, il ne se contenta pas de souscrire à ce qu'on exigeait de lui, il déclara encore abandonner à Philippe le Bel tout le duché de Guienne et sa capitale.

» En vertu de ce traité, le comte de Lancastre ordonna aux sénéchaux anglais de Guienne et de Saintonge de livrer toutes les places de ces deux provinces à Raoul de Clermont, sire de Nesle, connétable de France, chargé d'en prendre possession au nom du roi son seigneur. Mais Philippe le Bel ne se vit pas plutôt maître des places fortes d'Edward, qu'il fit de nouveau citer ce prince devant sa cour des pairs, et le fit condamner, par défaut, à perdre ses fiefs, comme coupable de félonie. Alors toute la Guienne et la Saintonge du sud furent confisquées au profit de la couronne de France [2].

» Edward ne respira plus que vengeance ; mais, retenu au delà du détroit par son expédition d'Écosse, l'objet le plus important dont il dût s'occuper alors, il se con-

---

[1] Que hom livrast es gentz le roy de France qu'ils en avoirent, c'est assavoir Saintes, e Talmond, e Puimirol, e Montflanckin, etc. (Rymer, *Act. publ.*, t. II, p. 620.)

[2] Rymer, *Act. publ.*, t. II, p. 619, 620 et 622. — Walsing, p. 61 et suiv. — Heming, t. I, p. 42 et suiv. — Trivet, p. 275-278.

tenta d'envoyer, pour recouvrer la Guienne et ses autres possessions du continent, son frère le comte de Lancastre et John de Bretagne, comte de Richemont, son neveu, avec des troupes et quelques vaisseaux.

« John de Bretagne vint faire une descente dans l'île de Ré, appartenant au roi de France, dans le même temps où les Français s'emparaient de l'île d'Oléron, occupée par les hommes du roi d'Angleterre. Une guerre d'extermination éclata, dans ces deux îles voisines, entre les insulaires et les envahisseurs, qui égorgèrent presque tous les habitants et livrèrent leurs maisons aux flammes [1].

» Secondé par les populations de la Guienne, plus indignées de la perfidie de Philippe le Bel que dévouées aux intérêts d'Edward, le comte de Lancastre obtint d'abord, dans cette contrée, sur le connétable de Nesle, des avantages assez marqués. Philippe fut même obligé, pour envoyer de nouvelles troupes à son lieutenant, de frapper une taille extraordinaire sur tous les marchands du royaume [2]. Cet impôt, tant à cause de l'injustice de son objet que de la rigueur avec laquelle il fut levé, reçut du mécontentement universel la dénomination de *maltôte,* et les officiers chargés de le percevoir le sobriquet de *maltôtiers* [3].

» Une seconde armée, commandée par Charles de Valois, frère de Philippe le Bel, fut dirigée sur la Guienne. Battus dès lors en différentes rencontres, les Anglo-Gascons se renfermèrent dans les murs de Bayonne en attendant des secours. Edward, dont toutes les troupes étaient en

[1] Vid. *Chron. Malleac.*

[2] 1295.

[3] Tôte ou tolte, de *tollere,* lever. — *Mal-tôte,* mauvaise levée de deniers.

Écosse, leva de nouvelles recrues qui, sous les ordres de Robert Tipstot, vinrent débarquer dans la Guienne et la Saintonge du sud. Le parti anglo-gascon se releva alors; mais il fut bientôt abattu pour la seconde fois par l'arrivée du comte d'Artois à la tête d'un renfort considérable.

» Enhardi par ses succès en Guienne, Philippe le Bel menaça l'Angleterre elle-même. Il se ligua avec Jean Baliol, roi d'Écosse, et alors se formèrent les premiers liens de cette amitié fatale aux rois d'Angleterre, qui, dans la suite, unit si souvent les couronnes de France et d'Écosse [1]. Edward, de son côté, fit alliance avec Jean, comte de Hollande, et Gui, comte de Flandre, qui convinrent avec lui d'entrer, par les frontières du nord, sur le territoire de Philippe le Bel.

» Edward lui-même passa avec 50 000 combattants en Flandre, où les Français avaient déjà fait irruption [2]. Une lutte sanglante allait s'engager entre les deux rois, lorsqu'un dénoûment imprévu vint arrêter brusquement la marche de ce grand drame. Philippe et Edward, près d'en venir aux mains, convinrent de remettre leur querelle à l'arbitrage du pape Boniface VIII. Le pontife saisit avec empressement cette occasion d'accroître son influence, et réussit à faire signer aux deux princes rivaux une trève de cinq ans [3]. »

Tout le monde sait l'histoire de ce fameux *seau enlevé* qui fournit à Tassoni l'idée de sa burlesque *Secchia ra-*

[1] Heming, t. I, p. 49, 51, 55, 76. — Walsing, p. 6. — *Chron. Dunstabl.*, t. II, p. 622 et 642. — Rymer, *Act. publ.*, t. II, p. 630, 681, 695 et 697. — Trivet, p. 279, 282, 284 et suiv.

[2] 1297.

[3] Rymer, t. II, p. 783, 817 et 823. — Heming, t. I, p. 112 et 146. — Walsing, p. 70. — Trivet, p. 310.

pita. Elle est cependant trop de notre sujet pour que nous ne la donnions pas ici. Voici comment elle est racontée dans un article de *la Clef du cabinet :*

En 1005, quelques soldats républicains du Modénais enlevèrent un seau appartenant à un puits public du Bolonais. C'était au fond une affaire d'un petit écu ; mais elle dégénéra en une querelle qui causa une guerre longue et sanglante. Henri, roi de Sardaigne, vint au secours des habitants de Modène, au nom de l'empereur Henri II, son père. Il les aida à se maintenir dans la possession du fameux seau ; mais il fut fait prisonnier dans une bataille. L'empereur offrit, pour sa rançon, une chaîne d'or qui ferait le tour de Bologne, quoique cette ville eût sept milles de circonférence. Les Bolonais refusèrent de le rendre. Enfin, au bout de vingt-deux ans de prison, le malheureux prince mourut de langueur ; son père l'avait devancé. Son tombeau existait encore dans l'église des Dominicains de Bologne avant que la révolution de France eût fait le tour de l'Italie ; et l'on montrait également alors dans la tour de la cathédrale de Modène le fatal seau enfermé dans une cage de fer. »

En 1578, un certain Thomas Sutton, négociant anglais très-habile et d'une très-grande réputation, ayant eu assez d'adresse et d'influence à Genève pour y faire protester toutes les traites espagnoles, trouva, par ce moyen, le secret de retarder pendant une année entière le départ de la célèbre flotte *l'Armada*, ce qui ne contribua pas peu à la ruine de cette formidable entreprise, qui ne pouvait réussir qu'avec un temps favorable, et qui, ainsi retardée, eut à courir tous les risques de la mauvaise saison et des vents. On sait que ce furent les principales causes de son désastre.

Souvent il ne faut qu'une querelle à la suite d'un jeu pour exciter une rixe violente, puis une émeute, une guerre, une révolution, par un entraînement trop naturel aux masses populaires, sitôt qu'on les a réunies et que la première étincelle a été jetée. Nous en citerons deux exemples : l'un, que nous emprunterons à une chronique sénonaise du quinzième siècle, très-habilement développée dans un article du *Magasin pittoresque* ; l'autre, qui a trait à des faits presque contemporains accomplis à Gênes. Dans la première histoire, il s'agit d'une querelle née d'une partie de *tacquemain*, ou main chaude, et dans l'autre d'une *partie de barres* et de ses suites, qui furent graves comme vous verrez. Voyons d'abord la chronique sénonaise.

« En 1472 ou 1473, un jour de fête, vers le soir, après souper, quelques jeunes habitants de la rue Saint-Romain et leurs filles et garçons jouaient, près du puits d'Amour, au jeu de la main chaude, qu'on appelait alors le *tacquemain*. Un apothicaire, nommé Eudes Bouquot, vient à passer. A ce moment, un vigoureux jeune homme, tonnelier de son état, nommé Gabriel ou Garnier Croullant, était le patient ; la tête enveloppée dans un tablier et sa large main ouverte et posée à l'envers sur le dos, il attendait les coups autour de lui ; on se poussait du coude en silence ; chacun hésitait à frapper. L'apothicaire s'approche malicieusement sans bruit, lève la main et touche légèrement celle du jeune artisan. Aussitôt Garnier Croullant dégage sa tête du tablier : il voit l'apothicaire fuir et les jeunes filles le suivre du regard en souriant ; il le nomme : « C'est maître Bouquot, dit-il, qui a frappé. » Des cris de joie s'élèvent ; on court après Eudes Bouquot, on veut qu'il revienne et qu'il se soumette à la règle du jeu.

Mais le digne apothicaire refuse de prendre la posture indispensable : il ne veut pas se commettre avec des artisans ; il passe comme un trait à travers le groupe, court et arrive avant ceux qui le poursuivent à la maison de son beau-frère, Olivier ou Jean le Goux. Il n'a pas le temps de fermer la porte, il franchit l'escalier et s'enferme dans une chambre retirée du premier étage. Cependant Garnier Croullant et quelques-uns de ses amis sont sur ses traces : ils sont entrés dans la maison, ils ont monté l'escalier ; ils frappent à la porte fermée, et, irrités par le refus que Bouquot fait de l'ouvrir, ils l'ébranlent violemment, la serrure se détache, l'apothicaire, pâle et tremblant, est pris. On l'emmenait de force, quand le maître du logis, Jean le Goux, attiré par le bruit des pas et des clameurs, sort d'une chambre du rez-de-chaussée où il travaillait, et vient demander la cause du tumulte. On lui explique l'origine du débat ; il prend parti pour son beau-frère, et ordonne aux artisans de s'éloigner à l'instant.

» Ce Jean le Goux était un homme de cinquante ans, fils d'un corroyeur ou d'un cordonnier de Sens. Il était parvenu, à demi par son mérite, à demi par l'intrigue, aux fonctions de notaire et secrétaire du roi Louis XI. Peut-être avait-il abusé de son crédit, peut-être avait-il oublié son origine. Ce qui résulte certainement des chroniques, c'est qu'il n'était pas aimé.

» Son ton impérieux augmenta l'effervescence des jeunes gens au lieu de l'apaiser. Un grand nombre de femmes du quartier, qui s'étaient assemblées devant la maison, les encourageaient à persister. On emmena Bouquot.

Le Goux, offensé, alla porter plainte devant les magistrats. Il s'adressa au sieur Lubin Rousseau, lieutenant général ; au sieur Jean Girardin, procureur du roi, et au sieur Jean Boucherat, prévôt de la ville. Il est probable que le premier de ces magistrats refusa de recourir à des mesures rigoureuses ; les deux autres cédèrent à la demande de le Goux. Des sergents de la ville se rendirent par leur ordre dans la rue Saint-Romain, s'emparèrent de Garnier Croullant et de deux ou trois autres artisans, et les conduisirent aux prisons de la porte Saint-Remy, qui étaient les plus voisines, mais non les plus sûres.

» La nouvelle de ces arrestations se répandit aussitôt dans la ville et y causa une vive émotion. Bientôt toutes les rues qui avoisinaient la maison de le Goux furent remplies par la foule ; les conversations s'animèrent de plus en plus. Des paroles on en vint à l'action ; des hommes du peuple s'armèrent de bâtons, de massues, de crochets, de tenailles, enfoncèrent la porte de la prison, en tirèrent Garnier Croullant, ainsi que ses camarades, et les portèrent en triomphe dans les rues en criant et chantant. Lorsqu'ils passèrent devant la maison de le Goux, ils s'arrêtèrent et entonnèrent, aux applaudissements de la multitude, une chanson satirique.

» Les magistrats, informés de ce désordre, mandèrent près d'eux les chefs de la révolte. Ils les invitèrent à se calmer et à réparer promptement l'injure faite à l'autorité, en persuadant à Garnier Croullant et aux autres ouvriers arrêtés en même temps que lui de retourner volontairement à la prison. On ne tint compte de ces sages conseils ; on fêta Garnier Croullant jusque vers le milieu de la nuit, et peu à peu la ville rentra dans le calme et le silence ordinaires.

» Il n'en était pas de même dans la tête de Jean le Goux. Le lendemain, il était encore plus agité que la veille. Il se considérait, en effet, comme personnellement offensé par le peu d'empressement et de zèle que les trois principaux magistrats avaient mis à soutenir sa cause : aussi, dès le lendemain, sans plus s'adresser à eux, « il en appela d'autres, ses familiers et gens de sa coterie, desquels il disposait à son gré, exposa de nouveau sa plainte devant eux, et y ajouta celle de déni de justice. » On informa, suivant son désir ; on recueillit parmi les témoignages ceux qui exagéraient les faits ; en moins de quinze jours, la procédure fut terminée. Le Goux la porta aussitôt à Louis XI. Il appuya le dossier d'un rapport où il ne manqua pas de représenter les magistrats de Sens comme animés d'un esprit hostile à la royauté. C'était, disait-il, la faveur même dont l'avait honoré Sa Majesté qui l'avait rendu un objet de haine pour les magistrats et le peuple.

» Louis XI, après avoir entendu le Goux et parcouru l'information, donna à deux conseillers du parlement des ordres secrets et leur enjoignit de se rendre immédiatement à Sens.

» Ces deux commissaires arrivèrent pendant la nuit, et, sans attendre que personne eût connaissance de leur mission, ils firent surprendre dans leur lit et jeter en prison quinze habitants accusés par le Goux ; parmi eux étaient : le lieutenant général Lubin Rousseau, le procureur du roi Jean Girardin, le prévôt Jean Boucherat, Garnier Croullant, Simon Huet, arbalétrier ; Guillaume Cordelat, charpentier ; Guillaume Monsieur et Louis Jacquot, serruriers. Quand le jour fut venu, et avant que l'alarme eût encore eu le temps de se répandre dans la ville, les quinze prisonniers furent contraints à monter sur un bateau. On a conservé les noms de trois mariniers chargés de les conduire : Guillaume Beguerant, Jean Comard d'Espoigny et Estienne Rolland.

» On aborda en face de Charenton. De là les quinze prisonniers, escortés, liés comme des criminels, furent menés à pied à Vincennes. Ils y restèrent enfermés trois mois, soumis à un régime rigoureux et en proie aux craintes les plus vives. Vers la fin de ce temps, Guillaume Monsieur et Cordelat moururent de chagrin. Selon Farinade, ils furent pendus dans leur cachot; mais il paraît avoir confondu leurs noms avec ceux de deux autres prisonniers, dont l'un était probablement Garnier Croullant, et qui furent en effet mis à mort. On croit que deux ou trois autres furent bannis. Le lieutenant Lubin Rousseau, homme respectable, bien famé et d'un grand savoir, se défendit avec fermeté; mais la tristesse affaiblit sa santé et sa raison. Sa charge fut donnée provisoirement à Pierre Grassin, avocat, fils d'un corroyeur de Nogent et ami de le Goux.

» Les autres prisonniers furent acquittés et renvoyés à Sens.

» Il semble que cette expiation eût dû suffire au ressentiment de le Goux. Il n'en fut pas ainsi. Entre les Sénonais et lui, il y avait une cause de haine qui faillit causer la ruine de la ville.

» La plupart des chroniqueurs se bornent à dire que le Goux, ne se trouvant pas assez vengé, adressa un nouveau rapport à Louis XI, où il accusa la ville entière de rébellion. En consultant attentivement divers manuscrits, on trouve d'autres motifs.

» Il paraît certain que Lubin Rousseau, ayant recouvré la raison peu de temps après son élargissement, avait été réintégré dans les fonctions de lieutenant civil. Girardin et Boucherat avaient vraisemblablement aussi conservé leurs charges. Or il est naturel de penser que ces trois magistrats étaient peu favorablement disposés à l'égard de le Goux, et que la population partageait leur rancune.

» Le Goux, dit un auteur, ayant voulu connaître de la confection du rôle, à titre d'élu, et ayant éprouvé un refus qui aigrit encore dans son cœur les mécontentements de l'aventure récente du jeu de tacquemain, ce refus, accompagné probablement de rumeurs et de sédition, provint de ce que l'on craignait qu'en se mêlant à la répartition des tailles, il ne succombât à la tentation d'abuser de son autorité pour satisfaire ses animosités particulières.

» Quoi qu'il en soit, il est hors de doute que le Goux parvint à exciter dans l'âme de Louis XI une colère violente contre la ville de Sens.

» Pierre de Bourbon, seigneur de Beaujeu, reçut l'ordre de mener des troupes devant la ville, et de la mettre à feu et à sang. Ces troupes partirent du Berry et de l'Orléanais. La route que suivait Pierre de Bourbon le fit passer par Courtenay; ce fut une circonstance heureuse pour Sens. Le prince fut reçu par le comte de Dammartin, Antoine de Chabannes, grand maître de la maison du roi. Ce seigneur raconta les faits sans passion et de la manière la plus favorable aux Sénonais. Pierre de Bourbon, désintéressé dans cette affaire et plein d'estime pour Antoine de Chabannes, l'écouta avec bienveillance. Le lendemain, 24 ou 29 avril 1474, il passa par Villeneuve-le-Roi, et s'avança vers Sens.

» Depuis plusieurs jours, la terreur régnait dans la ville. Après de longues délibérations, il avait été résolu que, loin d'opposer la moindre résistance, on se livrerait à merci, et que tous les notables habitants sortiraient des murs et se rendraient au-devant du prince pour implorer sa pitié. Dès le matin, la procession se mit en mouvement. Le clergé marchait en tête ; le doyen et trois chanoines en chapes de soie portaient les reliques ; les autres chanoines étaient en surplis. Les magistrats venaient ensuite. Derrière eux étaient les bourgeois parés de leurs plus riches vêtements. Quand on fut en présence des troupes, Pierre de Vieilchatel, maître d'hôtel de la reine ou du roi, seigneur de Lailly, lieutenant du bailli de Sens, s'avança le premier, déposa aux pieds du duc de Bourbon les clefs de la ville, et le harangua.

» Un des manuscrits que nous consultons, et dont la relation doit être rapportée à une époque assez éloignée des événements, rapporte en ces termes la harangue et ce qui suivit :

« Monsieur,

» Nous faisons tous profession d'être les serviteurs du roi et les vôtres ; nous n'en reconnaissons point d'autres en titre, et nous ne souffririons jamais qu'un autre que lui régnât sur nous. Nous ne nous sommes jamais opposés en rien à Sa Majesté ; au contraire, nous avons toujours été très-disposés à lui obéir et à suivre ses ordres ; et si on lui a rapporté quelque chose qui ait paru à Sa Majesté contre le devoir de fidèles serviteurs, c'a été M. Jean le Goux (comme on le verra à la fin du procès) qui l'a inventé pour se justifier et pour faire passer pour criminels ceux qui sont en effet très-innocents. Nous savons que ce sont ses suppositions qui vous font venir pour perdre notre ville et tous les biens de vos serviteurs.

Mais Votre Grandeur connaîtra dans la suite que la ville de Sens n'a rien commis d'indigne de bons Français, et qu'elle ne sait ce que c'est que les crimes qu'on lui suppose, ni ce que c'est que conspirer contre son roi. »

« Le prince, continue le chroniqueur, reçut les clefs de la ville et promit qu'il entendrait les parties pour en faire justice. Lorsqu'il fut proche de la ville, il vint au-devant de lui une infinité de peuple et d'enfants des deux sexes, qui se jetèrent à ses genoux en le priant de laisser la vie à des innocents. Les jeunes filles étaient vêtues d'habits blancs, leurs cheveux épars, couchées par terre en signe de tristesse et de soumission. Quelques-unes même étaient nu-pieds, pour montrer la consternation où elles étaient. D'autres étaient montées sur les murailles et les tours de la porte commune où l'armée devait passer, d'où elles jetaient de pleines mains de fleurs, des feuillages odoriférants, d'où même elles chantaient des motets à la louange du prince. Et ce qui était le plus touchant de toute cette cérémonie lugubre, c'est qu'on entendait partout crier : « Miséricorde ! miséri-» corde ! » Ce mot, plein de douleur, était sans cesse répété par près de vingt mille personnes de tout âge, de tout sexe et de toute condition.

» Le prince entra dans la ville au milieu de toutes ces acclamations et de cette pompe, et on peut dire qu'on fit tout ce qu'on put, dans la crainte où l'on était qu'on ne pût le détourner de l'exécution des ordres du roi. Il fut reçu, en un mot, comme la puissance du roi même. Il n'en fut pas méconnaissant, car la première chose qu'il fit, ce fut d'entrer dans l'église de Saint-Étienne, où on lui vit faire des prières qui montraient bien qu'il rapportait à Dieu l'honneur qu'on venait de lui rendre. Sa prière finie, il pensa à la sûreté de la ville. Pour cela, il fit crier à son de trompe que pas un soldat n'eût à faire aucun dommage, sous peine de la corde, jusqu'à ce qu'il y eût ordre nouveau et qu'il se fût informé de la vérité de l'affaire. Cependant on logea les soldats, qui n'étaient pas contents du bon accueil qu'on leur faisait et de ce que leur commandant était apaisé; car leur dessein n'était autre que de piller la ville, de la saccager et de s'engraisser du butin. Ensuite, le sieur Pierre de Bourbon donna jour aux parties Jean le Goux et les habitants à comparaître devant lui.

» Ils s'y rendirent au temps qui leur était marqué, et ayant tous rapporté ce qui pouvait servir leur cause, il vit bien que le Goux et Bouquot son beau-frère étaient causes de la guerre et du trouble. Eux, s'apercevant que l'air du bureau n'était pas pour eux et appréhendant que leurs affaires n'allassent très-mal, qu'on ne les traitât comme ils avaient voulu traiter leurs concitoyens, ils songèrent à la retraite et à s'enfuir. Ils se mirent de nuit en bateau, et se firent conduire à Paris, où, étant à peine arrivés, le Goux, dont la conscience était plus bourrelée que celle d'un criminel, mourut d'angoisses, de tristesse et de chagrin, et, qui pis est, sans avoir bien pensé à sa mort : digne rétribution d'un fait si énorme qu'est celui de trahir sa patrie! Un autre dit que le Goux et Bouquot se retirèrent seulement à Jouancy, près la ville de Sens; et peu après le Goux se fit saigner les pieds dans l'eau, de rage qu'il avait, et finit malheureusement ses jours.

» Après que Pierre de Bourbon eut séjourné en la ville l'espace de quinze jours, et qu'il eut rassuré les affaires autant qu'il était nécessaire, il retourna vers le roi rendre compte de ce qu'il avait fait.

» Le dernier jour qu'il passa dans la ville et le jour suivant furent consacrés à des réjouissances. On l'avait reçu au cri de miséricorde, on salua son départ en faisant retentir les airs des cris: «Noël! Noël!»On alluma des feux de joie en différents quartiers, et l'on dressa dans les rues des tables où l'on invitait tous les passants à s'asseoir. »

Ce que le chroniqueur rapporte plus haut de la fin de le Goux est une tradition que l'on doit révoquer en doute.

Jean le Goux eut l'habileté de se réconcilier avec les Sénonais dès qu'il vit les chances tout à fait tournées contre lui. Les lettres patentes d'abolition ou de grâce délivrées à Sens portaient que le roi faisait grâce aux Sénonais, à la sollicitation et aux considérations de le Goux, son secrétaire. Le Goux fit aussi établir dans la ville, pour réparer ses torts, le mairage et l'échevinage. Quelque temps après, Louis XI accorda aux Sénonais un octroi sur le vin et les denrées passant par leur ville : cette concession était contre-signée par le Goux. L'on voit enfin qu'en 1476, le chambrier, au nom de l'église de Sens, offrit à le Goux ce qu'on appelait alors le grand présent, c'est-à-dire deux grands brocs de vin qui coûtaient neuf sols, un muids de vin vermeil du prix de cent sols, deux douzaines de pains.

Jean le Goux vivait encore en 1486. Depuis l'an 1479, il était seigneur de Lourps et de Retors, et garde du sol de la prévôté de Provins. Sa fille Anne avait épousé Étienne Bernard, seigneur de Champigny. Un de ses beaux-frères, Jean Croiset, fils d'un notaire, était seigneur de Ballot, de Beaumoulins et de Chambertin.

Venons maintenant à la *partie de barres* des Génois, et

à la révolution qui en fut la suite. Du quinzième siècle, nous passons ainsi brusquement à la fin du dix-huitième, à l'année 1797. Nous allons nous trouver au milieu d'événements ayant une cause à peu près pareille, sans doute, mais aussi une physionomie bien différente. Ils auront toutefois, en outre de cette similitude de motifs, un point de rapprochement avec ceux qui ont été racontés tout à l'heure : par un singulier hasard, dans l'une et dans l'autre des deux émeutes, c'est un apothicaire qui tient le dé et joue l'un des principaux rôles. A Sens, c'était Bouquot; à Gênes, ce sera Morando.

Celui-ci entre tout d'abord en scène.

A l'époque de la révolution française, quelques Génois, amis des principes qu'elle donnait occasion de développer, se réunissaient chez cet apothicaire pour y lire les nouvelles. Bientôt ce fut une réunion comme consacrée. On l'appela le club Morando. Tant qu'elle ne fut pas nombreuse, le gouvernement génois, ne la croyant pas dangereuse, et pensant même qu'elle ne le deviendrait que si elle était persécutée, la toléra.

Cependant l'armée française, après avoir été longtemps retenue au haut des Alpes et dans la rivière de Gênes, se précipite tout à coup dans le Piémont et dans la Lombardie. On sait que c'est Bonaparte qui la commandait. La paix se fait avec le Piémont et avec Naples; toute la Lombardie est au pouvoir des Français; quatre armées autrichiennes sont défaites; Mantoue se rend; Rome est à la discrétion du vainqueur; l'armée triomphante poursuit sa course, bat le prince Charles, et va signer sous les murs de Vienne les préliminaires de la paix avec l'empereur. Pendant ce temps, une foule d'écrits pleins de chaleur propageaient les principes de la révolution et attaquaient les anciens gouvernements. Le club Morando grossissait tous les jours. Le gouvernement, faible, incertain, n'osait prendre ouvertement aucun parti rigoureux. Il craignait de faire éclater un mouvement qu'il espérait éviter en temporisant. Il se bornait donc à quelques mesures partielles et secrètes, suffisantes cependant pour contenir les hommes timides. Telle était la situation des choses le 17 mai 1797.

Depuis quelques jours, les jeunes gens des principales familles de Gênes se réunissaient, dans l'après-midi, sur la place de l'Acqua-Sola, située près des remparts, hors de la ville, et y jouaient aux barres. Ils avaient annoncé une grande partie pour le 17 mai, de laquelle devaient être plusieurs Français. On distinguait parmi les acteurs le jeune prince Santa-Croce, expulsé de Rome pour avoir manifesté, disait-on, un grand attachement aux idées de liberté.

Bientôt le bruit se répandit dans Gênes que, sous prétexte de jouer aux barres, ces jeunes gens voulaient simuler une lutte entre le parti républicain et le parti royaliste, dont le résultat serait le triomphe de ce dernier et le couronnement de son chef.

Quelque dénué de vraisemblance, quelque absurde que fût un projet de cette nature, il se trouva des têtes exaltées qui y crurent. Une foule de jeunes gens se réunit en conséquence avec l'intention d'empêcher la partie de barres; ils s'arment de sabres, de pistolets, de fusils de chasse, et se rendent les premiers à l'Acqua-Sola; ils occupent la place du jeu de barres, et y établissent une partie de ballon. Les acteurs du jeu de barres arrivent, et quoi qu'ils voient la place prise, ils veulent établir leur camp. Ils étendent donc d'un côté un ruban bleu, de l'autre un ruban rouge, et plantent des drapeaux en pavillon de même couleur. Les joueurs de ballon se précipitent sur eux, arrachent les rubans, les drapeaux, et l'on se bat. Les joueurs de barres, qui se trouvaient en petit nombre, n'étant pas encore tous réunis, se sauvent par la porte d'Acqua-Sola; les autres les poursuivent; la garde de la porte s'oppose aux agresseurs; ils veulent la forcer, blessent mortellement un soldat, et pénètrent dans la ville. Cependant deux d'entre eux, un nommé Isolabella et un autre Génois, sont arrêtés et conduits à la tour. Les autres, craignant le même sort, quittent Gênes. Cet événement fit une vive sensation et produisit la plus grande fermentation parmi les amis et les parents des jeunes gens arrêtés ou de ceux qui se trouvaient en fuite.

Dans les jours précédents, il s'était déjà formé plusieurs groupes qui parcouraient la ville en chantant des hymnes patriotiques; on avait remarqué qu'ils étaient principalement composés de perruquiers.

Le surlendemain au soir, une foule de peuple se porta devant la maison du ministre de France. Ce jour-là, l'on avait reçu à Gênes la nouvelle de la paix, et l'hôtel de l'ambassade était illuminé. Quand le ministre se présenta, des cris de : *Vive la république française!* se firent entendre. On entoura le ministre, on l'accompagna jusque dans sa maison, on remplit le vestibule et les escaliers, et on lui demanda de s'intéresser près du gouvernement pour obtenir la liberté de deux personnes arrêtées l'avant-veille.

Le ministre promit de faire cette démarche. Alors la foule quitta la place, mais ce fut pour se porter au palais et de là à la salle de spectacle. Le théâtre fut aussitôt fermé, la garde se prépara même à résister si l'on voulait tenter de forcer les portes ; toutefois on se contenta de briser quelques vitres de chaises à porteurs, et tout rentra dans l'ordre.

Ce n'était là que le prélude de scènes plus fâcheuses. Le 22 mai, vers huit heures du matin, le corps de *cadetti*, en se rendant à Ponte-Reale, où il devait être de garde, fit jouer l'air *Ça ira !* et l'on vit accourir sur ses pas un grand nombre de curieux, qui s'accrut prodigieusement en chemin. Bientôt les chants accompagnent l'air ; l'enthousiasme naît ; on crie : *Vive la liberté !* et ensuite : *Aux armes !* Cette foule, composée en grande partie de jeunes gens de tous les états et très-mal armés, s'établit aux portes principales de la ville, telles que le Ponte-Reale, sur le port Saint-Thomas, et l'Acqua-Sola ; elle occupa également les môles et les batteries du côté de la mer. Partout la troupe soldée, infanterie et artillerie, qui était de garde, se laissa désarmer sans résistance. Plusieurs officiers même et quelques soldats se réunirent aux insurgés. Une partie de l'attroupement se rendit ensuite à la Darsina ou Anse des Galères, mit les forçats en liberté, les arma, et les fit marcher avec elle. Heureusement que le plus grand nombre était alors hors de Gênes, sur deux galères en course.

A onze heures du matin environ, deux cents insurgés, à la tête desquels étaient l'abbé Cuneo et le bernardin Ricolfi, se portèrent chez le ministre de France. Les deux chefs montèrent seuls auprès de lui. Ils s'annoncèrent comme députés par les patriotes, pour l'engager à les accompagner au palais sans différer, afin de faire admettre les demandes qu'ils avaient à présenter. Ils firent observer au ministre que le gouvernement armait un très-grand nombre d'hommes pour sa défense, et entre autres les charbonniers et les porte-faix, qui lui étaient tous dévoués; que le sang allait couler, et que le ministre de France pouvait seul prévenir les malheurs dont on était menacé. Le ministre leur répondit que les devoirs et le caractère dont il était revêtu ne lui permettaient point de se rendre à leurs désirs, mais que si son intervention auprès du gouvernement génois pouvait éviter des malheurs, il lui transmettrait bien volontiers leurs demandes, et qu'il allait écrire au sénat en conséquence.

Pendant ce temps, le gouvernement, irrésolu, chargea M. Jean-Luc Durazzo, l'un de ses membres, de se transporter chez le ministre de France, pour l'inviter à employer ses bons offices afin de faire cesser les désordres qui se manifestaient dans la ville.

M. Jean-Luc Durazzo se présenta donc chez le ministre et l'engagea au nom du sénat à l'accompagner au palais. Il lui apprit qu'une multitude de charbonniers et de porte-faix avait enfoncé le magasin d'armes et s'était emparée, sous prétexte de défendre le palais, de tout ce qu'elle y avait trouvé; que le gouvernement était sans force pour arrêter l'effusion du sang prêt à couler, etc. Le ministre accéda à sa prière, et le reconduisit au palais, où le gouvernement l'invita avec instance à se charger de parler au peuple.

En sortant du palais de France, les insurgés s'étaient portés chez l'apothicaire Morando, qui, âgé de soixante ans et malade dans son lit, était resté étranger aux mouvements de la journée. Ils l'avaient fait lever et mené avec eux à la loge de Banchi, où se trouvait le principal rassemblement.

Le ministre de France, accompagné d'un certain nombre de patriciens, se rendit près d'eux, et leur proposa de nommer quatre députés pour s'entendre avec quatre membres du gouvernement et délibérer sur les mesures à prendre. Ces députés furent l'abbé Cuneo, l'apothicaire Morando, le médecin Figari, et le médecin Vacarezza. Mais les insurgés ne voulaient les laisser sortir qu'autant que le gouvernement leur livrerait six patriciens comme otages ; ils consentirent à une suspension d'armes, et à attendre ce qui serait arrêté par le sénat.

Alors les événements prirent un caractère grave dans la ville. Les charbonniers et les porte-faix, au nombre de cinq à six mille, s'étaient répandus partout, en étaient venus aux mains avec les insurgés et les avaient repoussés. L'apothicaire Morando, l'un des députés nommés par le peuple pour aller au palais, était demeuré seul et abandonné sous la loge de Banchi. Plusieurs chefs de l'insurrection cherchèrent bientôt avec lui, dans la maison du ministre, un asile contre la furie des charbonniers. Ceux-ci s'étaient disséminés par pelotons de quinze à vingt dans chaque rue. Le cri de ralliement était : *Viva Maria, viva il nostro principe, morte ai Francesi !* Dès le principe de l'insurrection, quelques révoltés avaient pris la cocarde tricolore comme signe de ralliement ; cette malheureuse distinction devint fatale aux Français. Toute personne, française ou génoise, qui était rencontrée avec cette cocarde était à l'instant arrêtée, dépouillée, maltraitée de coups de crosse et traînée par les cheveux. Deux officiers d'artillerie française qui sortaient de chez le ministre, où ils étaient venus pour affaires concernant le dépôt de l'artillerie à Saint-Pierre d'Aréna, furent assaillis à la porte de trois coups de fusil qui heureusement ne les atteignirent pas. Les charbonniers les arrêtèrent, les dépouillèrent, leur arrachèrent leurs épaulettes, et les conduisirent en prison. Puis ils cernèrent la maison du ministre, et couchaient en joue toutes les personnes qui paraissaient à la fenêtre. Déjà l'on avait fait feu sur la maison du consul de France; le désordre allait toujours croissant, les maisons des Français étaient menacées d'être pillées. On entendait fréquemment les coups de canon et les coups de fusil; tous les rapports annonçaient qu'on poursuivait plus particulièrement les Français.

Au moment où le ministre sortait du palais avec deux patriciens, pour aller porter au peuple le décret rendu par le sénat, les charbonniers et les porte-faix qui remplissaient la cour du palais s'opposèrent à son passage. Il fut enveloppé, couché en joue, et séparé des patriciens qui le suivaient. Des coups de fusil se firent entendre; un Français, qui passait sans armes, fut tué; d'autres furent arrêtés et maltraités. Le ministre obtint leur élargissement et entra, avec eux, dans la salle du doge. Il requit le doge et les sénateurs de le faire accompagner chez lui par une escorte suffisante et par deux sénateurs et six patriciens. Cette escorte lui fut accordée.

De retour à son hôtel, le ministre y trouva les patriotes qui s'y étaient réfugiés. Il leur donna lecture du décret rendu par le sénat; on en multiplia les copies, et les patriotes furent invités par les ministres et les sénateurs à l'aller publier parmi leurs concitoyens.

Cependant le tumulte augmentait; les décharges d'artillerie et les coups de fusil se répétaient plus fréquemment; les attroupements des charbonniers autour de la maison du ministre devenaient plus considérables. Il crut alors devoir témoigner ses craintes au gouvernement, et lui demander de garantir sa sortie de Gênes, mettant sous la responsabilité personnelle de ses membres tous les événements qui pourraient arriver.

Le gouvernement répondit qu'il n'était pas le maître de la multitude armée pour sa défense, qu'il ne pourrait protéger la sortie du ministre qu'autant que les troupes occuperaient les forts de Saint-Thomas, dont les insurgés s'étaient emparés, mais que, pour préserver le palais de la légation, il augmentait sa garde de cinquante hommes. Le soir, l'anarchie fut au comble, et le gouvernement fit connaître au ministre qu'il désirait lui envoyer deux sénateurs, afin de conférer avec lui sur les moyens de sauver la chose publique; mais qu'il n'y avait aucune sûreté pour eux, que la fureur des charbonniers ne connaissait plus de bornes, qu'on ne pourrait les apaiser et rétablir l'ordre que quand on serait maître de la porte Saint-Thomas, et que le ministre était invité à employer à cet effet toutes les mesures qui étaient en son pouvoir. Celui-ci répondit qu'il était étranger à tout ce qui se passait, que le gouvernement savait très-bien qu'il n'avait à cet égard ni pouvoir ni influence, et que c'était au gouvernement seul à prendre les moyens que pouvaient exiger les circonstances.

Le tumulte continua jusqu'à une heure du matin : on fut assez tranquille le reste de la nuit; à la pointe du jour, les canonnades et les fusillades recommencèrent; il y eut de part et d'autre plusieurs hommes tués et blessés. Le parti du gouvernement demeura enfin maître de toutes les portes.

Ce jour-là, l'autorité fit publier un décret rendu la veille, qui ordonnait de respecter les étrangers, les propriétés et de suspendre toutes les voies de fait.

On parvint à éloigner les charbonniers de la maison

du ministre ; mais ils se portèrent dans les maisons où ils savaient qu'étaient logés des Français ; ils les saccagèrent et traînèrent ceux-ci en prison, en les maltraitant de coups ; ils pillèrent aussi la boutique et le logement de l'apothicaire Morando, et de telle manière qu'ils n'y laissèrent pas un clou ; on peut dire que jamais pillage ne fut plus complet.

Le gouvernement rendit alors un décret qui invitait les citoyens à reporter leurs armes au palais, attendu qu'il n'y avait plus de résistance et que tout rentrait dans l'ordre. On entendit cependant tout le jour des coups de fusil tirés dans les rues et aux fenêtres. Les insurgés tenaient encore quelques postes sur les môles ; mais on acheva de les leur enlever dans la nuit. Toute la troupe de ligne et les bourgeois furent employés à des patrouilles et à protéger les personnes et les propriétés contre les charbonniers, qui menaçaient hautement de pillage les maisons des négociants, et en général celles de tous les amis des Français ; les forçats furent repris et rendus à leurs chaînes.

Cependant beaucoup de Français étaient arrêtés. Le premier soin du ministre avait été de demander, comme préliminaires aux réparations que l'on devait à son pays pour les outrages sanglants qui lui avait été faits dans les deux jours précédents : 1° la mise en liberté sur-le-champ de tous les Français et de tous les étrangers au service de France ; 2° une proclamation au peuple de Gênes, portant la déclaration formelle que ceux-ci n'avaient eu aucune part aux événements antérieurs. En même temps il avait réclamé la liberté individuelle de quelques Français qui étaient nécessaires à leurs fonctions. Le gouvernement répondit qu'on les relâcherait après qu'on les aurait examinés et qu'on aurait reconnu qu'il n'y avait rien à leur reprocher. En attendant, ces infortunés, privés de tout, meurtris de coups, étaient entassés les uns sur les autres dans les souterrains du palais, dans la bourbe et dans la fange jusqu'aux genoux. Mais comme le ministre insistait sur sa demande, le gouvernement publia enfin une proclamation où il invitait les Génois à respecter les Français, en leur faisant sentir que la conservation de Gênes dépendait de l'amitié de la France, ce qui était vrai; mais, après de tels événements cette amitié ne pouvait être durable. La France, d'ailleurs, conquérante partout en Italie, ne pouvait rester simple protectrice des Génois : n'eût-elle pas eu des représailles à demander pour ses citoyens insultés, il était dans sa destinée alors de faire de la ville de marbre ce qu'elle avait fait de toutes les grandes cités voisines, ce que, par exemple, elle venait de faire de Venise après le traité de Campo-Formio. Elle se devait de compléter la conquête de cette partie de l'Italie par celle de Gênes; il faut croire cependant que, sans la malheureuse insurrection dont cette *partie de barres* et cette *partie de ballons* furent la cause, la chute de l'indépendance génoise eût encore été retardée.

De même que souvent comme ici, et dans l'épisode qui précède, il suffit de la chose la plus frivole en apparence pour amener les plus terribles conflagrations; de même, pour les empêcher, il suffit parfois d'un rien. Nous en avons une preuve bien curieuse dans les causes qui mirent obstacle au projet qu'avait formé la sanglante Marie d'Angleterre de faire massacrer tous les protestants d'Irlande, et aux ordres qu'elle avait même déjà donnés à cet effet.

C'est le docteur Cole qui en était porteur. Il arriva à Chester ; le maire de la ville lui fit une visite. Cole, tirant de sa valise une boîte de cuir, lui dit indiscrètement : « Voici une commission pour fouetter les hérétiques d'Irlande. » L'hôtesse, dont le frère, Jean Edmonds, citoyen de Dublin, était protestant, eut l'adresse d'ouvrir cette boîte de cuir, sans être aperçue, pendant les compliments, en tira la commission, et y substitua un jeu de cartes, au-dessus duquel était le valet de trèfle. Le docteur Cole, ne se doutant de rien, remit la boîte dans sa valise, s'embarqua le lendemain, arriva à Dublin le 7 octobre 1558, se rendit au château, où le vice-roi d'Irlande, lord Fitz-Walter, le fit assister au conseil. Après un discours relatif à sa commission, il remit la boîte au vice-roi, dont le secrétaire l'ouvrit. Quelle fut leur surprise lorsqu'ils n'y virent que le valet de trèfle et sa suite ! Le docteur assura qu'il avait l'ordre, mais qu'il ignorait ce que cet ordre était devenu. « Allez en chercher un autre, dit le vice-roi ; en attendant, nous mêlerons les cartes. » Au retour du docteur à Londres, on lui expédia bien un second ordre ; mais la reine Marie mourut avant qu'il pût s'embarquer. Ainsi les protestants d'Irlande furent sauvés. Le lord Fitz-Walter, étant revenu en Angleterre, raconta le fait à la reine Élisabeth, qui ordonna qu'on recherchât Élisabeth Edmonds, dont le mari s'appelait Mattesthasd, et lui donna une pension de quarante livres sterling. Cette anecdote est racontée par Richard, comte de Corke. On la trouve aussi dans les manuscrits de M. Jacques Ware et dans une note de l'Histoire ecclésiastique de J.-L. (Jean-Laurent) [1].

[1] Maestricht, 1776, in-8, t. IV, p. 129.

On sait de combien peu il s'en fallut que Cromwell ne quittât l'Angleterre pour l'Amérique et ne délivrât ainsi Charles Ier de son plus dangereux ennemi et de son successeur le moins prévu. Olivier appartenait à l'une des sectes presbytériennes contre lesquelles le roi et ses ministres faisaient sévir avec le plus de rigueur. Il fallait, ou renoncer à l'exercice de son culte, ou s'expatrier. Les puritains émigraient donc en foule, dans l'espoir de trouver ailleurs la liberté ou la tolérance. Le 1er mai 1637, huit navires étaient à l'ancre, chargés de ces exilés volontaires. Le roi fit arrêter les vaisseaux et força les fugitifs à rentrer dans le royaume, y retenant ainsi, comme pour l'accomplissement de sa destinée, non-seulement Cromwell, mais Pym, Haslerig et Hampden.

Rien n'est plus connu que l'anecdote du *verre d'eau*, surtout depuis que M. Scribe l'a mise en scène pour en exagérer la singularité et dénaturer le peu de vérité qui s'y trouve. Nous allons cependant, pour ne rien négliger de ce qui a trait à notre sujet, vous citer ici ce qu'en dit Voltaire, au chap. XXII du *Siècle de Louis XIV*.

Il vient de parler de la longue amitié qui existait entre la reine Anne et la duchesse de Marlborough, et il ajoute : « Dans de pareilles liaisons, c'est d'ordinaire du côté des souverains que vient le dégoût, le caprice, la hauteur, l'abus, la supériorité ; ce sont eux qui font sentir le joug, et c'était la duchesse de Marlborough qui l'appesantissait. Il fallait une favorite à la reine Anne ; elle se tourna du côté de milady Masham, sa dame d'atours. Les jalousies de la duchesse éclatèrent. Quelques paires de gants d'une façon singulière qu'elle refusa à la reine, *une jatte d'eau qu'elle laissa tomber en sa présence, par un mépris affecté, sur la robe de milady Masham*, changèrent la face de l'Europe. Les esprits s'aigrirent. Le frère de la nouvelle favorite demande au duc un régiment, le duc le refuse et la reine le donne. Les torys saisirent cette conjecture pour tirer la reine de cet esclavage domestique, pour abaisser la puissance du duc de Marlborough, changer le ministère, faire la paix et rappeler, s'il se pouvait, la maison de Stuart sur le trône d'Angleterre. Si le caractère de la duchesse eût pu admettre quelque souplesse, elle eût régné encore. La reine et elle étaient dans l'habitude de s'écrire tous les jours sous des noms empruntés. Ce mystère et cette familiarité laissaient toujours la voie ouverte à la réconciliation; mais la duchesse n'usa de cette ressource que pour tout gâter. Elle écrivit impérieusement. Elle disait dans sa lettre : « Rendez-moi justice, et ne me faites point de » réponse. » Elle s'en repentit ensuite; elle vint demander pardon, elle pleura; et la reine ne lui répondit autre chose sinon : « Vous m'avez ordonné de ne vous point » répondre, et je ne vous répondrai point. » Alors la rupture fut sans retour. La duchesse ne parut plus à la cour, et quelque temps après on commença par ôter le ministère au gendre de Marlborough, Sunderland, par déposséder ensuite Godolphin et le duc lui-même. »

Peu de temps avant cette révolution qui ruinait le crédit de madame Marlborough, une cause aussi futile que celle qui amenait sa chute l'avait au contraire sauvée.

Robert Harley, l'un des ministres, avait voulu qu'on en finît avec cette omnipotence de favorite, et, de complicité avec la reine, il s'était mis à conspirer sourdement contre la terrible duchesse. Sa manœuvre tourna contre lui-même et précipita sa ruine. La découverte de l'intrigue fut amenée par un hasard curieux : l'insolent mari de la reine Anne, le prince Georges de Danemark, se plaignit un jour, après boire, que la reine se couchait depuis quelque temps plus tard que de coutume. Ce propos, rapporté à la duchesse, la mit sur la piste des entrevues de Harley avec la reine dans l'appartement de lady Masham. L'impérieuse favorite, qui n'entendait pas se laisser supplanter, exigea le renvoi immédiat de Harley et de sir John (Bolingbroke) son ami. Il fallut céder la place à un whig éprouvé, lord Samers, à un homme nouveau, M. Robert Walpole. « Ceux, dit M. Eugène Robin, à qui nous empruntons ce fait[1], ceux qui croient à la politique des *verres d'eau* n'ont pas assez tiré parti, ce me semble, *du verre de vin* qui délia ainsi la langue du mari de la reine. »

A moins de quarante ans de là, une guerre de l'Angleterre et de la Hollande avait eu sa cause avouée dans un fait bien futile.

On était en pleine paix. Tout à coup les Hollandais apprennent que Charles II fait des armements considérables, et que tout donne à penser qu'il va s'unir avec Louis XIV pour les écraser.

« Les états généraux, consternés, dit Voltaire, écrivirent au roi, lui demandant humblement « si les grands » préparatifs qu'il faisait étaient en effet destinés contre » eux, ses anciens et ses fidèles alliés? En quoi ils » l'avaient offensé? Quelle réparation il exigeait? » Il répondit « qu'il ferait de ses troupes l'usage que de- » manderait sa dignité, dont il ne devait compte à per- » sonne. »

---

[1] *Revue nouvelle*, 1ᵉʳ janvier 1846, p. 438, 439.

Renseignements pris, après cette altière réponse, on sut que Charles II avait deux griefs contre les Hollandais : 1° la flotte des États n'avait pas baissé son pavillon devant un bateau anglais; 2° Corneille de Witt, frère du grand pensionnaire, n'avait pas craint de se faire peindre avec les attributs d'un vainqueur, ce qui rappelait des souvenirs injurieux pour l'Angleterre, puisque c'est à ses dépens que s'était faite la gloire de de Witt. « On voyait, dit Voltaire, des vaisseaux pris et brûlés dans le fond du tableau. Corneille de Witt... avait souffert ce faible monument ; mais ce tableau presque ignoré était dans une chambre où l'on n'entrait presque jamais. Les ministres anglais qui mirent par écrit les griefs de leur roi contre la Hollande y spécifièrent des tableaux injurieux, *abusive pictures*. Les États, qui traduisaient toujours les mémoires des ministres en français, ayant traduit *abusive* par le mot *fautifs*, *trompeurs*, répondirent qu'ils ne savaient ce que c'était que ces tableaux trompeurs. En effet, ils ne devinèrent jamais qu'il était question de ce portrait d'un de leurs concitoyens, et ils ne purent imaginer ce prétexte de la guerre. »

La manière dont fut découverte la conspiration de Cellamare est bien connue; nous ne pouvons toutefois nous dispenser d'en parler ici.

L'abbé Porto-Carrero, neveu du cardinal du même nom, devait partir pour l'Espagne avec le fils de l'ambassadeur qui menait toute l'affaire. Ils allaient porter à Alberoni des dépêches où se trouvait tout le secret de la conjuration. Ces dépêches firent travailler longtemps et veiller très-tard les commis de l'ambassade. L'un d'eux, qui vivait avec l'une des filles de la Fillon, ayant été vertement grondé par la dame de ce qu'il rentrait si tard, s'excusa sur l'importance du travail qu'il avait dû faire et sur la nécessité où il avait été d'achever en toute hâte les dépêches qu'attendaient les deux courriers. A ces mots de dépêches importantes, de courriers pressés, la Fillon prit l'alarme, et comme à toutes sortes de titres elle avait ses entrées chez le cardinal Dubois, elle y courut sans perdre de temps. Le régent était alors à l'Opéra, et l'on ne pouvait prendre ses ordres ; mais Dubois savait qu'il pouvait s'en passer ; et, de lui-même, il lança des exprès pour arrêter les deux voyageurs sur la route. On les joignit à Poitiers ; les dépêches furent saisies et aussitôt envoyées à Paris. Tout s'y trouvait : le plan de la conspiration, la liste des conjurés, leur correspondance. Le régent n'apprit tout que le lendemain à son lever. Les papiers de l'ambassadeur étaient déjà entre les mains de Dubois, et Cellamare était déjà lui-même consigné dans son hôtel.

On donne une autre cause à la découverte du complot ; comme elle n'est guère plus sérieuse que l'autre et rentre ainsi dans notre cadre, nous allons vous en parler, d'après un article de M. Ch. Nisard, dans le *Supplément au Dictionnaire de la conversation :* « Suivant cette version, dit-il, les deux voyageurs auraient emmené avec eux un banquier, un banquier en état de banqueroute, dont ils comptaient favoriser la fuite à l'aide d'un déguisement, mais que ses créanciers suivirent à la piste, et qu'ils rejoignirent à Poitiers. C'est sans en soupçonner l'importance qu'on se serait hâté d'envoyer au cardinal-ministre tous les papiers saisis en la possession des fugitifs. Cette version, au fond, ne manque pas d'exactitude. Ainsi, il paraît constant que les deux diplomates espagnols s'étaient effectivement chargés de faciliter l'évasion d'un banqueroutier, que ses créanciers rejoignirent en même temps que les agents de Dubois arrivaient à Poitiers. Mais les faits ultérieurs ont suffisamment prouvé que l'honneur de la découverte du complot, si honneur il y a, revient uniquement à la Fillon. »

Pour que Dubois comprît à mi-mot ce que cette entremetteuse venait lui révéler, et pour que sans perdre de temps en vaines surprises il pût prendre aussitôt des mesures contre le danger, il fallait qu'il fût déjà au fait du complot, et il l'était ; et voici comment, d'après Lemontey, il avait dû ses renseignements à la conscience timorée d'un copiste :

« Dubois, dit donc l'historien de la régence, trop pénétrant pour ne pas soupçonner l'intrigue dès l'origine, en acquit la certitude par une imprévoyance qui suffirait pour couvrir de mépris ces conspirateurs.

» Ils avaient confié le soin de mettre à net les pièces qu'ils adressaient en Espagne à un inconnu nommé Buvat ; c'était un écrivain de la Bibliothèque du roi, donné par l'abbé Bignon à Brigault, qui lui avait demandé un copiste. Cet homme, déjà avancé en âge, fut saisi d'effroi à la vue des papiers qu'il devait transcrire. Il courut en faire le récit à Dubois, dont il reçut les encouragements, quelques dons et de grandes promesses, et il revint à l'hôtel de l'ambassadeur, tranquille espion du gouvernement. Dès ce moment, on peut regarder la conspiration de Cellamare comme finie, et il faudrait l'appeler la conspiration de Dubois, puisque ce rusé ministre, pouvant la dissoudre d'un mot, la laissa continuer, autant pour les intérêts de sa politique que pour le plaisir malicieux de jouer avec sa proie avant de la déchirer. »

Alberoni, dont ce complot, déjoué par tant de causes aussi futiles qu'inattendues, ruinait les plus chères espérances, devait tomber lui-même victime de circonstances pareilles. Son pouvoir de ministre ne tenait pas à un fil plus fort que ses projets de conspirateur.

« Le sieur de Ferrette, lit-on dans les manuscrits de Pierre Legoux, qui avait servi longtemps en France en qualité de colonel d'un régiment, fut obligé de se retirer, pour quelques raisons particulières, en Espagne pendant le ministère du cardinal Alberoni. Voici, selon lui, ce qui donna lieu à la disgrâce de Son Éminence.

» Un jour qu'un officier allemand demandait de l'argent à ce ministre : « Si vous avez dix pistoles sur vous, dit-il à Ferrette, qui était près de lui, donnez-les-moi et je vous les rendrai. » Ferrette les lui donna. Peu de jours après, étant allé faire sa cour au cardinal, Son Éminence lui rendit les dix pistoles roulées dans un papier. Mais qui fut bien étonné? Ce fut Ferrette, lorsqu'en ouvrant le papier qui renfermait l'argent, il se trouva que c'était une lettre écrite par la reine au cardinal et contenant une réprimande assez forte sur quelques propositions amoureuses qu'il avait osé lui faire.

» Ferrette, après avoir hésité quelque temps sur le parti qu'il prendrait à l'égard de la lettre, finit par se déterminer à la garder; et pour la mettre en sûreté, il la plaça sous la coiffe de son chapeau.

» Quelque temps après, n'ayant pas voulu servir contre la France, il fut arrêté par ordre du cardinal et renfermé dans un château fort. Dans son dépit, il confia la lettre du ministre au juge envoyé pour l'interroger, parce que ce juge lui parut lui-même très-mécontent du cardinal. Le juge la remit en main propre à Sa Majesté, qui, quelques jours après, renvoya le cardinal, comme chacun sait [1]... »

La manière dont fut tué Gustave-Adolphe à Lutzen est restée un mystère. Une anecdote qui courut les gazettes allemandes, en 1789, la présente sous une forme toute nouvelle et lui donne surtout une cause qui la fait rentrer dans le cadre de ce chapitre.

Les papiers publics, lisons-nous, sous la date du 30 janvier 1787, dans le *Mémorial de l'Europe*, rapportent une anecdote bien importante pour notre histoire, et que nous nous empressons de recueillir.

On sait que Gustave-Adolphe, roi de Suède, périt à la bataille de Lutzen, qu'il gagna le 16 novembre 1632 ; mais on ne savait rien encore de positif sur les circonstances de sa mort. Les uns prétendaient que le cardinal de Richelieu en était l'auteur ; d'autres, qu'il avait été assassiné par le duc Albert de Luxembourg, l'un de ses généraux, qui fut lui-même tué par les Autrichiens. On a trouvé dernièrement, dans les archives de Suède, une lettre qui explique d'une tout autre manière ce triste événement. Elle est datée du 29 janvier 1725 et adressée par M. André Goedging, prévôt du chapitre de Vexico, en Suède, à M. Nicolas Hawedson-Dbal, secrétaire des archives de ce royaume. En voici la teneur :

« Lorsque j'étais en Saxe, en 1687, je découvris, par un heureux hasard, les circonstances de la fin déplorable du roi Gustave-Adolphe.

» Ce grand prince était sorti sans autre suite que celle d'un valet, pour aller à la découverte de l'ennemi. Un brouillard épais qu'il faisait ce jour-là l'empêcha d'aper-

---

[1] Fr. Barrière, *la Cour et la ville*, p. 84.

cevoir un détachement de troupes autrichiennes qui firent
feu sur lui et le blessèrent sans le tuer. Le valet, qui
aidait le roi à retourner à son camp, l'acheva d'un coup
de pistolet et s'empara d'une paire de lunettes dont ce
prince, qui avait la vue fort basse, se servait constamment. J'achetai ces lunettes du doyen de Nambourg.
Lors de mon séjour en Saxe, le meurtrier du roi était
fort vieux et tirait vers sa fin. Les remords qu'une action
aussi atroce devaient naturellement lui occasionner, ne lui
laissaient pas un moment de repos. Il envoya chercher
le doyen dont je viens de parler et lui fit l'aveu de son
crime. J'ai appris ces détails de la bouche même du
doyen, dont j'achetai les lunettes, que j'ai déposées dans
les archives de Suède. »

« La guerre de 1638, dit Saint-Simon, eut une étrange
origine, dont l'anecdote, également certaine et curieuse,
est si propre à caractériser le roi et Louvois, son ministre,
qu'elle doit tenir place ici. Louvois, à la mort de Colbert,
avait eu la surintendance des bâtiments. Le petit Trianon
de porcelaine, fait autrefois pour Mme de Montespan,
ennuyait le roi, qui partout voulait des palais. Il s'amusait fort à ses bâtiments. Il avait aussi le compas dans
l'œil pour la justesse, les proportions, la symétrie ; mais
le goût n'y répondait pas.

» Ce château ne faisait que de sortir de dessous terre,
lorsque le roi s'aperçut d'un défaut à une croisée qui
s'achevait dans la longueur du rez-de-chaussée. Louvois,
qui naturellement était brutal, et, de plus, gâté jusqu'à
souffrir difficilement d'être repris par son maître, disputa
fort et ferme, et maintint que la croisée était bien. Le
roi lui tourna le dos et alla se promener ailleurs dans le
bâtiment.

» Le lendemain, il rencontra le Nôtre, bon architecte, fameux par le goût des jardins, qu'il a commencé à introduire en France, et dont il a poussé la perfection à un haut point : lui ayant demandé s'il avait été à Trianon, il répondit que non. Le roi lui expliqua ce qui l'avait choqué, et lui dit d'y aller. Le lendemain, même question, même réponse; le jour d'après autant. Le roi vit bien qu'il n'osait s'exposer à trouver qu'il eût tort ou à blâmer Louvois; il se fâcha, et lui ordonna de se rendre le lendemain à Trianon, où il irait et où il ferait venir Louvois aussi.

» Il n'y eut plus moyen de reculer : le roi les vit le lendemain tous les deux à Trianon. Il y fut d'abord question de la fenêtre; Louvois disputa : le Nôtre ne disait mot. Enfin le roi lui ordonna d'aligner, de mesurer et de dire après ce qu'il aurait trouvé. Tandis qu'il y travaillait, Louvois, en furie de cette vérification, grondait tout haut, et soutenait avec aigreur que cette fenêtre était en tout pareille aux autres. Quant tout fut bien examiné, il demanda à le Nôtre ce qui en était, et le Nôtre de balbutier. Le roi se mit en colère, et ordonna à le Nôtre de parler net. Alors le Nôtre avoua que le roi avait raison, et dit ce qu'il y avait trouvé de défectueux. Il n'eut pas plutôt achevé, que le roi, se tournant vers Louvois, lui dit qu'on ne pouvait tenir à ses opiniâtretés; que, sans sa remarque, on aurait bâti tout de travers, et qu'il aurait fallu tout abattre aussitôt que le bâtiment aurait été achevé; en un mot, il lui lava fortement la tête.

» Louvois, outré de cette sortie, et de ce que courtisans, ouvriers et valets en avaient été témoins, arrive chez lui furieux; il y trouva Saint-Fouange, Villeneuf, le chevalier de Nogent, les deux Tilladet, quelques autres féaux intimes, qui furent bien alarmés de le voir en cet état.

« C'en est fait, leur dit-il, je suis perdu auprès du
» roi, de la façon dont il vient de me traiter pour une fe-
» nêtre. Je n'ai de ressources qu'en une guerre qui le
» détournera de ses bâtiments, et qui me rende néces-
» saire ; et parbleu, il l'aura ! »

» En effet, quelques mois après, il tint parole ; et
malgré le roi et les autres puissances, il la rendit générale. Elle ruina la France au dedans, ne l'étendit pas au
dehors, malgré la prospérité de ses armes, et produisit
au contraire des événements honteux. »

Il serait très-curieux de rechercher à quoi ont tenu
certaines victoires et combien il s'en est fallu qu'elles ne
fussent des défaites. Celle de Frislingen, gagnée par
Villars le 14 octobre 1702, en est une preuve.

La cavalerie se battait dans la plaine, l'infanterie française gravit au haut de la montagne et attaqua l'infanterie allemande retranchée dans les bois. Le maréchal
de Villars racontait souvent que, la bataille étant gagnée,
comme il marchait à la tête de son infanterie, une voix
cria : *Nous sommes coupés !* A ce mot, tous ses régiments
s'enfuirent. Il court à eux et leur crie : *Allons, mes amis,
la victoire est à nous ; vive le roi !* Les soldats répondent
Vive le roi ! en tremblant et recommencent à fuir. La plus
grande peine qu'eut le général fut de rallier les vainqueurs. Si deux régiments ennemis avaient paru dans le
moment de cette panique, les Français étaient battus ;
tant la fortune décide souvent du gain des batailles !

Si le hasard d'un cri poussé par un poltron faillit faire
perdre à Villars cette belle bataille, il dut à des chances
aussi frivoles et aussi imprévues le gain d'une affaire
plus brillante et plus décisive encore, la victoire de De-

nain. L'accord de deux circonstances, indépendantes de sa prudence comme chef et de la vaillance de ses troupes, vint, dit-on, la lui assurer :

Le prince Eugène faisait alors le siége de Landrecies. On prétend que ses lignes étaient trop étendues; que le dépôt de ses magasins dans Marchiennes était trop éloigné; que le général Albemarle, posté à Denain, entre Marchiennes et le camp du prince, n'était pas à portée d'être secouru assez tôt s'il était attaqué. On assure qu'une Italienne fort belle, entretenue par le prince Eugène, était dans Marchiennes, et qu'elle avait été cause qu'on avait choisi ce lieu pour servir d'entrepôt.

« Ceux qui se plaisent à attribuer les événements à des causes singulières, lisons-nous dans les *Éphémérides de Noël* [1], prétendent qu'un curé et un conseiller de Douai, se promenant ensemble vers ces quartiers, imaginèrent les premiers qu'on pouvait aisément attaquer Denain et Marchiennes. Le curé donna son avis à l'intendant de la province, celui-ci au maréchal de Montesquiou, qui commandait sous le maréchal de Villars; le général l'approuva et l'exécuta heureusement en donnant le change au prince Eugène. »

Un corps de dragons s'avança à la vue du camp ennemi, comme si l'on se préparait à l'attaquer; et tandis que les dragons se retirent ensuite vers Guise, le maréchal marche à Denain avec son armée sur cinq colonnes. On force les retranchements du général Albemarle, défendus par dix-sept bataillons; tout est pris ou tué. Le prince Eugène arrive à la hâte, mais à la fin de l'action, avec ce qu'il peut amener de troupes; il veut attaquer

[1] Juillet, 211.

un pont qui conduisait à Denain et dont les Français
étaient maîtres. Il y perd du monde et retourne à son
camp après avoir été témoin de cette défaite.

Tous les postes vers Marchiennes, le long de la Scarpe,
sont emportés l'un après l'autre avec la même rapidité;
on presse le siège de Marchiennes avec tant de vivacité,
qu'au bout de trois jours on se rend maître de toutes les
munitions de guerre et de bouche amassées par les
ennemis pour la campagne. L'armée du prince Eugène
se retire diminuée de cinquante bataillons, dont quarante
furent pris depuis le combat de Denain jusqu'à la fin de
la campagne; les nouveaux avantages que le maréchal
de Villars remporta sur les ennemis hâtèrent la paix
d'Utrecht, conclue le 11 avril 1713.

« On m'a assuré, dit le président Hénault, que Marlborough, étant à Aix-la-Chapelle, où il reçut une lettre
du prince Eugène qui lui envoyait le plan de sa position,
lui dépêcha sur-le-champ un courrier pour lui mander
le risque où il s'était mis par cette position : le courrier
arriva trop tard. A quoi tiennent les grands événements ! »

La défaite de l'amiral Bing devant Minorque ne fut
due qu'à la négligence d'un homme de ses équipages et
à la trouvaille que fit un distrait.

Grimm en explique ainsi la cause :

« C'est le chevalier de Lorenzi, dit-il, qui fit casser la
tête à l'infortuné amiral Bing, parce que c'est lui qui lui
a fait perdre son combat. C'est un fait certain et une
anecdote assez curieuse. Le chevalier, fouillant dans le
taudis où on l'avait logé après le débarquement en Minorque, découvrit dans un coin le livre des signaux de
la flotte anglaise. Après l'avoir examiné et reconnu, il le
porta à M. le prince de Beauvau, qui le remit à M. le ma-

réchal de Richelieu. On s'en méfia d'abord ; mais lorsque le combat naval commença, on eut bientôt lieu de reconnaître que les Anglais suivaient leurs signaux de point en point. On eut par ce moyen la facilité de prévenir toutes leurs manœuvres, et ils furent obligés de se retirer.

» Le chevalier Lorenzi, trop distrait pour se souvenir du service qu'il avait rendu, oublia d'en demander la récompense, et la cour oublia de la lui accorder. »

C'est une particule mal expliquée dans le traité d'Utrecht, par le ministre Silhouette, qui, selon M. Labrouille Rochefort, en ses singuliers *Mémoires*, produisit une guerre cause de la perte du Canada ; ajoutons que l'une des entreprises les plus hardies tentées pour nous conserver cette conquête manqua par suite d'un contre-temps, bien digne de couronner ce que cette raison futile avait si fatalement commencé.

Voici ce que nous lisons dans les *Souvenirs et portraits* par M. le duc de Lévis :

« Après la mort du brave, mais malheureux Montcalm, le maréchal, alors chevalier de Lévis, avait pris le commandement en chef de l'armée du Canada. La prise de Québec, conséquence de la bataille où M. de Montcalm fut tué, l'avait obligé de se retirer à Montréal, capitale du haut Canada, où il établit son quartier d'hiver. Ayant appris au commencement du printemps que les Anglais se gardaient fort mal dans Québec, il résolut de les surprendre : les préparatifs se font dans le plus grand secret ; il embarque son artillerie sur le fleuve Saint-Laurent, dès que le dégel le lui permet, et côtoie la rivière avec l'élite de ses troupes ; il arrive ainsi sans être découvert à quelques lieues de Québec. Là un des glaçons que le fleuve charriait encore choque et fait chavirer un des bateaux d'artillerie ; tout l'équipage se noie, à l'exception d'un sergent qui s'accroche au glaçon et arrive ainsi mourant de froid sous les murs de la place. La sentinelle du quai, voyant avec étonnement un Français, appelle du secours ; on va à lui, on lui demande qui il est et d'où il vient, il ne peut répondre ; on le réchauffe, il se ranime un peu et retrouve assez de force pour dire qu'il appartient à l'armée du chevalier de Lévis, que l'on croyait tranquillement dans ses quartiers d'hiver, et qui n'est plus qu'à quelques lieues : à peine a-t-il proféré ces quelques mots qu'il expire.

» Le gouverneur envoie à la découverte, renforce ses postes, se met en défense ; l'expédition du chevalier de Lévis est manquée ; mais le sort lui réservait d'autres tribulations ; ses troupes venaient de s'emparer de deux navires marchands ; ils étaient malheureusement chargés de rhum et d'eau-de-vie, et le soldat qui venait de faire une marche forcée de plusieurs jours ne put être contenu. Les tonneaux furent défoncés, et en moins d'une heure, cette petite armée était ivre, mais ivre-morte. Elle était perdue, si l'ennemi eût su cet accident. Le général français, dans cette terrible position, fait prendre les armes à tous les officiers, leur ordonne de faire des patrouilles autour du camp pour empêcher les communications ; il écrit en même temps au gouverneur de Québec que, se voyant découvert, il va se retirer, mais qu'il recommande à son humanité deux cents malades qu'il ne peut emmener, et qu'il laisse à l'hôpital que les Anglais avaient établi hors de la ville et dont il s'était emparé. Le gouverneur, croyant le chevalier de Lévis sur ses gardes, ne songe point à l'attaquer, et les Français dégrisés se retirent sans perte, grâce aux sages précautions de leur général. »

D'après le même M. de Lévis, la part active que prit la France dans la guerre de l'indépendance américaine aurait eu pour raison les instances que fit auprès du ministre Maurepas Beaumarchais, alors engagé dans sa grande affaire des fusils avec les héros de l'Amérique.

Il était dans les idées du roi d'attendre avant de se déclarer et de déployer ses forces. « Mais, dit M. de Lévis, ce système de prudence fut combattu par l'influence qu'exerçait Beaumarchais sur M. de Maurepas…

» Il avait acheté à vil prix, en Hollande, une immense quantité de fusils, pas moins de 60,000. Il les avait vendus à crédit aux agents des Américains. S'ils succombaient, la créance était perdue avec leur liberté. L'adroit auteur de *Figaro*, qui avait trouvé accès auprès de M. de Maurepas, et qui l'amusait par ses saillies, parvint à le décider aux premières hostilités. »

On aurait peine à se figurer combien, sous Louis XV, les grâces les plus importantes dépendaient de choses futiles, même, je le répète, quand ces grâces, si facilement surprises, devaient mener à des affaires où le sort de toute une contrée, la vie de toute une population, se trouvaient en question. Nous donnerons pour preuve de ce que nous avançons ici une très-curieuse anecdote que la *Biographie universelle* n'a pas dédaigné d'emprunter pour la notice sur le chevalier de Turgot : seulement, nous ferons mieux, nous irons à la véritable source du fait, c'est-à-dire au récit qui s'en trouve écrit dans le singulier pamphlet, longtemps attribué à Mirabeau, l'*Espion dévalisé*. La *Biographie*, tout en lui prenant son anecdote, n'a pas même mentionné le livre; nous le citerons, nous, textuellement.

Il s'agissait de coloniser la partie de la Guyane qui se

trouve sur les bords du Kourou : deux intrigants, Baudet et Chanvalon, et un utopiste naïf, le chevalier de Turgot, étaient à la tête de l'entreprise.

Le ministre, endoctriné par Baudet, adopta volontiers le plan proposé ; mais il restait à obtenir l'aveu du roi et à enlever la nomination du chevalier comme gouverneur de la colonie en projet. C'était là le plus difficile.

« Personne à la cour ne connaissait le chevalier Turgot ; son frère l'intendant, magistrat laborieux et considéré, ne quittait ni Limoges ni les savants. Le président à mortier, podagre, n'était aperçu qu'au palais. Ce nom, autrefois fameux comme prévôt des marchands, conservait cette réputation d'estime si bien méritée, sans qu'on en aperçût un seul.

» Lorsque le duc (le ministre Choiseul) vit le chevalier, il lui témoigna quelque embarras à cet égard, et lui dit : — Mais y a-t-il longtemps que vous n'avez paru dans ce pays-ci ? — Je ne m'en ressouviens plus, lui répondit le chevalier. — Le roi vous connaît-il de vue, de nom ? — Je l'ignore..... — Il faut que je vous mette sous les yeux du roi, dans mon premier travail : le roi n'aime pas qu'on lui propose quelqu'un dont il n'a jamais entendu parler. Ce n'est pas que la volonté s'y refuse, mais son amour-propre en souffre... Tenez, les rois sont tous de même ; ils veulent ne rien faire, ne se mêler de rien et avoir l'air de savoir tout. Quand on apprend une nouvelle au roi d'Espagne, il commence par dire : *Je le sais,* souvent avant qu'on ait ouvert la bouche. — Mais pour moi, comment ferez-vous ? — Comment ? ma foi j'y suis embarrassé : que diable ! quoi, pas une âme à Marly, Saint-Germain ? — Ah ! si, Saint-Germain ? j'y connais le jardinier du duc d'Agen. — Eh! que ne le dites-vous! — A Trianon, je connais Richard. — Non, non, Saint-Germain; j'ai votre affaire; adieu.

» Trois semaines s'écoulèrent sans que le chevalier entendît parler de rien; il croyait tout manqué, lorsque le duc de Choiseul lui écrit de venir à Versailles pour être présenté… — J'ai cru, monsieur le duc, dit le chevalier au ministre, que vous m'aviez oublié. — C'est qu'il m'a fallu du temps pour circonvenir. — Et comment avez-vous fait? — Oh! j'ai parlé de vous au duc d'Agen : il m'a dit ne pas vous connaître; alors je lui ai parlé de son jardinier, de ses plantes, enfin de Cayenne, de vos goûts, de mes vues… Le duc d'Agen m'a compris. — Et qu'a-t-il fait? — Je l'ignore; mais, avant-hier, il m'a dit que je pouvais vous proposer. J'ai fait hier un travail sur la cheminée après le lever. Le roi m'a dit qu'il vous connaissait beaucoup, que vous aviez du génie, des vues, des idées neuves… Vous serez bien reçu; montons là-haut.

» Le chevalier suit le duc de Choiseul, on entre dans le cabinet; après la prière, le roi passe et dit au duc : — Ah! voilà le chevalier Turgot; de l'esprit, des vues. — Sire, c'est le commandant de Cayenne… Le roi sourit et tourne le dos, le ministre suit son maître. Le chevalier s'en va rayonnant de gloire; il se croit obligé de remercier le duc d'Agen, capitaine des gardes en exercice.

» — J'ignorais, monsieur le duc, les obligations que je vous ai; mais M. le duc de Choiseul m'en a instruit. J'en suis d'autant plus flatté que, n'ayant pas l'honneur d'être connu de vous personnellement, j'avais moins le droit d'espérer de mériter votre estime. — Ah! c'est-t-il fait? — Oui, monsieur le duc. — Descendez-vous de là-haut? — Oui. — Avez-vous salué le roi? — Le roi est venu à moi, m'a nommé, m'a reconnu ; cela est extraordinaire, il ne m'a jamais vu ; il faut que vous lui ayez parlé de moi avec toutes sortes de bontés, car son abord a été très-gracieux, et l'on m'a dit que d'ordinaire il passait droit sans regarder. — Oh ! oui, il vous a sûrement reconnu ; je lui ai dit que vous étiez borgne... (A ce mot, le chevalier fait la grimace ; le duc d'Agen s'en aperçoit, répare sur-le-champ, et ajoute :) Je l'ai entretenu de votre personnel. Le chevalier, redevenu sérieux, répond : — Oh ! je m'en suis bien aperçu, monsieur le duc, le roi a dit que j'avais du génie, des vues, des idées même... (Alors le chevalier détaille tous ses plans, persuadé que, d'accord avec le duc de Choiseul, le duc d'Agen les a exposés au roi, et concluant toujours par de grands remercîments.) — Oui, reprit le duc d'Agen après cette longue tirade, la semaine dernière, je saisis le moment de parler de vous au roi ; c'était à Choisy, pendant le souper ; Chauvelin me demanda un filet de faisan à la tartare ; je lui dis qu'il avait bonne mine ; Chauvelin le trouva bon, et comme le roi sait qu'il est gourmand, il me demanda l'autre filet. L'idée me prit de parler de vous ; je dis au roi que j'en avais mangé accommodé à la turque.—Et où ? me dit le roi. — Chez moi, Sire, à Saint-Germain ; c'est le chevalier de Turgot qui en donna la recette à mon jardinier ; mon jardinier a fort bien réussi. — *J'en veux avoir*, me dit le roi... Il l'a déjà oublié, mais je ne suis pas étonné qu'il vous ait bien reçu.

» Le pauvre chevalier ne savait à quelle sauce manger ce poisson ; embarrassé, honteux, rougissant, il se taisait. — Eh quoi ! lui dit le duc d'Agen, cela vous étonne ?... Je vois que vous ne connaissez pas... vous êtes neuf... Cependant à votre âge... tous les jours nous rendons de ces services aux ministres. Le roi veut connaître les noms ; il faut mettre ce prince à son aise ; heureux d'avoir pu contribuer à votre satisfaction !... Et il le conduit. »

Il faut dire, pour la moralité de l'histoire, ce qu'il advint de cette colonie dont le gouverneur avait son brevet de par la vertu des faisans à la turque, et quels horribles désastres couronnèrent cette entreprise si burlesquement commencée.

Quelques jours après la visite au roi et la conversation avec M. d'Agen, la capacité culinaire du chevalier de Turgot était récompensée par le titre de gouverneur général de la Guyane ; Chanvalon était fait intendant. « Des familles alsaciennes, lit-on dans la *Biographie portative des contemporains*, venaient à grands frais sur les bords de l'Atlantique pour s'y embarquer ; mais toutes les mesures étaient viciées par la négligence et l'improbité ; Baudet faisait retenir Turgot par le duc de Choiseul, sous prétexte de l'aider de ses conseils, et détournant ainsi son attention. En France même, les futurs colons faillirent mourir de faim ; débarqués en Guyane, douze mille hommes n'eurent pendant des mois entiers pour asile qu'un mauvais hangar. La détestable qualité des vivres causa une épidémie ; les inondations diminuèrent encore le nombre de ceux qui restaient. Enfin Turgot parut pour mettre fin à tant de maux ; il était trop tard. En vain il fit arrêter et conduire en France Chanvalon pour y être jugé. Au bout de quatre mois, il revint lui-même apportant au ministère la certitude de l'impossibilité où l'on se trouvait d'exécuter ses plans avec les moyens qu'il avait à sa disposition. Le plus fâcheux pour lui, c'est que d'accusé Chanvalon devint accusateur : le différend fut vidé dans le cabinet des ministres ; et Turgot, reconnu coupable d'abus de pouvoir pour avoir arrêté les concussions d'un fonctionnaire inférieur et cédé, en le renvoyant, au vœu général des colons, fut privé de sa liberté par une lettre de cachet. »

Cependant les douze mille colons avaient péri dans les fanges du Kouro débordé. Le désastre était si affreux que personne n'osait en parler. Fréron s'y risqua seul, et il paya cette audace de sa liberté :

« Fréron, auteur de l'*Année littéraire*, lit-on dans les *Mémoires secrets*, a été arrêté hier après midi, par l'ordre de M. le duc de Choiseul, et conduit au For-l'Évêque. C'est pour avoir inséré dans son journal, n° 34, il y a quinze jours, une lettre à lui adressée par une famille d'Alsace, en route pour se rendre à Rochefort et passée à Cayenne, arrêtée en sa marche le 17 du mois dernier par la plus excessive misère, qu'un citoyen généreux a soulagée. Cet acte de générosité n'a pas été vu du même œil à la cour ; on en fait un crime politique à l'éditeur. M. le duc de Choiseul, étant à table, entend parler de cette famille : « Ce gueux, s'écrie-t-il, s'avise de parler de » Cayenne ! Qu'on m'apporte le n° 34. » On lui lit l'endroit. « Il couchera au For-l'Évêque ! » s'écria de nouveau le ministre courroncé… Fréron a été élargi le 14. Il avait écrit une lettre à M. de Choiseul, où il lui représentait d'une façon pathétique combien peu il avait lieu de s'attendre à un traitement aussi injuste de la part d'un ministre qui l'avait honoré de sa protection. Le ministre a répondu avec détail, en cherchant à justifier sa conduite et en donnant à entendre quel crime politique c'était de dévoiler ainsi les négligences et l'inattention du ministère. »

A cette entreprise manquée, opposons-en vite une autre qui, dès le principe, ne fit pas reposer sa raison d'être et son succès sur une chose beaucoup plus sérieuse que *le faisan à la turque* du chevalier de Turgot, mais qui finit toutefois par aboutir à l'accomplissement du plus gigantesque projet. Il s'agit du canal de Languedoc.

« Riquetti, auteur de la famille de Caraman, ainsi que du canal de Languedoc, lisons-nous dans les *Mémoires* du baron de Besenval, avait autant de ressource dans l'esprit que de talents, quoique l'on prétende que le projet de ce canal lui ait été donné par son jardinier ; un de ces êtres extraordinaires dans lesquels la nature se plaît quelquefois à placer les qualités les plus rares et souvent à les y enfouir. Quoi qu'il en soit, le sieur Riquetti présenta le projet de son canal à M. de Colbert, qui l'approuva après un mûr examen et s'attacha les gens les plus experts dans ce genre.

» Toutes choses en règle, il ne fallait plus que de l'argent pour mettre la main à l'œuvre. Riquetti demande des avances : Colbert, en ce moment dans la détresse, lui dit que non-seulement il était dans l'impossibilité de lui donner un sou, mais même qu'il ne pouvait l'aider de son crédit.

» Riquetti ne se rebuta pas et eut recours à l'adresse. Il répondit au ministre que, puisqu'il ne pouvait venir à son secours, il imaginait un moyen qui infailliblement lui en procurerait s'il voulait s'y prêter. Colbert lui demanda ce que c'était. Riquetti lui dit qu'étant occupé de renouveler le bail des fermes, il ne lui demandait que la permission de pouvoir entrer dans son cabinet lorsqu'il y serait enfermé avec les gros bonnets de la ferme. Colbert y consentit.

» En effet, quelques jours après, le ministre ayant chez lui une assemblée de fermiers généraux, Riquetti tourna la clef du cabinet, entra, et s'assit dans un coin sans dire mot à personne et sans que personne lui parlât.

» Il remarqua, comme il avait bien jugé, un peu d'inquiétude sur les physionomies de ces messieurs de le voir là. On devait juger qu'il n'usait de tant de liberté qu'à titre de ces gens que les ministres emploient quelquefois pour approfondir les choses, surveillants toujours fâcheux pour des traitants, et qu'il leur importe de captiver.

» Au sortir de l'assemblée, il fut accosté par quelques-uns des fermiers généraux, qui cherchèrent à pénétrer d'où lui venait l'entrée du cabinet de M. de Colbert, et à quelle fin il en usait. Il leur répondit assez froidement qu'il était bien aise de voir par lui-même comment les choses se passaient, et les quitta brusquement, ce qui les confirma dans l'opinion que Riquetti avait la confiance du ministre et qu'il fallait le gagner.

» Les choses s'étant passées de même à une seconde assemblée, Riquetti fut encore accosté après la séance. On ne lui fit plus de questions, mais on lui parla de son canal, dont on exalta l'invention et l'utilité, et l'on finit par offrir de lui prêter 200,000 francs. Il répondit tout aussi brusquement que la première fois, en tournant le dos, qu'il n'avait pas besoin d'argent.

» Une telle réponse, en style ordinaire, signifie qu'en effet on ne veut pas d'argent ; mais dans des circonstances pareilles à celle-ci, cela veut dire que ce n'est pas assez. Les fermiers généraux le comprirent, et à la sortie d'une troisième assemblée, ils lui proposèrent un

prêt de 500,000 francs. Alors le visage de Riquetti se
dérida ; il remercia beaucoup ces messieurs, en leur disant toutefois qu'il ne pouvait accepter leurs propositions
sans l'agrément du ministre ; il rentra dans son cabinet
et lui rendit compte de ce qui venait de se passer.

» Colbert ne put s'empêcher de rire de la sottise des
fermiers généraux et de l'adresse de Riquetti. Il dit à ce
dernier qu'il pouvait prendre l'argent qu'on lui offrait.

» Ces 500,000 francs ont été les premiers fonds du
canal de Languedoc, un des beaux ouvrages qui sont
sortis de la main des hommes, qui a procuré une fortune
aussi immense à Riquetti et à ses descendants, et non
moins d'avantage et de richesse au Languedoc. »

Puisqu'il vient d'être parlé de la haute fortune à laquelle on peut monter dès qu'on sait bien mettre à profit
la circonstance qui vous en ouvre le chemin, n'oublions
pas de raconter ici l'histoire d'une femme dont la destinée fut plus considérable encore, puisqu'elle arriva jusqu'au trône, et cela après qu'elle eut failli rester toute sa
vie simple bourgeoise. Il s'agit de Marie Mignot et de
l'accident burlesque qui ne déconcerta son premier mariage avec un trésorier de province que pour lui laisser
plus libre la route par laquelle elle parvint jusqu'au titre
d'épouse d'un maréchal de France, et, bien plus, jusqu'à
celui de reine *anonyme* de Pologne.

Nous emprunterons le récit que M. Champollion-Figeac
a fait de ces singulières aventures, dans le livre où, parmi
des *Recherches sur les patois de France*, il s'occupe surtout de celui du département de l'Isère, pays de notre
héroïne :

« Claudine Mignot, dit-il, appelée dans son village *la
Lhauda*, fille d'une herbière de Bachet, près de Meylan,

à une lieue de Grenoble, fut, encore très-jeune, l'objet des empressements du secrétaire de M. d'Amblérieux, trésorier de la province du Dauphiné. Le jour fixé pour les fiançailles, étant auprès de son amant, elle laissa échapper un de ces vents qui blessent à la fois le nez, l'oreille et la bienséance. Le secrétaire offensé se retira, et le mariage fut rompu.

» Quelques mois après, le secrétaire, s'humanisant, demanda le consentement de M. d'Amblérieux à ce mariage : il l'obtint, avec la permission de lui présenter sa fiancée, et l'offre de faire les frais de la noce.

» M. d'Amblérieux, vieux garçon, possédait à Saint-Mury, commune de Meylan, un domaine où il se rendit et où il vit Claudine Mignot. Il en fut si charmé, et d'abord si épris, qu'il songea aussitôt à éloigner son secrétaire. Il lui donna des commissions pour Grenoble, chargea ses amis de l'y retenir pendant quelques jours ; et, pour s'assurer de cette conquête, forcé de parler de mariage, il envoya le soir même demander à M. Scarron, évêque de Grenoble, trois dispenses de publication de bancs, épousa la Mignot et congédia ensuite son secrétaire avec de l'argent. »

Une pièce en patois du pays fut faite sur cette aventure par Jean Millet, en 1633. On devine les trois principaux personnages : l'un, sous le nom de *Janin*, qui allait à merveille, vu le sens de cet ancien mot, était le pauvre secrétaire évincé ; l'autre, le *gentilhomme*, était M. le trésorier. *La Lhauda* gardait son vrai nom.

Mais elle n'en resta pas là, comme va nous le faire voir la suite du récit de M. Champollion.

« Ce mariage, dit-il, duquel naquirent deux filles qui ne vécurent pas longtemps, brouilla M. d'Amblérieux avec sa famille.

» Ce fut pour lui une raison de plus qui l'engagea à instituer son épouse son héritière universelle. Après la mort de M. d'Amblérieux, son testament fut attaqué par sa famille. La Mignot alla elle-même à Paris, en 1658, solliciter un arrêt d'évocation ; elle réclama la protection du maréchal de l'Hôpital, âgé de soixante-quinze ans, veuf depuis 1651. Le maréchal la vit, l'aima et l'épousa dans la même semaine ; il vécut deux ans avec elle, et en mourant il lui fit autant de bien qu'il le put. Après quelques années d'un second veuvage, la Mignot eut l'occasion d'être connue de Jean Casimir II, roi de Pologne, qui avait été successivement jésuite, cardinal et roi, et qui, charmé de la veuve du maréchal de l'Hôpital, l'aima et l'épousa presque aussitôt qu'il l'eut vue. »

Dans tout ce récit, M. Champollion a suivi une note manuscrite ajoutée à la pièce de Millet citée tout à l'heure ; arrivé à la circonstance de ce second mariage, il avoue que, pour les détails, ce renseignement diffère un peu de ce qu'on lit sur le même sujet dans les *Lettres historiques* de Mme Dunoyer, « le seul écrivain, dit-il, qui ait parlé de Claudine Mignot. »

« L'auteur de la note, continue M. Champollion, prétend que la veuve du maréchal se rendit en Pologne pour obtenir la permission de vendre des biens que le maréchal lui avait légués. Mme Dunoyer assure, au contraire, que cette veuve avait été reniée par son mari, et qu'elle fut connue par Casimir lorsque, après avoir abdiqué la couronne, il se rendit en France, où il obtint de Louis XIV les abbayes de Saint-Germain des Prés et de Saint-Martin de Nevers.

» Ce dernier rapport mérite beaucoup plus de confiance que le premier, puisque : 1° Jean Casimir avait été marié

à Marie de Gonzague, veuve de son prédécesseur, et qu'elle ne mourut que très-peu de temps avant l'abdication de Casimir; 2° que les historiens de Pologne ne disent pas que ce roi ait été marié deux fois; 3° que le maréchal de l'Hôpital étant mort en 1660, âgé de soixante-dix-sept ans, le second veuvage de Claudine, et ses liaisons avec le roi de Pologne, coïncident avec le séjour de celui-ci en France après son abdication, qui eut lieu en 1657. Disons donc que la veuve du maréchal de l'Hôpital connut Casimir II à Paris, comme l'assure Mme Dunoyer, et qu'alors elle n'avait plus rien à elle, si ce n'est l'honneur d'être la veuve d'un maréchal de France. Mme Dunoyer ajoute : « Elle avait encore le se-
» cours de ses attraits pour acquérir de la fortune, et
» ils lui valurent la conquête de Casimir, roi de Pologne,
» qui, après avoir abdiqué la couronne, vint se retirer ici
» (à Paris), où le roi lui donna l'abbaye de Saint-Germain
» des Prés. Ce roi dépouillé, charmé des agréments de
» la maréchale, se donna à elle, et quoiqu'il se fût fait
» d'église, comme il n'est pas de lois dont les souverains
» ne prétendent pouvoir se dispenser, il l'épousa secrè-
» tement, mais non pas assez secrètement pour que la
» dame n'ait pu le faire savoir, et lui a même fait tout
» le bien qu'il a pu en mourant (en 1672).

» Elle n'est pourtant pas si riche qu'elle l'était après
» la mort de son vieux conseiller; mais aussi elle est
» veuve d'un roi, et c'est monter bien haut pour sortir
» d'un endroit si bas... Je ne sais, continue toujours
» Mme Dunoyer, si ce que je vous dis là se trouvera con-
» forme à ce qu'on vous a conté; c'est pourtant ici
» la véritable histoire de la maréchale de l'Hôpital.
» J'étais chez Mlle d'Aleirac avec elle, et je remarquai

» qu'en parlant du roi Casimir elle dit toujours *le roi*
» *mon seigneur*, pour faire voir qu'il était son époux. Elle
» est bien aise que personne ne l'ignore : mais il ne lui
» est pas permis de prendre la qualité de reine, qu'elle
» ne pourrait pas non plus soutenir. »

» Ces détails font connaître la veuve du maréchal d'une
manière assez particulière ; et nous devons dire encore,
d'après Mme Dunoyer, « que dès qu'elle fut l'épouse du
» trésorier, elle prit des manières convenables à son rang
» et travailla à acquérir à force de soin ce que sa nais-
» sance et son éducation n'avaient pu lui donner. Elle
» eut toutes sortes de maîtres ; elle apprit toutes les
» sciences, et elle employa à se former l'esprit tout le
» temps qu'elle fut près de son vieux mari. » Ajoutons,
d'après l'auteur de la note, que la Mignot avait les traits
beaux et réguliers, un peu d'embonpoint, un air modeste
et décent, et qu'elle remplaçait l'esprit par beaucoup
d'amabilité.

» Telle fut la Lhauda, telles sont les circonstances de
sa vie. »

Pour ce qui est de l'authenticité du mariage de Claudine, faussement dite Marie Mignot, nous pouvons compléter ce qu'a écrit M. Champollion, par une preuve
irréfutable tirée de l'*Art de vérifier les dates*, livre fait,
comme on sait, par les bénédictins de Saint-Germain des
Prés, dont le roi Jean Casimir avait été l'abbé. Loin de le
révoquer en doute, ils en fixent l'époque précise : ils le placent au 14 septembre 1672. Ce jour-là, pour Claudine, vint
par suite de son premier projet de mariage, si singulière-
rement avorté, avec le secrétaire du vieux trésorier.

La fille de l'un des successeurs de ce même Casimir,
Marie Leczinska, eut une destinée qui n'est guère moins

surprenante. Elle était fille de roi, mais ce roi était détrôné, proscrit, et son mariage avec Louis XV, en de pareilles conditions, ne dut pas, je le répète, sembler aux
yeux de l'Europe moins étonnant que celui de Marie Mignot, si toutefois l'Europe eut à se préoccuper de celui-ci.

L'accord des petites circonstances qui firent remonter
la fille de Stanislas à une si haute fortune, la cause ob-
scure qui décida en sa faveur du choix de Mme de Prie,
favorite qui disposait, comme on sait, de la main du roi,
font à merveille de ce mariage de Louis XV un épisode de
notre long chapitre.

Personne mieux que Voltaire, au chapitre III de son
Précis du règne de Louis XV, n'a raconté cette aventure.
Voici donc son récit :

« Il y avait dans Paris une Mme Texier, maîtresse d'un
ancien militaire nommé Vauchon, veuve d'un huissier qui
avait appartenu à Pléneuf, père de Mme de Prie. Elle était
retenue pour toujours dans son lit, pour une maladie affreuse qui lui avait rongé la moitié du visage. Vauchon
lui parla de Stanislas Leczinski, fait roi de Pologne par
Charles XII, dépossédé par Pierre le Grand, et réfugié à
Weissenbourg, frontière de l'Alsace. Il vivait d'une pension modique que le ministre de France lui payait très-
mal. Il avait une fille élevée dès son berceau dans le malheur, dans la modestie et dans les vertus, qui rendaient
son infortune plus intéressante. La dame Texier pria le
marquis de la venir voir ; elle lui parla de cette princesse,
pour laquelle on avait proposé des partis un peu au-dessous d'un roi de France. Mme de Prie partit deux jours
après pour Weissenbourg, vit cette infortunée princesse
polonaise, trouva qu'on ne lui en avait pas dit assez, et
la fit reine. »

Ce que Voltaire a dit au commencement de ce passage, de Vauchon et de la dame Texier s'entremettant avec succès dans le mariage d'un roi de France, n'est pas le seul exemple de cette influence des petites gens dans les grandes affaires, de ce faufilement des intelligences et des mains subalternes dans le maniement des choses d'État.

A ce propos, je dois vous parler de Nanon Babbien, cette servante de Mme de Maintenon, qui, sur les derniers temps du règne de Louis XIV, gouvernant en despote celle qui gouvernait le monarque et le royaume, se trouvait par contre-coup être en quelque façon la vraie reine de France[1].

« C'est Mme de Maintenon, dit Lemontey[2], qui régnait par le ministère de Voisin, son homme d'affaires, qu'elle avait fait chancelier et secrétaire d'État de la guerre..... Mais la favorite, qui gouvernait alors si despotiquement la France et le monarque, était alors assez rudement gouvernée par Nanon Babbien, vieille servante qu'elle avait conservée du ménage de Scarron, et qui, par la force de l'habitude et des soins domestiques, avait pris sur elle un irrésistible ascendant. Cette fille grossière, avide, inabordable, était recherchée par les plus grands seigneurs. On a su que la nomination de la duchesse de Lude à la place de dame d'honneur de la Dauphine, qui viola tant de promesses et surprit si fort la cour, avait été négociée avec elle par l'entremise d'une autre vieille servante, moyennant 60,000 francs... J'ai bien cherché, ajoute ironiquement Lemontey, si à cette époque du grand règne il n'avait pas existé en France d'autre pouvoir encore su-

---

[1] Voy., sur Nanon, notre *Paris démoli*, 2e édit., p. 351 (note).
[2] *Monarchie de Louis XIV*, etc. ; 1 vol. in-8, p. 423-424.

périeur, mais j'avoue qu'il n'a pas été possible de monter plus haut que Nanon Babbien. »

Mais tout ceci n'est que la comédie de notre sujet. Revenons à quelques-uns de ces drames dont les petites causes sont aussi les grands moyens, les ressorts décisifs.

Pour commencer, parlons d'une tragi-comédie apostolique, dont une querelle de commis et de maraîchers, à propos de pois chiches, fut le premier acte, et dont une foudroyante excommunication du saint-siége fut le dénouement. Nous emprunterons le récit très-peu connu que Duclos a fait de cette affaire ; nous ne l'avons trouvé que dans le recueil, très-rare lui-même, de M. Auguis, *Révélations et indiscrétions du dix-huitième siècle :*

« En 1711, dit Duclos, le clergé sicilien, de concert avec la cour de Rome, avait formé le projet de se rendre indépendant de la puissance civile et particulièrement d'un tribunal souverain, auquel les ecclésiastiques avaient toujours été soumis comme les laïcs.

» On cherchait un prétexte ; on en fit naître un, le plus ridicule du monde.

» Un fermier de l'évêque de Lipari (ville capitale de la Sicile) porta des pois au marché. Les commis du roi lui demandèrent le payement du droit d'étalage. Il refusa, et se fit saisir les pois. L'évêque, réclamant son immunité, excommunia sur-le-champ les commis. Ceux-ci rapportèrent humblement la denrée privilégiée. L'évêque exigea des réparations si extravagantes, que les commis en rendirent compte aux supérieurs, lesquels, ayant fait des représentations, furent de même excommuniés. Le tribunal s'en mêla et fut aussi excommunié. Troisième excommunication pour des pois chiches. L'évêque, menacé, se sauva à Rome. On l'y accueillit. D'autres l'y suivent, en lançant chacun leur petite excommunication. Alors le pape met la Sicile en interdit. Une populace de moines et de mauvais prêtres va trouver les prélats de Rome. Ce schisme dura deux ans. Cependant le gouvernement tint ferme; le peuple fut sage, il resta assez de bons prêtres pour faire le service. L'interdit porta bonheur aux campagnes. On remarqua qu'elles furent cette année plus riches et plus fleuries : seulement, les jésuites ayant essayé de fomenter le trouble, on les fit tous, pères, frères et petits frères, enlever, embarquer et jeter sur les côtes des États du pape. A la fin, le pontife, lassé de nourrir cette cohue de prêtres transfuges, entendit raison. Les Siciliens furent maîtres chez eux.

» Quelques litrons de pois chiches apprirent aux gens sages de ce temps-là que la cause de Dieu est toujours la cause de la loi, de la paix, du bon sens et du bien public. »

A Chypre, pour deux chiens enlevés, il y eut des massacres et une révolution.

Pierre Ier, de la famille des Lusignan, qui y était roi, avait fait enlever pour son fils deux chiens de chasse au chevalier Henri Giblet. Une querelle s'ensuivit entre le fils de Giblet et le jeune prince. Le roi prit parti pour son fils et se vengea non-seulement sur le jeune homme, mais encore sur sa sœur, à laquelle il fit subir un horrible traitement.

Les principaux de la noblesse, indignés, pénétrèrent pendant la nuit dans l'appartement du roi, et l'assassinèrent de cinquante coups de poignard, dans son lit, à côté de la reine.

Leur fureur ne se termina point là. Après sa mort, ils

lui mirent sur la tête une couronne de parchemin, un sceptre de même sorte dans une main, l'habillèrent d'un vêtement tout troué, et le portèrent en cet état à Sainte-Sophie de Nicosie, et de là aux Dominicains, sépulture ordinaire des rois de Chypre.

Pour un soufflet reçu par le duc d'Orléans, une guerre, qu'on appela avec raison *la folle guerre*, fut allumée entre des princes rivaux. L'injure, qui aurait dû se laver dans un duel, ne se vengea qu'aux dépens de la France. C'est à la suite d'un démenti que l'outrage avait eu lieu.

« Ce démenti, à ce qu'on raconte, dit un chroniqueur anonyme, avait été donné dans un tripot des halles de Paris, sur le jugement que ladite dame de Beaujeu avait fait d'un coup d'étenf : et fut icelui vengé sur-le-champ par un soufflet que le duc René donna au duc d'Orléans, qui dès lors n'épargna aucun moyen poar en tirer sa raison jusqu'à ce qu'il devînt roi. Car, comme quelques siens favoris lui en rafraîchissaient la mémoire pour l'induire à s'en ressentir, il leur répondit gravement qu'il n'appartenoit à un duc d'Orléans qu'un roy de France vengeât ses injures. »

C'est surtout dans les circonstances où la discrétion est nécessaire dans les entreprises secrètes, dans les conspirations, que les riens ont une grande action, une influence énorme. Qu'on en juge par deux faits pris au hasard : l'arrestation du roi Louis XVI à Varennes, et la découverte du lieu où sa cachait Pichegru.

« J'appris du marquis de Bouillé, dit Dutens dans le troisième volume de ses *Mémoires*[1], des détails certains de l'arrestation de Louis XVI à Varennes. Le duc de

---

[1] P. 113-114.

Choiseul en avait été la cause en partie, quoique très-innocemment et par trop de zèle. Il avait été mis dans le secret de l'évasion, et fut dépêché, le 19 juin, à M. de Bouillé, pour l'informer de toutes les circonstances du départ du roi et de la reine. M. de Bouillé l'avait chargé du commandement d'une escorte pour aller au-devant de Leurs Majestés. Arrivé à la poste de Sainte-Menehould et Châlons, il parut fort inquiet et agité de ne pas les voir venir au temps qu'ils devaient y être. Après avoir attendu quelques heures, il monta à cheval, et fut plusieurs lieues à la rencontre du trésor qu'il disait être venu pour escorter, et qui était destiné à payer les troupes en Lorraine. Il se donna tant de mouvement et parut tellement alarmé du retard de ce prétendu trésor, que les habitants du village en conçurent des soupçons qui les portèrent à examiner les voitures du roi lorsqu'elles arrivèrent ; voyant qu'elles prenaient la route de Varennes au lieu de celle qui conduit à Metz, le maître des postes de Sainte-Menehould prit un court chemin de détour, arriva à Varennes avant les voitures du roi, donna l'alarme, et fut la cause de l'arrestation. Il est faux que le roi ait été retenu pour avoir voulu s'arrêter à l'auberge pour manger. »

Il en fallut moins encore pour faire découvrir la cachette de Pichegru. Dans une des pièces de son *Théâtre de Clara Gazul,* M. Mérimée a mis en scène l'espionne qui fit ce beau coup. A la première scène, elle en raconte tous les détails avec une vérité qui nous fera préférer son récit à tous ceux qu'on a pu faire de cette capture.

« Dans les affaires, rien n'est à dédaigner, dit donc cette femme, à qui M. Mérimée donne pour nom de guerre le nom de Mme de Touroille.

» C'est pourtant un poulet rôti qui m'a fait découvrir la cachette du général Pichegru ; et, sans me vanter, ça m'a valu bien de l'honneur, sans parler du profit. Voici le fait. C'était du temps de ton père, le capitaine le Blanc. Il revenait de l'armée ; il avait de l'argent, nous faisions bonne chère et grand feu. Un jour donc, je m'en vais chez mon rôtisseur et lui demande un poulet rôti. « Mon Dieu, madame, me dit-il, je suis bien fâché, mais » je viens de vendre mon dernier. » Moi, qui connais tout le quartier, je voulus savoir à qui. « Qui est-ce qui l'a » pris? » que je lui demande. Lui me dit : « C'est un tel ; et » il se traite joliment, car, depuis trois jours, il lui faut » une volaille à chaque dîner. » *Nota benè* qu'il y avait justement trois jours que nous avions perdu la trace du général Pichegru. Moi, je roule tout ça dans ma tête, et je me dis : « Diable ! voisin, l'appétit vous est venu, vous » avez la fringale. » Finalement, je revins le lendemain, et j'achète des perdrix qui n'étaient pas cuites, remarque bien cela, pour avoir le temps de faire causer mon marmiton pendant qu'elles rôtissaient. Là-dessus mon homme au gros appétit entre et achète une dinde rôtie, une belle dinde, ma foi. « Ah! je lui dis, un tel, vous avez bon » appétit ; en voilà pour deux personnes et pour une se- » maine. » Lui cligne de l'œil et dit : « C'est que j'ai de l'ap- » pétit comme deux. » Un Français se ferait pendre plutôt que de manquer un bon mot. Moi je le regarde entre deux yeux ; lui se détourne, prend sa bête, et s'en va. Il ne m'en fallait pas davantage, je savais qu'il connais- sait Pichegru. On me happe mon homme, et, moyen- nant une récompense honnête, il livra bien et beau mon général, et j'eus pour ma part six mille francs de grati- fication. »

L'inspiration des grandes choses et les résolutions utiles ne viennent souvent que d'un mot qui frappe l'esprit et réveille l'idée, que d'un souvenir ranimé à propos. C'est ainsi qu'il suffit à Napoléon d'un entretien avec Talma, au sujet d'une tragédie tirée de la Bible, pour que le peuple juif lui revînt en mémoire, et pour qu'il prît à l'égard de ces parias des autres régimes les mesures les plus favorables.

La tragédie d'*Esther* avait été représentée à la cour dans les premiers jours de juillet 1806. Le lendemain, Talma parut, comme de coutume, au déjeuner de l'empereur, auquel assistait M. de Champagny, alors ministre de l'intérieur. La conversation s'établit sur la représentation de la veille. « C'était un pauvre roi que cet Assuérus, dit Napoléon à Talma; » et, se tournant presque au même instant vers le ministre de l'intérieur : « Que sont aujourd'hui ces juifs? quelle est leur existence? Faites-moi sur eux un rapport? »

Le rapport fut fait, et, quinze jours après cette conversation, le gouvernement convoqua, le 26 juillet 1806, la première assemblée des notables d'entre les juifs, dont le but était de fixer le sort de cette nation et de lui donner en France une existence légale.

Ici, on l'a vu, un mot bien compris, une parole tombant à propos au milieu d'une intelligence habile à tout saisir, et aidée de tous les moyens d'action, de toutes les ressources pratiques, crée tout à coup et féconde ; cherchons, au contraire, ailleurs, en Russie, dans le pays de l'action barbare, de l'activité inintelligente, et nous trouverons que d'un mot, d'un seul, mal compris, ou pour mieux dire interprété de la plus burlesque manière, à ce point qu'on en rirait s'il ne s'agissait d'un massacre, surgit un jour la plus sanglante émeute, presque une révolution. Le plus étrange encore, c'est qu'il est à regretter que cette révolution n'ait pas eu lieu, et qu'elle ne soit pas sortie armée et triomphante de ce mot mal compris; bref, de ce calembour, pour le qualifier comme il convient, tout le régime actuel de la Russie en eût été changé; le système brutal serait mort de l'ignorance qu'il entretient à plaisir. Ce qui fait sa vie eût été sa perte.

Ceux qui connaissent l'histoire de la Russie ont déjà deviné qu'il s'agit des troubles dont furent inquiétés les premiers jours du règne de Nicolas. Nous emprunterons le récit d'un témoin oculaire[1].

Une partie de l'armée, soutenue du gros de la population, tenait pour le grand-duc Constantin, qui, par droit d'aînesse, devait succéder à son frère Alexandre, et contre lequel on n'invoquait, en faveur de Nicolas, qu'une renonciation, une abdication anticipée, arrachée à sa faiblesse lors de son mariage, ou, comme on disait, de sa *mésalliance* avec la princesse de Lovich.

Des conspirateurs, à la tête desquels se trouvaient le colonel Pastel et le prince Toubestkoï, couraient les rangs des troupes révoltées; et, afin de servir en même temps que celle de Constantin la cause libérale dont ils étaient les apôtres, ils donnaient à ces soldats pour signe de ralliement, ils leur *soufflaient* pour cri de révolte ces mots : *Vive Constantin! vive la constitution!*

« Ce désordre régnait partout, dit notre narrateur; nul plan n'avait été formé, nulle mesure n'avait été prise. Les soldats ne savaient encore quel parti adopter. Après quelques instants encore de délibération, ils se précipité-

---

[1] *Gazette littéraire*, t. II, p. 460.

rent hors de la caserne et se portèrent au pas de course vers le palais impérial.

» Tout ce qu'ils rencontrèrent sur leur passage fut renversé ; les malheureux qu'ils pouvaient attraper, ils les assommaient de coups de crosse jusqu'à ce qu'ils eussent crié : *A bas Nicolas ! mort à Nicolas !* Un pauvre officier de police ayant entendu un paysan crier : *Vive Constantin !* s'avisa de lui administrer un vigoureux coup de poing pour lui donner une notion plus exacte de l'autocratie ; aussitôt il fut enlevé sur les baïonnettes et foulé aux pieds l'instant d'après.

» Il est impossible de décrire l'épouvante que répandait cette soldatesque effrénée qui parcourait les rues la baïonnette en avant, en poussant des hurlements affreux. La nouvelle de l'insurrection circula bientôt par toute la ville ; on cherchait en vain quels pouvaient en être les motifs ou du moins le prétexte. Toutes les boutiques furent fermées en moins d'une heure ; les rues étaient désertes, personne n'osait sortir de chez soi ; les portiers avaient défense d'ouvrir à qui que ce fût ; on se barricadait dans les maisons : Pétersbourg semblait une ville assiégée qui va succomber.

» Le peuple, qu'un changement dans l'État ne pouvait rendre plus malheureux, se portait vers le palais ; des émissaires répandus et salariés par des gens dont on n'apprit le nom qu'avec étonnement soufflaient le feu du mécontentement et de la sédition dans tous les esprits. Quant à moi, continue le narrateur, je résolus de suivre ces nouveaux strélitz, curieux de voir jusqu'à quelle extrémité ils oseraient se porter.

» Je suivis donc le régiment de Moscow jusqu'à la place du palais. Là, il s'adressa au sénat, planta ses étendards au pied de la statue de Pierre le Grand, et se contenta de crier : *Vive Constantin ! vive la constitution !* Il paraissait décidé à ne rien entreprendre avant d'avoir reçu du renfort. Prévoyant une bataille, je me retranchai derrière des colonnes de trente pieds de haut sur six de diamètre, et formées d'un seul bloc de granit, amenées sur la Néva de l'extrémité de la Sibérie ; elles attendaient, couchées par terre, qu'un ouvrage impérial vînt terminer la dispute d'architectes qui, depuis dix ans, retarde la construction de l'église d'Iwan, dont elles doivent former le portique.

» Tandis que le général Friedrichs succombait dans la caserne du régiment de Moscow, le brave colonel Stuller expirait sous les coups des chasseurs de la garde ; les matelots enrégimentés menaçaient d'incendier leur cabane ; l'insurrection se manifestait sur tous les points, et prenait un caractère effrayant. Le trône des czars paraissait devoir subir le sort du trône des Césars mis à l'enchère par les prétoriens.

» Bientôt des parties plus ou moins nombreuses de différents régiments arrivèrent sur la place du palais, et se réunirent aux troupes insurgées qui s'y trouvaient déjà ; une compagnie se détacha et se dirigea vers le palais, qu'elle promettait de mettre à feu et à sang. La famille impériale devait être la première victime. Un bataillon du régiment de Resbragensky, qui traversait la cour du palais dans le même instant, et dont on ignorait encore les dispositions, obligea les nouveaux constitutionnels à rejoindre au pas de course le gros des révoltés. Ce fut donc un effet du hasard qui arracha à une mort certaine l'impératrice, l'héritier du trône de toutes les Russies, et l'Agrippine russe.

» Cependant l'empereur jugea que la force seule pouvait être opposée à la force : il donna ordre de rassembler toutes les troupes qui étaient encore dans le devoir. L'ordre était assez embarrassant, la garde entière était indécise : l'ignorance même du sujet de l'insurrection, le peu d'amour qu'on avait pour Nicolas, tout portait les soldats à soutenir leurs camarades plutôt qu'à les combattre ; les chefs, généralement peu aimés en Russie, n'étaient pas propres à les ramener à de meilleures dispositions. Cependant le général Orloff parvint à contenir les gardes à cheval. A mesure que les troupes arrivaient, elles se rangeaient d'après le commandement du comte Miloradovitch, gouverneur militaire de Saint-Pétersbourg.

» Bientôt quarante mille hommes furent sous les armes, on plaça trois pièces de canon à l'angle du boulevard de l'Amirauté, et les armées furent en présence ; spectacle nouveau et imposant qui devait décider du sort de l'empire russe.

» L'empereur, soit compassion, soit crainte de compromettre son autorité, n'osait donner le signal du combat ou plutôt du carnage. Il harangua les troupes à plusieurs reprises, livra son fils entre les mains des soldats, et le fit passer dans tous les rangs. C'est dans cet instant qu'il prononça ces paroles imprudentes qui ne seront pas perdues : *Me voulez-vous pour votre empereur ?*

» On eut encore recours aux moyens persuasifs. L'archimandrite fut appelé, ses discours et la vue de la croix produisirent peu d'effet ; les soldats lui représentèrent, avec tout le respect possible, que ces affaires n'étaient nullement de son ressort, et qu'il ferait bien mieux, pour éviter tout malheur, de retourner à son église. Il voulut insister : la vue des baïonnettes, qui déjà dépassaient les rangs, lui apprit qu'il fallait céder aux représentations amicales.

» Cependant les révoltés criaient toujours : *Vive Constantin! vive la Constitution!* assemblage assez bizarre qu'on ne put expliquer que plus tard. Le comte Miloradovitch tira son sabre d'honneur, qui lui avait été décerné par le grand-duc Constantin, et, le montrant aux soldats : « C'est du czaréwitch que je tiens cette arme, s'écria-t-il ; croyez-vous, soldats, que je la tirerais contre lui? » Un homme sortit des rangs et déchargea presque à bout portant un pistolet dans la poitrine du général. Quelques heures après, le comte Miloradovitch n'existait plus. Ainsi périt de la main d'un sicaire cet homme que quarante ans de combats avaient respecté et dont la bravoure était passée en proverbe.

» Il faut consigner ici une remarque qui fait connaître assez bien le caractère national. A l'inventaire de la maison du comte Miloradovitch, on trouva qu'il avait trois chemises et pour 300,000 francs de tableaux.

» Cependant le peuple s'attroupait. Les paysans, chose inouïe! prononçaient le nom de l'empereur sans ôter leur bonnet. Les plus hardis proféraient les vociférations les plus atroces contre la famille impériale. Ils traitaient l'impératrice mère, Marie Féodorowna, de *vieille sorcière, qu'il fallait jeter par la fenêtre.* Déjà même ils s'armaient de pierres et de bâtons, qu'ils lançaient aux soldats protecteurs de l'autocratie, en les qualifiant du nom de traîtres.

» Une évolution que firent les gardes à cheval fut mal interprétée par les mutins; excités par leurs chefs, ils firent un feu de file assez bien nourri. Leurs camarades, irrités de cette agression, ripostèrent par une décharge de leurs carabines. Le signal était donné, il n'y avait plus à reculer. Les grenadiers reçurent l'ordre de faire feu, ils refusèrent de tirer sur leurs frères; les artilleurs suivirent leur exemple. L'instant était décisif : généraux, colonels, se précipitèrent sur les canons, les chargèrent, les pointèrent et tirèrent. Cinq coups à mitraille et un coup à boulet écrasèrent les révoltés. La portée était à peine de trois cents pas. Eh bien! ce fut à cette distance que quelques milliers d'hommes se laissèrent foudroyer par trois petits canons, servis par quelques officiers, sans faire un mouvement énergique, sans essayer de s'emparer d'une batterie que quatre vieilles moustaches de la grande armée auraient emportées à la baïonnette en moins d'une minute.

» L'action finie, je sortis de ma retraite.

» L'artillerie avait produit un effet terrible. Sept cents hommes étaient restés sur le champ de bataille. Le reste avait pris la fuite dans le plus grand désordre, et parcourait les rues en cherchant un abri ; mais la crainte étouffait la pitié, et personne n'osait protéger ces malheureux.

» Tous ceux qui réussirent à pénétrer dans les maisons voisines du sénat y furent impitoyablement massacrés. Les caves du comte Laval avaient servi de refuge à plusieurs d'entre eux ; on y puisa le sang à pleins tonneaux.

» Le lendemain matin on ne vit plus, sur la place du palais, que quelques ossements humains, épars çà et là, et des traces de sang, mal effacées, sur la neige.

» La rumeur fut grande à Saint-Pétersbourg le 15 décembre 1825. Le bruit de la canonnade nocturne avait glacé de peur tous les bourgeois. Les seigneurs eux-mêmes n'étaient pas sans inquiétude ; plusieurs d'entre eux étaient devenus tout à coup plus polis pour leurs domestiques. Une douceur charmante avait remplacé les coups de bâton.

» Enfin quelques personnes se hasardèrent à sortir de leur maison ; peu à peu la circulation prit son cours. On n'osait se parler, mais on se demandait qui avait pu donner lieu à cette révolte ? Que signifient les cris des soldats : *Vive la constitution !* Ils ne peuvent pas seulement en savoir la signification.

» Les mêmes réflexions furent faites par le jeune autocrate.

» Une amnistie générale pour les soldats fut proclamée. — Pourquoi vous êtes-vous révoltés ? leur demandait-on. — Parce que l'on disait qu'on voulait spolier le grand-duc Constantin du trône et qu'on l'avait renfermé. — Qui vous l'a dit ? — Plusieurs de nos chefs. — Vous avez crié : *Vive la Constitution !* Qu'est-ce que *la constitution ?* — C'est l'*épouse de Constantin*, nous ont dit nos chefs.

» Franchement, on ne pouvait faire autrement que de se laisser désarmer par de pareils aveux, et l'on ne pouvait sévir contre de pareils innocents.

» Malheureux pays, où pour parler de la constitution à des esclaves, il faut la faire passer pour la femme du maître ! »

Nous finirons ce long chapitre par l'histoire du *coup d'éventail*, qui fut la cause de l'expédition d'Alger et de la conquête française, cause bien légère, mais qui reposait elle-même sur d'autres motifs non moins frivoles ; si bien que, dans toute cette affaire, il n'y aurait , à en croire certaines relations, que de véritables ricochets de futilités.

Selon quelques-uns, la raison sérieuse du coup d'éventail donné par le dey d'Alger au consul de France se serait trouvée dans les retards sans fin qu'apportait le gouvernement de Charles X pour le payement d'une somme de quelques millions dus au juif algérien Bacri par suite de fournitures de grains qu'il nous avait faites pendant la révolution; selon d'autres, qui vont plus au fond de l'affaire, et qui par les détails qu'ils y découvrent la font tout à fait rentrer au vif de notre sujet, le tout se serait compliqué, dans le principe, de l'achat d'une coiffure destinée à l'une des sultanes du bey de Tunis. Une contestation pour un tour de tête pouvait bien finir par un coup d'éventail, et en rester là, comme toute contestation de coquette et de modiste; mais le coup d'éventail avait été donné au représentant de la France. L'honneur national était en jeu; c'est une guerre très-sérieuse, une conquête définitive, qui s'ensuivit. Voici, du reste, toute l'histoire, telle que nous la trouvons racontée dans le *Magasin pittoresque*[1], dans un article ayant pour titre : *Cause de la conquête d'Alger.*

« A quoi tient la durée des choses d'ici-bas! Si l'on en croit les on dit, ce grand événement tirerait son origine d'une bien petite cause. Voici, à ce sujet, l'anecdote que racontent à Alger les habitants du pays.

» Un jour, il y a bien longtemps déjà, car c'était sous le règne de Napoléon, le bey de Tunis avait dans son harem une favorite à laquelle il voulut faire présent d'un beau et riche *sarmah*, tel que femme de bey n'en avait pas encore vu. Le sarmah est une coiffure de forme longue qui ressemble au hennin qu'autrefois les femmes portaient

____

[1] T. IV, p. 403.

en France, ou, si l'on veut, au bonnet des Cauchoises, avec cette différence que le sarmah est en métal d'or, d'argent ou de cuivre découpé en filigranes.

» A cet effet, le bey s'adressa à un juif pour le confectionner. Celui-ci se chargea de la commande. Néanmoins, comme il ne se croyait pas assez de talent pour faire le chef-d'œuvre qu'on lui commandait, il eut recours à un confrère de Paris, qui lui-même proposa le travail à un orfévre de Versailles. Celui-ci l'exécuta moyennant douze mille francs.

» Ce sarmah, qui était de l'or le plus pur, très-artistement découpé à jour et orné de pierres précieuses, parvint enfin à Alger, d'où il fut expédié à Tunis au prix de trente mille francs. Le bey le trouva fort beau et n'en contesta pas la valeur; mais comme alors il était gêné dans ses finances, il prit des arrangements avec le juif d'Alger, lui donna en payement une certaine quantité de blé, ajoutant un permis pour en exporter de Tunis, sans droit, une autre portion. Précisément, à cette époque, il y avait disette sur les côtes de Provence; les troupes qui s'y trouvaient manquant de blé, le juif vendit le sien aux fournisseurs de nos armées, et sut si bien profiter de ces circonstances, qu'il devint créancier du gouvernement français pour une somme excédant un million.

» Certes, jusque-là il avait fait avec le bey de Tunis un excellent marché; mais l'inconstante fortune l'abandonna. La restauration vint, et sa créance fut méconnue. Cependant, persévérant, comme le sont tous les juifs, il parvint à intéresser le dey d'Alger en sa faveur. Par son intermédiaire, des réclamations énergiques furent faites auprès de M. Deval, notre consul général. Ce dernier promit d'en référer à son gouvernement et de faire connaître le plus tôt possible la réponse qu'il en aurait obtenue.

» Vers l'année 1829, à l'occasion des fêtes du Ramadan ou du Baïram, tous les consuls résidant à Alger furent admis à présenter leurs hommages au dey, qui demanda alors à M. Deval la réponse qu'il avait promise, se plaignant des lenteurs apportées par les ministres de Charles X à la solution des affaires de son sujet.

» Le consul fit quelques objections contre l'opportunité de la demande du juif, et comme il ne se servit pas de son interprète, soit que, ne connaissant pas bien la valeur des mots arabes, il eût employé des expressions peu révérencieuses, soit que la décision des ministres du roi de France qu'il faisait connaître eût courroucé Sa Hautesse, il en résulta pour notre représentant un coup d'éventail appliqué plus ou moins fort par le dey. Cette insulte méritant une réparation éclatante, le gouvernement improvisa l'expédition d'Alger.

» Le 5 juin 1830, le drapeau français flottait sur la Kasbah !

» L'honneur de la France était vengé !

» La piraterie était anéantie dans la Méditerranée !

» Quant à la créance du juif, on ne dit point ce qu'elle est devenue. »

COUPS DE MAIN.

ENTREPRISES HARDIES. CONSPIRATIONS. &c.

Nous commencerons par l'histoire des gens dont ces sortes d'entreprises furent toute l'existence et qui élevèrent le vol organisé jusqu'à la hauteur de la conquête. Nous voulons parler des pirates.

De toute antiquité, la piraterie infesta les mers. Les premiers navigateurs grecs furent de vrais pirates; les argonautes si vantés n'étaient que les dignes ancêtres des corsaires de Psara et des *uskoks* de l'Adriatique; leur voyage ne fut qu'une expédition de forbans. Les héros de la guerre de Troie n'étaient riches eux-mêmes que du butin pillé sur les mers. Nous voyons dans l'*Iliade* Ménélas se vanter fièrement des cent vingt-deux talents qu'il a recueillis dans ses courses, et l'*Odyssée* nous montre Ulysse ravageant avec toute l'avide férocité d'un corsaire la ville des Ciconiens.

La piraterie, comme le vol, était chez les Grecs un penchant inné et avoué; Aristote ne le dissimule point, et Thucydide, racontant avec complaisance les courses et les ravages de ses ancêtres, ne craint pas d'écrire : « Les Grecs embrassaient autrefois avec ardeur la profession de pirates; ils reconnaissaient l'autorité absolue de leurs chefs, choisis constamment parmi ceux qui possédaient les plus hautes qualités. Ces chefs devaient à la fois enrichir les aventuriers qui se confiaient à leur sagesse, et pourvoir à la subsistance des pauvres de la communauté ; aussi honorait-on la piraterie comme un exercice qui menait souvent à la gloire. »

Les lois d'Athènes, à ses commencements, autorisèrent même les associations de pirates ; souvent, pour grossir ses flottes, la république faisait appel à leurs vaisseaux. Mais plus tard, quand ils purent se procurer par les seules transactions du commerce les richesses que la force conquérait seule pour eux autrefois, les Athéniens cherchèrent à réprimer les moyens illicites de la piraterie qui, n'étant plus utile, devenait un mal. Les croisières furent défendues sévèrement, et, de peur que les vaisseaux marchands ne s'armassent en pirates, le conseil des amphictyons régla quelle devait être la force de chaque équipage. Les pirates n'en furent pas moins nombreux dans l'Archipel, et, traitant désormais en ennemis les Athéniens leurs anciens alliés, ils inquiétèrent les côtes de l'Attique et poussèrent même jusqu'au Pirée. Il fallut, pour se garder de leurs attaques, recruter dans la jeunesse d'Athènes la milice particulière des *Déripoles.*

Les autres côtes de la Grèce et tous les rivages de l'Afrique n'étaient pas infestés avec moins d'audace, si bien que, dans sa sollicitude pour le commerce, Ptolémée Philadelphe voulut que deux escadres tinssent continuellement la mer pour protéger la navigation.

Rome souffrit elle-même des incursions de ces pirates sortis par innombrables flottilles des ports de l'Archipel, de la Carie et de la Cilicie dans l'Asie Mineure. Ce sont des pirates ciliciens qui, rencontrant dans le golfe de Pharmacusa César revenant de la cour de Nicomède, le prirent et le gardèrent prisonnier jusqu'à ce qu'il eût payé une rançon de vingt talents. La destruction des flottilles ciliciennes et le supplice des pirates fut, comme on le sait, sa vengeance. Mais la Méditerranée n'en fut point purgée pour cela.

Les escadres des Ciliciens se joignirent aux derniers débris de la marine de Mithridate dans le Pont-Euxin, aux navires errants que la ruine de Carthage et de Corinthe laissaient sans abri ; puis cette flotte, formée de tant d'éléments divers, sortit du port de Séleuce, où elle s'était réunie, et commença ses affreux ravages. Les pirates attaquèrent la flotte romaine dans le port d'Ostie et la brûlèrent ; ils interceptèrent les convois de grains venant d'Afrique, et Rome fut menacée d'une affreuse disette.

Alors Publius Servilius, commandant une escadre puissante, vint tenir la mer et les repoussa jusqu'en Crète. Mais ils se vengèrent de cet échec sur Marc-Antoine, qui lui succéda. Ils détruisirent sa flotte, rentrèrent avec plus d'audace que jamais dans la mer d'Étrurie, et le commerce de Rome eût été anéanti pour toujours si Pompée n'eût été choisi par le sénat pour repousser cet imminent danger. En quarante jours, il nettoya la mer, et sur les côtes d'Afrique, dans le voisinage de la Sardaigne ou de la Sicile, on ne vit plus un seul pirate.

La puissance des corsaires ne se releva un instant dans la Méditerranée que pendant le triumvirat, avec l'aide et sous les ordres de Sextus Pompée, le fils de leur premier vainqueur. Leur défaite fut le plus beau triomphe d'Agrippa.

Quand la puissance romaine commença à déchoir, les pirates reparurent ; mais ceux-là étaient des brigands barbares menaçant l'empire à ses frontières ; c'étaient ces pirates goths ou germains, *Germaniæ prædones*, dont deux siècles auparavant Pline s'était contenté de signaler l'existence, et qui cette fois ne devaient disparaître qu'après avoir détruit et s'être partagé le monde romain.

Tandis que les Goths s'emparaient du Bosphore et de ses côtes, de la mer Égée et de l'Adriatique, les Vandales, venus de Scandinavie, s'établissaient à Carthage, et, maîtres de la Méditerranée, ravageaient sans merci les côtes d'Espagne, de France et d'Italie.

Plus tard, de ces mêmes races de pirates scandinaves et de Vandales africains devaient sortir de nouvelles générations de brigands. Les Normands, dont il n'est pas besoin de rappeler les ravages en France au neuvième siècle; les *Warèghes*, qui s'établirent en Russie, venaient tous de la Scandinavie, des côtes de Norvége, des îles danoises, et des côtes nord-ouest de la Germanie.

Quant aux Barbaresques, les plus hardis pirates des temps modernes, s'ils ne sont pas les descendants directs des Vandales de Carthage, ils continuèrent du moins en dignes successeurs les traditions de vol et de cruauté.

L'histoire moderne consigne à chacune de ses pages les sanglantes déprédations des pirates barbaresques et les héroïques efforts des chevaliers de Rhodes et de Malte pour en purger la mer.

Au seizième siècle, la puissance de Charles-Quint lui-même échoua contre l'audace intrépide de Barberousse; et au dix-septième siècle, les forces imposantes de la marine française ne purent tenir en respect les forbans de Maroc, d'Alger, de Tunis, de Tétouan, de Salé et de Tripoli.

Avant que Louis XIV eût organisé nos forces navales, les attaques de ces pirates étaient si incessantes que les vaisseaux marchands ne tenaient la mer qu'armés en

guerre, et qu'à la Ciotat un homme faisait le guet jour et
nuit pour annoncer l'arrivée des corsaires. Et ce n'étaient
pas là de vaines précautions : en moins d'une année, les
barbaresques avaient enlevé dans ce port vingt-quatre
barques et mis à la chaîne environ cent cinquante mariniers; ailleurs, à Martigues, quatre-vingts matelots avaient
été pris en quatre mois. De funestes connivences et d'infâmes trafics encourageaient ces pilleries des barbaresques. M. de Séguiran nous apprend, dans son *Voyage*[1]
sur les côtes de Provence à cette époque, que des chrétiens résidant à Alger achetaient à vil prix les marchandises volées sur les côtes de France, et les y expédiaient
de nouveau à un prix au-dessous de leur valeur, de telle
sorte que, pour réprimer ces brigandages, il fallait courir
sus aux navires *receleurs* aussi bien qu'aux vaisseaux des
pirates.

Sous Louis XIV, pendant l'administration de Colbert
et de Seignelay, ces ravages cessèrent d'inquiéter nos
côtes; mais la disparition des pirates algériens fut moins
due à la présence de nos forces maritimes qu'aux oné-
reuses concessions de nos traités avec eux.

Pendant la révolution et l'empire, l'anéantissement de
notre marine et la destruction de l'ordre de Malte laissèrent la mer libre aux flottilles algériennes. L'Angleterre ne songea qu'en 1814 à réprimer leurs brigandages. Lord Exmouth, n'ayant pu obtenir du dey d'Alger
ce qu'il avait obtenu des beys de Tunis et de Tripoli,
c'est-à-dire l'abolition de l'esclavage des prisonniers chrétiens, sut l'y forcer par une vigoureuse attaque, le bom-
bardement d'Alger et l'incendie de toute sa flotte.

Quelques années auparavant, l'audace croissante des

[1] T. III, p. 234.

pirates algériens et le nombre effrayant de leurs ravages avaient inspiré à Sidney-Smith, amiral anglais, habitant Paris, le projet d'une *Société antipirate* dont tous les membres auraient pris le titre de *libérateurs des esclaves blancs en Afrique*. Sidney-Smith avait même demandé aux membres du congrès de Vérone l'autorisation de croiser avec une escadre dans la Méditerranée : « Aucun marin, disait-il dans sa lettre, ne peut naviguer aujourd'hui dans la Méditerranée ni même dans l'Atlantique sur un bâtiment marchand sans éprouver la crainte d'être enlevé par des pirates et conduit esclave en Afrique. » Cette société philanthropique de Sidney-Smith fut un instant constituée. Cent cinquante-trois Grecs et trois Autrichiens durent la liberté à ses efforts, puis on n'en parla plus ; Smith renonça à cette entreprise, qui visait, dit-on, au rétablissement de l'ordre de Malte dont il serait devenu le grand maître. La prise d'Alger par les Français et leurs traités successifs avec les beys de Tunis et de Tripoli ont anéanti pour jamais la puissance des pirates africains.

En Asie, la piraterie n'est pas moins audacieuse et entreprenante qu'en Europe. Les Malais y font sur les côtes de l'empire chinois des ravages qui rappellent ceux des pirates ciliciens sur les côtes d'Italie. Six flottilles de ces pirates, réunies pour une seule expédition dans les eaux de Canton, ne formaient pas moins de six cents bâtiments, mille jonques et soixante-dix mille hommes d'équipage. Par bonheur, le chef de cette flotte mourut et la défection des autres anéantit peu à peu cette puissance qui avait longtemps effrayé l'empire. Les forces combinées aujourd'hui des Chinois et des Européens auront bientôt raison des ses derniers débris.

Après cette courte histoire de la piraterie, nous pourrions en venir au détail et étudier une à une les variétés de corsaires qu'elle a vu naître ; nous nous en tiendrons à une seule, la plus célèbre il est vrai. Nous voulons parler des *flibustiers*.

Leur nom, selon quelques-uns, comme Roquefort et comme M. Maurice Saint-Aguet, qui leur a consacré toute une épopée, viendrait de l'anglais *free*, franc, et *booter*, pillard ; selon d'autres, tels que Sablier, dans son *Essai sur les langues en général* [1], il dériverait du flamand *wlibot* ou *flibot*, qui servait en effet à désigner autrefois une sorte de petit bâtiment très-propre aux courses des pirates.

Je pencherais volontiers pour cette dernière étymologie : c'est que les premiers *flibustiers* s'armèrent, en effet, dans les parages des colonies hollandaises où ce mot de *wlibot* avait cours.

C'étaient d'ailleurs de pauvres chasseurs anglais et français, vivant de leur chasse et de leurs pillages dans la mer des Antilles. Pour se faire une retraite, ils tentèrent, en 1630, une expédition contre l'île de la Tortue, située à deux lieues au nord de Saint-Domingue, et ils la prirent.

La colonie qui s'y forma et s'y accrut bien vite se divisa en trois classes : les *boucaniers*, qui continuèrent à s'occuper de la chasse des bœufs, des porcs et de la vente des cuirs *boucanés* ; les *habitants*, qui se donnèrent au travail des terres ; enfin les *flibustiers*, qui gardèrent le métier de pirates.

Ceux-ci se recrutaient, surtout pour leurs matelots,

______
[1] P. 170.

parmi les marins français; pour leurs chefs, parmi les chevaliers de Malte. Ils étaient d'une audace étonnante, qui suppléait au nombre, et leur donnait presque toujours l'avantage dans leurs attaques contre les îles et contre les escadres espagnoles.

Pour tous navires, ils n'avaient que quelques petites barques découvertes et mal approvisionnées; pour seules troupes, quelques centaines de matelots. Chaque flottille ne comptait pas plus de cent cinquante hommes. Ils se postaient aux embouchures des rivières, guettant au passage les navires espagnols. Sur le premier qui paraissait, ils jetaient le grapin et le prenaient à l'abordage. Ensuite ils allaient dans quelque île voisine, et se partageaient le butin; ou bien, si leur capture était un vaisseau d'importance, ils l'armaient en guerre, se donnaient un capitaine, rédigeaient sous seing privé ou seulement sous simple parole, avec le concours des six principaux de la bande, le plan et l'accord pour toute une campagne; et, tout étant prévu, le droit de chacun, le partage des prises, même les augmentations de part en argent ou en esclaves dues pour chaque blessure, ils se mettaient en course.

Une capture importante se faisait rarement attendre. C'est ainsi qu'avec leurs flottilles de misérables barques, les flibustiers se conquirent des escadres véritables, de forts et puissants vaisseaux.

La France, qui les avait longtemps reniés comme des enfants perdus, fit appel à leur courage quand ils furent devenus si formidables. En 1673, elle en fit ses corsaires contre les colonies espagnoles et hollandaises.

D'Ogeron les appela à son aide dans son expédition contre Curaçao; l'amiral d'Estrées, venant attaquer Tabago, admit dans sa flotte douze cents barques de flibustiers commandés par le chevalier de Pouancey, gouverneur de la Tortue; Grammont, l'un des plus nobles et des plus intrépides, alla pour le compte du roi piller la riche ville de Campêche, où, le jour de la Saint-Louis, il brûla, en signe de réjouissance, pour un million de bois précieux; enfin, en 1697, le baron de Pointis, autre chef de flibustiers, alla soutenir les troupes royales sous les murs de Carthagène. On lui laissa tout le péril, et il s'en vengea, une fois que la ville fut prise, en emportant tout le butin. Une seconde fois, les flibustiers la reprirent et la pillèrent, mais pour leur compte.

La paix de Riswick, entre la France et l'Espagne, porta un coup funeste à l'association des flibustiers en leur enlevant leur paye, les colonies espagnoles. Un ordre même vint de Versailles, qui ordonnait à Ducasse, gouverneur de la Tortue, de dissoudre les bandes par force ou persuasion. La plupart des flibustiers obéirent et se firent *habitants*; d'autres, plus fidèles à leur métier, allèrent s'établir dans le Darien, où ils s'unirent à une colonie écossaise; mais y ayant été vivement inquiétés par le chevalier de Gallifet, commandant de Saint-Domingue, ils se réfugièrent sur les côtes du *Bocator*, à 70 lieues de Porto-Bello.

La guerre qui survint entre l'Angleterre et la France désunit la colonie et en fit deux parts : les Anglais et les Écossais allèrent s'établir à la Jamaïque, île espagnole devenue colonie anglaise depuis qu'en 1655 les flibustiers avaient aidé l'amiral Penn à en faire la conquête; les Français restèrent au *Bocator*, où le comte de Choiseul-Beaupré vint les chercher, en 1711, pour les établir à Saint-Domingue, dont il était gouverneur, avec l'intention, malheureusement vaine, de reconstituer le corps des flibustiers et de les lancer de nouveau contre les colonies anglaises, à commencer par la Jamaïque. C'est la dernière fois qu'on entendit parler d'eux. Il a paru sur cette redoutable association, qui, en outre des chefs de rang noble que nous avons cités, compta bon nombre de héros roturiers, Michel, Brouage, Lebasque, l'Olonois, l'Écuyer, Picard, Montbars surtout, un livre fort curieux, l'*Histoire des aventuriers flibustiers qui se sont signalés dans les Indes*, etc., par A. Olivier Pex-Melin, à Trévoux, 1744, 4 vol. in-12.

Toutes ces aventures m'amènent à en joindre ici le récit d'une fort curieuse, dans laquelle un flibustier d'espèce nouvelle sut, dans les mêmes parages que les autres viennent de nous faire visiter à leur suite, faire une très-riche capture, et cela sans presque courir de péril, sans coup férir, et enfin en n'agissant que d'habileté et de ruse.

« Vers 1755, un bâtiment marchand partit de France pour se rendre à la Martinique; il avait à bord huit ou dix passagers qui se connaissaient tous entre eux. Pendant la traversée, le capitaine crut s'apercevoir que l'un de ces passagers jouissait parmi les autres d'une grande considération, mais seulement lorsqu'ils n'étaient point à portée d'être vus, et que l'égalité renaissait dès qu'il se trouvait quelque témoin. Cela lui donna fort à penser. Un jour il entendit celui qu'il soupçonnait être un grand personnage menacer vivement un de ses camarades, et lever même la canne sur lui. Celui-ci, prosterné, demandait grâce à Monseigneur. Dès que le capitaine parut, tout cessa; le coupable se releva, et Monseigneur, prenant un air riant, feignit d'avoir fait une plaisanterie et tutoya familièrement celui qu'il avait voulu frapper. Les soupçons du capitaine devinrent plus forts que jamais. N'y pouvant plus tenir, il appela fort peu de temps après, dans sa chambre, le passager menacé : « Mon ami, lui dit-il, je ne puis douter qu'il y ait à mon bord un personnage de la plus haute importance; il faut que vous m'en fassiez l'aveu. » Cet homme nia le fait et soutint qu'ils étaient tous égaux. Le capitaine insista, supplia, promettant, si c'était nécessaire, une discrétion à toute épreuve. Enfin, le passager, vaincu par ses sollicitations, après avoir fait jurer au capitaine qu'il garderait un secret inviolable sur ce qu'il allait lui apprendre, vu qu'il serait perdu sans ressource par la plus petite indiscrétion, lui dévoila cet important mystère : « Vous avez sur votre bâtiment le duc de Modène; il va faire avec le roi de France l'échange de son duché contre l'île de la Martinique; mais il a voulu auparavant connaître ce pays, et il s'y rend *incognito* pour n'être pas trompé sur les renseignements qu'il prendra et s'instruire par lui-même de tous les détails nécessaires à celui qui doit en être le souverain; vous voyez de quelle importance est le secret que je vous confie. » Le capitaine fut si transporté d'apprendre quel personnage il avait le bonheur de posséder sur son bord, qu'il oublia toutes ses promesses et n'eut rien de plus pressé que de se rendre auprès du prince, de se prosterner et de lui témoigner toute la joie qu'il ressentait, et combien il était sensible à l'honneur insigne que Son Altesse lui avait fait de choisir son bâtiment pour se rendre dans ses nouveaux États.

» Le prince feignit la plus grande colère contre celui de ses gens qui avait dévoilé son secret, jura qu'il en serait puni de la manière la plus rigoureuse. Sa fureur ne s'apaisa que lorsque le capitaine eut assuré le prince que ce n'était qu'après les plus pressantes instances que le passager s'était rendu, et même sur sa parole formelle de lui garder le secret; mais qu'il n'en avait pas été maître, et qu'il suppliait Son Altesse de leur pardonner à l'un et à l'autre. Le prince, après s'être fait beaucoup prier, eut l'air de prendre son parti et de consentir à ne plus garder l'incognito. De ce moment, les passagers, ci-devant ses camarades et ses égaux, devinrent ses domestiques. Il mangea seul, servi par le capitaine, qui, ainsi que tout l'équipage, le traita, pendant le reste de la traversée, avec le plus profond respect.

» Arrivé à la Martinique, le premier soin du capitaine fut de faire savoir au gouverneur quel passager il avait à bord. Le gouverneur, dont la crédulité en cette occasion pourra paraître un peu forte, s'empressa de faire tirer le canon pour saluer le prince, et l'envoya recevoir à sa descente du vaisseau. Son Altesse reçut tous ces honneurs avec aisance et dignité, comme y étant accoutumée, traversa la ville, escortée par les troupes, et se rendit au gouvernement, où son logement avait été préparé. Elle soupa en public, et reçut des compliments et félicitations des principaux habitants. La nouvelle de son arrivée et le but de son voyage s'étant bientôt répandus, ils n'eurent rien de plus pressé que de venir présenter leurs hommages à celui qu'ils regardaient déjà comme leur souverain. Au bout de quelques jours, employés à visiter l'île, à prendre toutes sortes de renseignements, M. le duc demanda s'il y avait dans le port quelque bâtiment du roi qu'on pût expédier pour la France, avec ses dépêches. On lui répondit qu'il y avait une frégate qui serait bientôt prête. M. d'O..., jeune

officier de marine, se trouvait là. Le prince lui dit : « Mon-
» sieur d'O..., je vous donne le commandement de cette
» frégate. Vous porterez mes dépêches au ministre de la
» marine, et les lui remettrez en mains propres. » Le jeune
officier fut comblé de joie de se voir commandant d'une
frégate, lorsque son âge et son grade ne lui auraient pas
permis d'aspirer à un commandement beaucoup moins
important. Il fit tout disposer, et dès le surlendemain la
frégate put mettre en mer. M. d'O... arriva heureusement
à Brest. Son père était dans une province voisine ; il ne
put résister à l'envie de lui montrer le nouveau capitaine
de frégate. Celui-ci fut enchanté de l'avancement de son
fils, et tous les deux furent persuadés que cet événement
lui procurerait de grands avantages, le prince l'ayant assuré, en le chargeant de ses dépêches, qu'il le recom-
mandait fortement à son ministre. M. d'O... partit pour
Paris, et comme il avait voulu rattraper le temps perdu,
il marcha jour et nuit. Rendu dans la capitale, il ne perdit
pas un instant pour aller chez son ministre (M. de Machault) ; il était absent. Sur son refus de remettre les
dépêches à personne autre, on lui dit d'attendre son retour. Accablé de fatigue, il s'endormit sur un sopha.
M. de Machault, en rentrant, vit un officier de marine
endormi dans son salon. Il demanda ce que c'était ; on le
lui dit, et on éveilla M. d'O..., que le ministre fit entrer
dans son cabinet. — D'où venez-vous, Monsieur? — Monseigneur, de la Martinique. — Quel jour en êtes-vous
parti? — Tel jour. — Où avez-vous débarqué? — A Brest.
— Sur quel bâtiment? — La frégate la... — Qui la commandait? — Moi. — Et qui vous a fait capitaine de frégate?
— C'est le duc de Modène qui m'en a donné le commandement. — Ah! le duc de Modène! Est-ce aussi de lui

que sont ces dépêches? — Oui, Monseigneur. Alors M. de Machault se mit à rire, et ajouta : — Il y a grande apparence que votre duc de Modène est pendu à l'heure qu'il est ou que cela ne tardera pas. Là-dessus, il congédia M. d'O..., fort étonné de cette confidence. Or voici le mot de l'énigme.

» Les huit ou dix passagers formaient une bande d'escrocs, et tout ce qui s'était passé dans la traversée était un jeu pour parvenir à persuader au capitaine et à l'équipage que le duc de Modène était à bord. Arrivés à la Martinique, tous les habitants s'empressèrent de faire au prince et à ses gens des présents de tous genres, en sucre, coton, café, etc. Son Altesse, qui devait régner dans cette île, n'eut pas de peine à y faire des emprunts considérables. Lorsque cette troupe eut réalisé environ un million, et que le moment arriva où les bâtiments expédiés en France à leur arrivée pouvaient être de retour, se doutant bien des ordres qu'ils apporteraient, ils disparurent, et jamais on ne put ni arrêter ni découvrir aucun des auteurs de cette singulière escroquerie [1]. »

Pour relever et moraliser un peu la matière de ce chapitre, nous n'allons plus nous y occuper de ces heureuses adresses, qu'il faudrait même appeler autrement pour les qualifier au gré de la loi; nous allons rentrer au vif dans l'héroïsme aventureux de notre sujet.

Le P. Félix d'Arocha, missionnaire jésuite et président du tribunal des mathématiques en Chine, fut, en 1774, envoyé par l'empereur chinois pour lever la carte du pays des *Miao-tsee*, peuples montagnards qui

---

[1] *Souvenirs de deux anciens militaires;* Paris, 1813, in-12, p. 187-196. — Mᵐᵉ la duchesse d'Abrantès, d'après ce même récit, a fait une nouvelle publiée dans l'un des premiers volumes du *Musée des familles.*

venaient d'être soumis pour la première fois par le célèbre général Akoui. En passant au milieu de rochers
inaccessibles et entourés de tous côtés par des préci-
pices, il remarqua un petit fort perché sur une des crêtes
les plus élevées, et ses guides lui racontèrent comment
les troupes chinoises l'avaient assiégé pendant deux mois,
et s'en étaient enfin emparées dans les circonstances
suivantes. Quelques soldats chinois, qui étaient de garde,
ayant entendu un jour, de grand matin, marcher avec précaution non loin d'eux, s'approchèrent doucement du côté
d'où venait le bruit ; puis, ayant vu remuer au-dessus
d'eux quelques broussailles, deux ou trois des plus lestes
grimpèrent au moyen de crampons attachés à leurs souliers, et se trouvèrent en présence d'une femme qui pui-
sait de l'eau à une source. Ils s'emparèrent d'elle, et
l'interrogèrent sur la garnison qu'ils supposaient être
dans le fort ; ils lui demandèrent si elle croyait que l'on
fût disposé à résister longtemps, et s'il n'y avait pas
moyen pour eux d'y pénétrer. Cette femme, se voyant
prisonnière, leur répondit : « Vous êtes maintenant les
maîtres du fort, qui n'a pas eu, depuis deux mois, d'autre
garnison que moi seule. C'est moi qui, jusqu'à ce jour,
l'ai défendu contre vous, et je n'aurais pas désespéré de
lasser votre courage sans l'imprudence qui ce matin m'a
fait votre captive. Je manquais d'eau, et j'étais venue
en chercher ici avant le jour ; je ne comptais pas vous y
trouver. » Elle conduisit ensuite les soldats, par un sen-
tier caché, jusque dans la forteresse où elle s'était dé-
fendue si opiniâtrément, tantôt tirant des coups de fusil,
tantôt faisant rouler des pierres et des fragments de
rocher contre les assaillants.

Le château de Concarneau, en Bretagne, avait été surpris au commencement de la Ligue par un parti de *royaux*, c'est-à-dire de partisans du Béarnais, auxquels commandait le sieur de Kermassonnet et un sieur de Lavigne.

Toute la noblesse catholique des environs s'était vainement réunie pour reprendre cette place protégée par la mer, lorsque, « le jour de la fête de M. Saint-Vincent, écrit le chanoine Mercau, Charles le Bris, marchand de profession, et chez lequel logeaient les chefs huguenots, revenant de la ville en sa maison, ne trouva que ledit sieur de Kermassonnet et un autre gentilhomme qui s'étaient jetés sur un lit avec leurs habits et qui dormaient profondément, parce qu'ils avaient veillé toute la nuit. Ils avaient seulement posé leurs épées et ceintures avec leurs poignards sur la table près du lit.

» Ledit Kermassonnet avait les clefs du portier, et une liasse autour du bras qu'il était difficile et dangereux d'ôter sans l'éveiller, où, en ce cas, il n'allait que de la vie à celui qui l'eût tenté s'il eût été découvert. Ce jeune homme, ayant considéré combien la ville et le pays étaient misérables, tant pour la religion que pour l'honneur et les moyens, si cette sorte de gens y demeurait, et que si le secours qu'ils attendaient de la Rochelle leur arrivait combien il serait difficile de l'en délivrer, et l'occasion se présentant belle pour rendre un signalé service au pays, et considérant que les autres dormaient chacun en son logis, à la réserve des sentinelles qui étaient sur les murs, et que personne n'était sur la rue, il se résolut de faire un acte d'honneur et de courage, et s'en va prendre les deux poignards des deux dormants, et leur en donne à tous deux ensemble dans le sein, et redoublant coup sur coup les tue tous deux, sans qu'ils aient

le temps de jeter un seul cri, mais bien quelques res-
sauts en mourant.

» Ces deux morts, ledit le Bris prend les clefs, et s'en
va le long de la rue, sans faire semblant de rien, vers
la porte principale de la ville pour l'ouvrir aux assiégeants.

» Comme il s'acheminait ainsi, il y avait un soldat sur
la muraille, vers la tour de la Munition, qui, prenant
garde à sa contenance un peu émue, eut opinion qu'il
voulait attenter quelque chose à leur préjudice, ce qui le
fit approcher de ladite porte, par-dessus ledit mur. Ledit
le Bris, qui s'approchait, se hâte, et le soldat aussi, puis
commençant à courir, savoir, l'habitant à la porte pour
l'ouvrir, et le soldat pour l'empêcher, l'épée nue au
poing, en criant : *Trahison !* Mais la muraille étant
très-haute en l'endroit où le soldat voulait descendre,
et voyant les clefs de la porte entre les mains dudit le
Bris, le soldat fit le saut périlleux, se jetant du haut en
bas de la muraille sur le pavé. Ce fut un miracle qu'il
ne se rompît le col ; il ne se fit néanmoins aucun mal
qui le retardât de se lever promptement, et courant à la
porte, pensant prévenir ledit le Bris ; et il y était à temps,
sans que de bonheur, et par une spéciale grâce de Dieu,
ledit le Bris ne connaissant pas en la liasse quelle était
la clef de cette porte, sinon par conjecture, la première
qu'il essaya était la vraie clef, qui n'eût sitôt tourné que
le pont-levis tombe ; et, la porte ouverte, ledit le Bris
s'accourt dehors, appelant les assiégeants et ayant le
soldat à dos qui le courut loin hors la porte, l'épée
presque dans les reins, qui n'appréhendait pas de mourir,
pourvu qu'il l'eût pu tuer. Et de fait alla si loin qu'il se
trouva engagé, et ne pouvant aller ni en avant ni en

arrière, se jeta dans la vase à côté de la mer, où il fut tué et la ville prise de cette façon.

» Les ennemis, qui étaient partie sur la muraille, partie endormie dans leur logis, furent tués, et leurs corps jetés hors sur le pavé. »

Cette histoire de clefs me rappele celle de la prise d'Arras, le 29 mai 1489 : seulement, ici nous venons de voir le plus héroïque dévouement ; là nous allons trouver la trahison :

« Un serrurier d'Arras, ayant fait une fausse clef d'une des portes de la ville, la fit passer à un parti des troupes de l'archiduc.

» Quatre citoyens entrèrent dans le complot, et convinrent du signal de la surprise. Ils se promenaient sur les remparts en chantant : *Quelle heure est-il ? — Il n'est pas heure.* Puis, quand il fut temps, ils chantèrent encore : *Marchez, la duron, dureine ; marchez, la duron, dureau.* »

A ces mots, l'embuscade paraît, entre dans la place, la pille, sans même épargner la maison des traîtres.

Il est peu d'épisodes dans l'histoire qui aient plus que les persévérantes tentatives du prétendant Charles-Édouard et de son fils donné lieu à des prodiges de courage et de dévouement.

Lady Mac-Intosh, ayant appris que lord Loudon devait venir à la tête de quinze cents hommes enlever Charles-Édouard dans son château de Moy, dédaigna d'en prévenir son hôte, fit poster sur la route environ douze de ses serviteurs, et leur donna pour chef le forgeron du clan.

Celui-ci distribua ses camarades à une distance considérable l'un de l'autre, et quand l'ennemi fut à la portée

du fusil, ils firent feu sur le premier peloton de divers
côtés et à des intervalles inégaux, le forgeron ne cessant
de crier : « A moi, Lochiel ! à moi, Mac-Donald ! voici les
Anglais ! » L'avant-garde de lord Loudon recula épou-
vantée, craignant d'avoir tous les montagnards sur les
bras, et ses quinze cents hommes firent une retraite précipitée jusqu'à Inowsell.

En 1746, quelques gentilshommes, qui avaient pris
part à la rébellion, furent obligés de se cacher dans une
forêt près du château de l'un d'eux.

Un pauvre paysan idiot, élevé dans ce château, était,
avec quelques-uns de leurs amis, le seul confident de
leur retraite et chargé de leur porter leur nécessaire.

On avait pensé, avec raison, que les troupes mises à
la recherche des fugitifs ne supposeraient pas, en voyant
cet homme, qu'on eût pu lui confier un secret de cette
importance, et qu'elles le laisseraient aller et venir en
liberté. C'est ce qui arriva en effet, et il se rendait chaque jour, sans être inquiété, à la caverne où ces gentilshommes étaient cachés.

Un jour, des dames de leurs amies, désirant les voir,
demandèrent à cet homme, nommé Jamie Forbes, de les
mener au lieu de leur retraite. Celui-ci, voyant qu'elles
venaient du château, et jugeant, d'après leur air, qu'elles
ne pouvaient avoir de mauvaises intentions, se mit à
marcher devant elles pour leur servir de guide. Elles
étaient prêtes d'atteindre le but de leur course, lorsque
l'une d'elles, pour le récompenser de sa peine, voulut lui
donner cinq schellings.

A la vue de cet argent, Jamie s'arrêtant, et, croisant
ses mains derrière le dos, sembla avoir perdu le souvenir de ce qui venait de se passer : « Il ne savait pas,

disait-il, ce qu'on lui demandait ; il n'avait pas vu ces gentilshommes et ignorait tout ce qui les concernait. » Et, tournant le dos tout à coup, il se mit à fuir dans une direction opposée à celle qu'il avait prise d'abord.

Quand on le questionna, plus tard, sur cette fuite précipitée, il répondit que, quand il avait vu ces dames lui offrir une aussi forte somme (cinq schellings étaient alors une forte somme, c'était la valeur de deux moutons dans les Highlands), il s'était méfié de leurs intentions et avait pensé que leurs beaux habits et leurs belles paroles n'étaient que pour mieux surprendre les gentilshommes.

Le prétendant et son fils, par les entreprises qu'ils tentèrent, se montrèrent dignes d'être l'objet de dévouements pareils. L'une des tentatives les plus audacieuses et les moins connues, toutefois, auxquelles s'aventura ce dernier, est la visite qu'il fit à Londres même, et sa reconnaissance minutieuse de la Tour de Londres.

« Lorsque le feu roi de Suède était à Londres, dit Dutens, il eut une longue conversation avec le prétendant, le 1er décembre 1783, dans laquelle celui-ci dit que, dans le mois de septembre 1750, il avait été à Londres avec le colonel Brett.

» Le premier endroit où il débarqua fut à la Tour de Londres ; il en examina l'extérieur, et trouva qu'il était très-facile de faire sauter la porte avec un pétard. Il fut ensuite en un logement à Pall-Mall, où le soir même se trouvèrent plus de cinquante de ses partisans, entre lesquels il nomma le duc de B...t et le lord W...d, et il assura le roi que, s'il avait vu jour à rassembler seulement quatre mille hommes, il se serait mis à leur tête. Il resta à Londres quinze jours, sans que le gouvernement parût le savoir. Le roi de Suède répéta le jour même cette conversation au chevalier Mann, de qui je la tiens. Le chevalier Hocker, Anglais, m'a dit qu'il était de ce voyage, que le gouvernement en était instruit, et se contenta de l'observer. »

Napoléon, qui, dans toute sa vie guerrière, fut un homme de mouvement, de coups de main et de coups d'audace, expliquait ainsi, devant Arnault, qui a depuis reproduit cette conversation dans *ses Souvenirs d'un sexagénaire,* tout son système, avec preuves à l'appui; restait le moyen de s'en servir, et c'est un secret qu'il a emporté avec lui.

« A peu d'exceptions près, disait-il, c'est à la plus forte armée que la victoire est assurée. L'art de la guerre consiste donc à se trouver en nombre supérieur sur le point où l'on veut combattre.

» Votre armée est-elle moins nombreuse que celle de l'ennemi, ne laissez pas à l'ennemi le temps de réunir ses forces; surprenez-le dans ses mouvements, et, vous portant avec rapidité sur le même corps que vous aurez eu l'art d'isoler, combinez vos manœuvres de manière à pouvoir opposer dans toutes les rencontres votre armée entière à des divisions d'armée; c'est ainsi qu'avec une armée moitié moins forte que celle de l'ennemi, vous serez toujours plus fort que lui sur le champ de bataille; c'est ainsi que j'ai successivement anéanti les armées de Beaulieu, de Wurmser, d'Alvinzi et du prince Charles.

» Il ne faut pas hésiter non plus, ajoutait-il, à faire des sacrifices exigés par la circonstance. Les avantages qui résultent de la victoire vous en indemniseront largement. C'est à un sacrifice de ce genre que j'ai dû la victoire qui couronna la bataille de Castiglione.

» A la nouvelle de la marche de Wurmser, je n'hésitai pas à lever le siége de Mantoue pour pouvoir opérer contre lui avec toutes mes forces. Il fallait pour cela abandonner toute l'artillerie, cent quarante pièces de canon. Quand je déclarai cette intention aux généraux de division, ils ne pouvaient s'y résigner. Berthier en pleurait : —Partons, nous aurons bientôt repris ce qui est ici et ce qui est là-bas, lui dis-je, en montrant la ville.—Me suis-je trompé ?

» Il est des cas suprêmes, poursuivait-il, où la présence d'esprit peut seule vous tirer d'affaire. A Lonato, si j'en avais manqué, j'étais pris au milieu d'une victoire.

» Une colonne égarée avait investi la place ; le général autrichien nous sommait de nous rendre. Devinant, par suite de la connaissance que j'avais des mouvements des différents corps, que cette colonne n'était pas soutenue : — C'est à votre général lui-même de se rendre, dis-je au parlementaire, à qui je fais débander les yeux ; aurait-il la présomption d'espérer prendre le général en chef de l'armée française ? C'est lui qui est mon prisonnier. Si dans huit minutes il n'a pas posé les armes, je ne fais grâce à personne.—Quatre mille hommes se rendent à douze cents.

» Il y a dans toutes les affaires un moment qu'il faut savoir saisir, et aussi savoir attendre ; pendant qu'Alvinzi, engagé entre l'Adige et le lac de Garde, manœuvrait pour nous tourner et pour débloquer Mantoue, comme il m'importait de connaître ses projets pour régler mes mouvements, j'attendais qu'il les démasquât, et, en attendant, couché sur un matelas à Vérone, je prenais quelque repos. Cependant Joubert, qui, attaqué par des forces supérieures, se croyait dans une situation des plus critiques, m'envoyait aide de camp sur aide de camp, me pressant de venir juger par moi-même de sa position, et d'y apporter un prompt remède. Je les laissais dire, et, me retournant sur mon matelas dès qu'ils avaient fini, je me rendormais. On ne concevait rien à cette tranquillité en pareille circonstance; mais un dernier rapport m'ayant appris que l'ennemi, venu au point où je l'attendais, exécutait une manœuvre qui ne laissait plus de doute sur ses intentions : — A Rivoli ! dis-je. Toutes mes divisions marchent sur ce point où je me rends moi-même au milieu de la nuit. La bataille dès lors était gagnée dans ma tête.

» Ajoutez, dit encore Arnault, à l'intérêt de ces récits faits tantôt d'un ton grave, tantôt avec un accent animé, l'autorité que leur prêtait une figure singulièrement mobile, une physionomie dont la sévérité était souvent tempérée par le sourire le plus gracieux, par un regard où se réfléchissaient les pensées les plus profondes de la plus forte des têtes et les sentiments les plus vifs du cœur le plus passionné ; prêtez-leur enfin le charme d'une voix mélodieuse et toutefois masculine, et vous concevrez la facilité avec laquelle Napoléon conquérait dans la conversation tous ceux qu'il voulait séduire. »

Entre toutes les conspirations audacieuses que nous aurions à vous raconter ici, pour ne pas mentir au titre de ce chapitre, nous en choisirons deux qui semblent être les types les plus complets de ces sortes d'entreprises; ce sont la *conspiration des poudres* et la *conspiration Malet*; rien n'y manqua en effet, pas même ce qui fit défaut à tant d'autres, un commencement d'exécution et de succès. Les époques si différentes où l'une et l'autre furent tramées, la différence aussi des moyens employés, ajouteront encore à l'intérêt des faits en y joignant celui du contraste.

Deux hommes, dont Jacques Ier, devenu roi d'Angleterre, avait dédaigné les services ou trompé les espérances, Thomas Percy, parent éloigné du comte de Northumberland; Robert Catesby, riche seigneur du comté de Warwick, tour à tour calviniste et catholique, apostat enfin des deux religions; puis quelques autres hommes de condition moindre et de nature plus passive : Jean Wright, Robert Winter et Guy Fawkes, vieux soldat de fortune qui fut le bras du complot comme Catesby en était l'âme; en tout, cinq hommes hardis et poussés aux moyens extrêmes par conviction ou par entraînement, formèrent, en 1604, contre la vie du roi d'Angleterre Jacques Ier, la conspiration la plus épouvantable que l'histoire ait consignée dans ses fastes criminels.

Pour couvrir d'un voile honorable leur projet, dont des haines ou des vengeances personnelles étaient les seuls mobiles réels, et afin aussi de mieux recruter des complices dans les rangs d'un parti persécuté, les cinq conspirateurs donnèrent pour but simulé à leur complot la destruction du culte anglican, qui serait anéanti avec le roi, et le triomphe de la religion catholique, réintégrée sur le trône avec la jeune princesse Élisabeth, fille de Jacques Ier.

Sur le conseil de Catesby, à qui était venue à la fois l'idée du complot et de ses moyens, les conjurés résolurent de pratiquer une mine sous la salle des séances du parlement. L'explosion devait avoir lieu le jour où le roi viendrait haranguer les membres des deux chambres.

Une maison louée par Percy, tout près de Westminster, et dont la cave s'étendait sous la chambre même des lords, servit au mieux les desseins des conspirateurs. Trente-six barils de poudre, achetés en Hollande en divers temps, furent déposés dans la cave et cachés sous des fagots. Guy Fawkes en était le gardien. Tout étant ainsi disposé, Catesby et ses amis n'attendaient plus que le jour de la séance d'ouverture, successivement ajournée pendant six mois.

Cependant ils s'affiliaient chaque jour de nouveaux complices parmi les mécontents. De ce nombre fut François Trasham, jeune débauché, beau-frère de lord Mounteagle. Conspirateur novice et moins endurci au crime que Catesby et les autres chefs du complot, Trasham eut bientôt des remords; et, avant le jour de l'exécution, il résolut de sauver au moins son beau-frère. Ce seul mouvement d'humanité fit manquer l'entreprise.

Voulant avertir son parent sans trahir toutefois ses complices et faire avorter leur projet, Trasham avait fait écrire cette lettre énigmatique à lord Mounteagle : « Si vous aimez la vie, n'assistez pas à l'ouverture du parlement; Dieu et les hommes concourent à punir la perversité du temps : le danger sera passé en aussi peu de temps que vous en mettrez à brûler cette lettre. »

Cet étrange billet, communiqué par Mounteagle aux membres du conseil du roi, ne fut compris de personne.

Jacques le lut même, et, quoiqu'on ait voulu faire honneur à sa sagacité de la découverte de cette mystérieuse énigme, il n'en put saisir le sens après deux heures de méditation.

Les comtes de Salisbury et de Suffolk, ses ministres, furent plus heureux : « Tous deux, dit le comte de Salisbury, nous conçûmes que cette tentative ne pouvait s'effectuer qu'au moyen de la poudre à canon, tandis que le roi siégerait dans l'assemblée, ce que le lord chambellan conclut d'autant plus facilement qu'il y avait une grande cave sous ladite chambre. »

Cette cave fut aussitôt visitée, et l'on y arrêta Fawkes, qui était venu préparer la traînée de poudre et les matières combustibles nécessaires à l'explosion. Sommé de nommer ses complices, il refusa d'abord avec une rare intrépidité. Mais la crainte des tortures le fit enfin parler, et il révéla toutes les circonstances et le nom des chefs du complot.

Son silence avait cependant laissé à Catesby et à Percy le temps de fuir de Londres et de rassembler dans le comté de Warwick une centaine de cavaliers catholiques à la tête desquels ils vendirent chèrement leur vie quand les troupes du roi vinrent les attaquer.

Ceux qui survécurent furent emmenés à Londres et exécutés. La justice de Jacques fut inexorable en cette circonstance. Parmi les victimes qu'elle frappa, sans que leur participation au crime eût été autrement avérée, se trouvèrent le recteur des jésuites d'Angleterre, Henri Harnet, et le père Gérard, missionnaire jésuite qu'on accusait d'avoir reçu le serment des conjurés, quoique, de l'aveu de Fawkes lui-même, ce religieux n'eût jamais connu leur secret.

Tous les membres de la compagnie de Jésus furent chassés d'Angleterre, malgré les protestations de l'ambassadeur de France, M. Antoine le Fevre de la Boderie, qui avait tout fait pour les justifier dans ses négociations.

Nous allons venir maintenant à la conspiration du général Malet, dont nous donnerons, d'après les documents les plus exacts, ceux mêmes qui sont conservés à la police, non pas le récit le plus circonstancié, mais le résumé le plus complet.

Adjudant général en 1793, Malet, nommé général de brigade en 1799, servit avec distinction sous Championnet, seconda Masséna dans sa mémorable campagne d'Italie, et fut chargé de plusieurs commandements importants, notamment de celui de Rome. Des démêlés avec les autorités civiles du pays, l'impossibilité surtout pour le gouvernement papal de le séduire ou de le corrompre, déterminèrent contre lui de sourdes et calomnieuses accusations : on lui reprocha d'avoir, dans le partage d'une saisie importante, favorisé les soldats français au détriment de la milice romaine. Remplacé par le général Miollis, il fut appelé à Paris pour justifier sa conduite devant une commission d'enquête, dont firent partie Régnier et Corvetto, tous deux ministres depuis. La commission reconnut à l'unanimité que Malet s'était conduit toujours en homme d'honneur et de probité.

La justification avait été éclatante ; peu de temps après, cependant, Malet, qui avait constamment manifesté des opinions politiques contraires aux vues ambitieuses de Napoléon, et qui s'était lié à Paris, dans les départements et à l'armée, avec des hommes énergiques et éminents dont l'opposition faisait à cette époque ombrage, fut arrêté par mesure de sûreté, comme impliqué dans un prétendu complot qu'on désigna alors sous le nom de *conspiration sénatoriale*. Enfermé successivement à la Force et à Vincennes, il obtint, au bout de trois ans seulement, la permission d'habiter, sous la surveillance de la police, la maison de santé du docteur Dubuisson, située près de la barrière du Trône, et où déjà se trouvaient détenus MM. de Polignac, dont le nom se trouve fatalement mêlé à toutes les entreprises conspiratrices qui agitèrent les quinze années de la période impériale et consulaire.

C'est là que, profitant de l'absence de Napoléon, tout entier alors aux opérations de la campagne de Russie, et qu'assuré du concours de la société patriotique des *Philadelphes*, qui comptait des affiliés dans tous les grades et dans tous les corps de l'armée [1], il résolut de mettre à exécution un projet qu'il avait conçu dès longtemps et dont la hardiesse, sans exemple dans les annales des nations, demeure encore aujourd'hui un problème, ainsi que le demi-succès que son énergie lui fit obtenir.

La femme du général Malet et Mlle Boulais, son amie, que son activité, son esprit et ses grâces rendaient digne d'une si délicate commission, furent chargées par lui et par MM. de Polignac de préparer les esprits aux changements qu'il allait tenter d'opérer, et de réunir à leur projet le plus grand nombre possible de patriotes et de royalistes.

Républicain par conviction et par système, Malet n'avait consenti à cette agrégation et au rappel possible des Bourbons, qu'autant que le roi se soumettrait à la constitution de 1791.

L'abbé Lafon, qui partageait avec M. de Puyvert les opinions et la captivité des frères Polignac, et le jeune Rateau, caporal de la garde de Paris [2], employé chez le

[1] On peut lire sur cette société les récits épiques de Nodier, dans son *Histoire des conspirations de l'armée*. Oudet, qui en était le chef, et dont Nodier fait un Achille, fut tué à Wagram.

[2] C'est lui qui est si comiquement mis en scène dans les *Soirées de Neuilly*, où le jugement de toute cette affaire est, comme on sait, développé avec beaucoup de talent sous une forme dialoguée.

médecin Dubuisson, se chargèrent, le premier, de la ré-
daction des pièces officielles dont le journal fournissait
l'idée et le texte, le second, de leur transcription.

Malet, qui semblait dès lors prévoir avec une rare sagacité les terribles résultats de la campagne de 1812,
admet comme base préliminaire de toutes ses combinaisons la nouvelle de la mort de l'empereur arrivant ino-
pinément.

Toutes les pièces nécessaires à son plan étant disposées, il sort secrètement à onze heures du soir, le
22 octobre 1812, de la maison de santé, par la petite
porte du jardin, et, suivi seulement du caporal Rateau,
il se rend rue Saint-Gilles, dans le logement d'un prêtre
espagnol où se trouvaient préparées des armes et où l'on
avait apporté deux uniformes, l'un de lieutenant général
pour lui, l'autre d'aide de camp pour le caporal Rateau.

Tous deux s'habillent alors à la hâte, montent à cheval et se dirigent vers le quartier du 2ᵉ régiment de la
garde de Paris, que commande le colonel Rabbe. Le factionnaire les reçoit par un *Qui vive?* Rateau répond :
Ronde d'officier supérieur. Et, sans donner le temps au
factionnaire d'avertir le poste de venir à l'ordre, il
s'avance rapidement vers lui, et lui dit que le général
commandant veut parler à son colonel. Le sergent du
poste s'empresse d'ouvrir : Malet et son aide de camp
mettent pied à terre, se font indiquer le logement du colonel, et y pénètrent en même temps que celui qui allait
les annoncer.

Réveillé en sursaut, le colonel Rabbe reste tout étonné
de voir à cette heure, devant son lit, un officier général
en grand uniforme. Malet augmente sa surprise en lui
disant d'un accent rapide : « Napoléon est mort; la nou-

velle en est arrivée depuis quelques heures ; le sénat s'est assemblé et a déclaré sa famille déchue du trône ; un gouvernement provisoire est nommé : Moreau, Carnot, Augereau, Bigonet, Florent-Guyot, Trochot, Destutt Tracy, Jacquemont, Lambrechts, Mathieu Montmorency, Alexis de Noailles, l'amiral Truguet, Volney et Garat, le composent ; j'en fais partie, et jĕ suis investi du commandement de Paris. » Il ajoute que les instructions qu'il montre le chargent de pourvoir à la sûreté de la capitale et de prévenir les désordres auxquels ces nouvelles pourraient donner lieu lorsqu'elles vont être rendues publiques ; il lui annonce enfin que c'est vers son régiment que ses instructions l'ont dirigé d'abord, qu'il doit lui faire prendre les armes sans bruit et marcher à sa tête pour remplir les dispositions prescrites par le nouveau gouvernement et prendre les mesures nécessaires.

« Jeté de surprise en surprise, dit un des meilleurs historiens de cette affaire, dont nous suivons la narration, le colonel doute encore s'il est éveillé et doit ajouter foi à ces nouvelles extraordinaires. Malet, sans lui donner le temps de se reconnaître, lui remet un paquet qui le concerne et contient, outre la proclamation du sénat et le sénatus-consulte organique, une copie de la nomination de Malet, et l'ordre de mettre sa troupe sous les armes. Le colonel ouvre le paquet, et en a commencé la lecture à peine, lorsque Malet lui en remet un second qui renferme sa nomination au grade de général de brigade, et le titre d'une dotation de dix mille livres de revenu.

» Tant d'assauts répétés, portés à la conscience de Rabbe, ne lui laissèrent pas le temps de la réflexion. Pouvait-il, en effet, s'imaginer que tout ce qu'il entendait, tout ce qu'il voyait, ce qu'il lisait de ses yeux mêmes, n'était qu'une déception et un mensonge? Il fait prendre les armes à son régiment et se met à la disposition du général Malet, qui se dirige aussitôt sur le quartier de la 10e cohorte des gardes nationales actives, où, par les mêmes moyens, il obtient le même résultat, d'autant plus aisément que déjà un régiment marche sous ses ordres. Il commence alors ses opérations, forme des détachements qu'il dirige sur le Trésor, sur la Banque, la poste aux lettres et l'hôtel de ville, tandis que lui-même, sans perdre un instant, se porte à la prison de la Force, d'où il tire les deux généraux Lahorie et Guidal, et le Corse Boccheiampe, qui depuis plusieurs années y languissaient, remettant à chacun des deux premiers un paquet cacheté qui leur annonce le nouvel ordre de choses et contient les nominations de Lahorie à la place de préfet de police, et de Guidal au ministère de la police générale. Grand fut assurément l'étonnement de ces deux généraux, arrachés au sommeil par une troupe qui les saluait de leurs nouveaux titres; mais Malet, sans hésitation, sans paroles, met des troupes à leurs ordres, et leur commande de s'emparer de ceux qu'ils vont remplacer, pour les faire conduire aussitôt dans les cabanons d'où il les arrache. »

Malet se rendit de là directement à la place Vendôme, ayant avec lui cent cinquante hommes. Tandis que d'un côté l'on s'empare sans bruit du duc de Rovigo et du baron Pasquier, qui se laissent conduire penauds dans les cachots [1], il monte rapidement, lui Malet, au cabinet

[1] Le duc de Rovigo, ministre de la police générale, fut arrêté dans son lit et conduit sans résistance à la Force, ainsi que Desmarets, le chef principal et l'âme de son ministère. Ar-

du comte Hulin, qui commandait la première division militaire.

Il lui notifie verbalement, car il ne lui avait pas réservé l'honneur des communications officielles, le changement survenu dans l'État, et lui annonce qu'il a ordre de le remplacer dans son commandement et de le faire garder à vue.

Le général Hulin manifeste de l'incrédulité et demande à voir les ordres. « Les voici, » répond Malet ; et, tirant de sa poche un pistolet, il le lui décharge à bout portant au visage[1].

Là se termina son triomphe. L'adjudant de place Laborde, chef de la police militaire, était parvenu à s'échapper des mains de ceux qui l'avaient arrêté sur ses ordres. Tandis que Malet explique ses plans à l'adjudant-commandant Doucet, chef de l'état-major, il entre sans être aperçu, se précipite sur lui, le renverse, le livre aux gendarmes qu'il appelle, descend sur la place, harangue la troupe, lui déclare qu'on l'a induite en erreur, que l'empereur vit, que le général qu'elle a suivi n'est qu'un prisonnier d'État qu'il vient de saisir, et que va frapper le supplice réservé au crime. Le soldat s'émeut à sa voix, hésite et bientôt se décide. Tout à l'heure il s'associait à la fortune du conspirateur, il eût bouleversé Paris à sa voix ; mais Laborde a blessé son amour-propre ; il ne veut

rêté de même au milieu de son sommeil, le baron Pasquier parvint à s'évader, et trouva un asile chez un apothicaire de la rue de Jérusalem, nommé Sétans ; quant au comte Frochot, préfet de la Seine, il avait couché à sa campagne, et n'apprit la nouvelle que par un billet qui lui fut remis sur la route. On y lisait au crayon : *Fuit imperator.*

[1] Il eut la mâchoire inférieure fracassée, mais n'en mourut pas.

pas avoir été dupe, et le général qu'il vient de suivre et qu'il exaltait, il le saisit, par un revirement rapide, il l'accuse, le menace, et le traîne avec un mouvement de fureur au ministère de la police, et de là à la prison de l'Abbaye.

Ainsi avorta cette entreprise, conçue si habilement dans le silence, conduite avec tant de vigueur et d'habileté, et qui mit un moment le gouvernement impérial à deux doigts de sa perte.

A dix heures du matin, la proclamation suivante apprit aux habitants de Paris le danger qu'avait couru dans cette mémorable nuit l'empire :

« Trois ex-généraux, Malet, Lahorie et Guidal, ont trompé quelques gardes nationaux et les ont dirigés contre le ministère de la police générale, le préfet de police et le commandant de Paris. Ils ont exercé des violences contre eux. Ils répandaient faussement le bruit de la mort de l'empereur.

» Ces ex-généraux sont arrêtés, et il va en être fait justice.

» Le calme le plus absolu règne dans Paris. Il n'a été troublé que dans les trois hôtels où *les brigands* se sont portés. »

Le ministre de la police générale,
Duc de Rovigo.

Le gouvernement impérial avait été mis en défaut et en péril, il en montra plus d'empressement à punir, plus d'orgueil à se montrer impitoyable. Trois cents personnes furent arrêtées : du nombre furent Mme Malet, Mlle Boulais, maîtresse de pension, le général Lamotte, l'oculiste Guillé, tous les amis du général Malet, et ceux dont les noms s'étaient trouvés inscrits sur ses papiers, même sans intention et sans cause.

Un conseil de guerre nommé aussitôt, et composé du comte Dejean, premier inspecteur du génie, président; du général Deriot, commandant les dépôts de la garde impériale; du général Henry, major de la gendarmerie d'élite; des colonels Geneval et Moncey, du major Thibault, juges, et du capitaine Delon, rapporteur, procéda immédiatement au jugement. Les accusés, au nombre de vingt-quatre, étaient : Malet, général de brigade, commandeur de la Légion d'honneur; les généraux Lahorie et Guidal; Soulier, commandant la 10e cohorte des gardes nationales; Gomont, sous-lieutenant de ce corps; Piquerel, adjudant-major; Fessard, lieutenant; Lefèvre, sous-lieutenant; Steenhouver, capitaine; Régnier, lieutenant; Lebis, lieutenant, tous de la 10e cohorte; Boccheiampe, prisonnier d'État; Limozin, adjudant-sous-officier au régiment d'infanterie de la garde de Paris; Godard, capitaine au même corps; Beaumont, lieutenant; Julien, sergent-major; Borderieux, capitaine; Caron, adjudant sous-officier; Rouff, capitaine, et Rabbe, colonel au même régiment; Provost, lieutenant de la 10e cohorte; Viallevielhe, adjudant-sous-officier de la garde de Paris; Caumette, sergent-major, *idem,* et Rateau, caporal, *idem.*

Malet montra un sang-froid imperturbable durant les courts débats du procès; il s'appliqua à justifier le colonel Soulier, et fit de généreux efforts pour sauver tous ses coaccusés. — Quels sont vos complices? lui demanda le président Dejean. — La France entière, répondit-il, et vous-même, si j'avais réussi. — Qu'avez-vous à dire pour votre défense? — Rien. Un homme qui s'est constitué le défenseur des droits de son pays n'a pas besoin de défense; il triomphe ou meurt!

Lahorie présenta quelques considérations basées surtout sur son ignorance des projets de Malet. Me Caubert, chargé de la défense de quelques-uns des accusés, plaida dans le même sens, et termina son improvisation en ces termes : « Que résultera-t-il de cette affaire? La punition de quelques-uns des coupables sans doute, mais l'indulgence pour des gens qui n'ont été qu'imprudents; il en résultera, pour l'empereur, que cette conspiration, la plus grande folie qu'on ait pu imaginer, servira à manifester de plus en plus l'amour que lui ont témoigné tous ses sujets et tous les braves militaires. »

La commission se retira alors dans la chambre de ses délibérations, et à quatre heures du matin elle prononça le jugement qui condamnait : 1° à l'unanimité, le nommé Malet (Claude-François), ex-général de brigade, en réparation du crime contre la sûreté intérieure de l'État, pour un attentat dont le but était de détruire le gouvernement et l'ordre de successibilité au trône, et d'inviter les citoyens à s'armer, à la peine de mort et à la confiscation de ses biens; 2° à l'unanimité, les nommés Farineau, Lahorie et Guidal, Soulier, Steenhouver, Borderieux, Piquerel, Lepars, Regnier, Beaumont et Rateau, en réparation du crime de complicité, à la peine de mort; 3° à la majorité de six voix contre une, le nommé Rabbe, en réparation du crime de complicité, à la peine de mort; 4° à la majorité de cinq voix contre deux, le nommé Boccheiampe, à la même peine.

La commission acquitte et décharge : à l'unanimité, les sieurs Gomont, Lebis, Provost, Godard, Viallevielhe,

Caron, Limozin, Caumette et Julien; à la majorité suffisante de cinq voix contre quatre, le sieur Rouff, accusé de complicité. Ordonne que le jugement sera imprimé à deux mille exemplaires, lu aux condamnés et exécuté dans les vingt-quatre heures.

Ramenés dans l'intérieur de la salle, les condamnés entendirent avec fermeté la lecture de leur jugement; Rabbe et Lahorie donnèrent seuls des marques d'un désespoir violent, en refusant toutefois de racheter leur vie au prix de révélations auxquelles aucun ne voulut consentir.

L'instant fatal arriva bientôt; Malet et les quatorze autres condamnés sortirent en fiacre de la prison de l'Abbaye pour être conduits à la plaine de Grenelle, lieu désigné pour l'exécution. Déjà le funèbre cortège allait atteindre l'esplanade du Champ-de-Mars, et avait dépassé l'hôtel du ministère de la guerre, lorsqu'une estafette arriva à toute bride portant l'ordre de surseoir à l'exécution du colonel Rabbe, que Malet vit avec une vive effusion de joie échapper ainsi miraculeusement à la mort [1].

Arrivés à la plaine de Grenelle, où un immense concours s'était réuni, tous furent placés en face d'un peloton de vétérans de la garde de Paris; ils commandèrent le feu d'une voix tranquille, et moururent sans ostentation, sans faiblesse, en soldats, en amis de la liberté.

Ainsi périt Malet, dans sa cinquante-huitième année. A un mois de là, Napoléon apprenait à la fois, au milieu

---

[1] Le colonel Rabbe avait été l'un des juges du duc d'Enghien; c'est alors ce qui lui valut la vie. Bientôt la déchéance de l'empereur lui fit rendre la liberté.

des désastres de son armée, la conspiration qui avait menacé son trône et le supplice de ses auteurs. L'histoire a enregistré les paroles sévères qu'il adressait, après son retour précipité, aux hauts dignitaires de l'État, à la magistrature, au sénat, qui tous s'étaient montrés si peu courageux dans cette importante circonstance : « Des soldats timides et lâches perdent l'indépendance des nations, disait-il ; mais des magistrats pusillanimes détruisent l'empire des lois, les droits du trône et l'ordre social lui-même. » Ces quelques paroles, parmi mille autres, attesteraient au besoin que Napoléon ne jugeait pas la tentative hardie de Malet comme la rêverie d'un cerveau brûlé. La postérité jugera comme lui, peut-être, l'auteur de cette révolution de quelques heures, et dira que si Malet fut coupable, son crime eut du moins sa source dans l'exaltation de la plus sublime des vertus, l'amour de la liberté.

Nous ne pouvons mieux faire que d'ajouter ici le récit d'une entreprise peu connue et qui exigeait de la part de celui qui en fut chargé, et qui faillit la mener à bien, une volonté et une adresse singulières.

Cet homme s'appelait Monge. Ancien lieutenant-colonel de la garde impériale, il avait suivi Napoléon à l'île d'Elbe, et il fut l'un des plus ardents à le servir quand vint le moment de retourner en France. Napoléon le savait entreprenant et plein de courage ; il lui mit donc en main la mission la plus difficile et la plus périlleuse qu'il y eût alors à remplir pour son service.

« Il s'agissait, lisons-nous dans la *Biographie des contemporains* de Rabbe, de se rendre à Vienne dans le plus grand secret, d'enlever Marie-Louise et le roi de Rome, et de les amener en France.

» La lettre de créance que Napoléon avait donnée à Monge pour remplir un tel message et le faire reconnaître consistait en ces mots : « Ayez toute confiance en » ce brave homme, il a la mienne ; livrez-vous à lui, et » suivez-le. N. »

» Monge parlait allemand. Il partit pour Vienne, où il arriva après mille dangers, à l'aide de déguisements, obligé souvent de traverser de nombreux corps d'armée, sans parler des soins qu'il fallait prendre pour conserver l'ordre qui devait attester sa mission. Enfin, il était sur le point de mettre à exécution son entreprise, lorsque la police autrichienne en fut informée, et redoubla de surveillance.

» Il fallut abandonner la partie et fuir.

» Monge sut échapper à toutes les recherches, et repassa en France quelque temps avant la bataille de Warteloo, où il combattit glorieusement. Resté depuis sans service et privé de toute ressource, cet intrépide officier tomba dans la misère et se vit réduit à travailler en journée : il pilait au mortier pour gagner sa vie. Mais dans la plus cruelle adversité, Monge a su conserver jusqu'à la fin de sa carrière une constante résignation au malheur et le courage d'une âme forte.

» Il est mort à Paris, à l'hôpital Saint-Louis, en juillet 1829, à la suite d'une longue maladie et dans un état de cécité. »

L'enlèvement du roi de Pologne Stanislas-Auguste, du milieu même de Varsovie, sa capitale, est l'un des coups les plus hardis que des conspirateurs aient pu, non-seulement exécuter, mais même imaginer. Or celui-ci fut non-seulement imaginé et exécuté, mais peu s'en fallut qu'il ne réussît complétement. On sait qu'il eut pour auteurs les confédérés polonais, qui avaient toujours considéré l'ancien amant de Catherine comme un roi illégalement élu, et qui voyaient en lui l'auteur de tous leurs maux, l'instrument du despotisme que la Russie voulait étendre sur la Pologne [1].

Un noble Polonais, nommé Pulaski, fut celui qui conçut le projet. Il choisit, pour le mettre à exécution, environ quarante conjurés que commandaient trois chefs : Lukauski, Strawenski et Kosinski; tous trois avaient été gagnés par Pulaski, et ils n'étaient partis de Czetschokow, dans la grande Pologne, qu'après lui avoir juré par le plus solennel serment de lui livrer le roi vivant ou mort.

Un mois après, le 2 novembre, ils entraient dans Varsovie sans être découverts, sans même être soupçonnés, grâce au stratagème suivant : ils avaient pris l'habit de ces paysans qui viennent acheter du fourrage, et, afin d'éviter plus sûrement d'être reconnus, ils avaient caché leurs selles, leurs armes et leurs habillements sous les bottes de foin dont leurs chariots étaient chargés.

Tous ne pénétrèrent pas au cœur de la ville, quelques-uns restèrent aux portes; les autres, quand la nuit du lendemain fut arrivée, se réunirent dans la rue des Capucins, lieu du rendez-vous, car c'est de ce côté qu'ils comptaient que passerait le roi, retournant à son palais vers l'heure accoutumée.

En effet, vers neuf ou dix heures, quittant la demeure de son oncle le prince Czartoriski, grand maître de Lithuanie, auquel il était allé rendre visite, il entra dans cette rue des Capucins. Son escorte se composait de

---

[1] Nous suivons le récit donné par Coxe, dans son *Voyage en Pologne, en Danemark, en Suède et en Russie.*

quinze ou seize personnes au moins, et il avait un aide de camp dans son carrosse.

Aussitôt l'escorte et la voiture furent entourées, le cocher sommé d'arrêter, et, sans attendre qu'il eût obéi, une grêle de balles vint cribler le carrosse. Une d'elles renversa un heiduque qui s'était mis devant la portière pour défendre le roi. L'escorte s'était déjà dispersée, l'aide de camp lui-même avait abandonné le carrosse et le roi restait seul. La nuit était des plus obscures ; il tâcha d'en profiter pour fuir. Il était déjà descendu de la voiture, quand il se sentit pris par les cheveux : « Nous te tenons maintenant ; ton heure est venue ! » s'écria en polonais celui qui venait de le saisir ; et aussitôt un coup de pistolet l'effleura de si près qu'il dit plus tard avoir senti la chaleur de la flamme. Il reçut en même temps sur la tête un coup de sabre, qui pénétra jusqu'au crâne. Les assassins, cependant, étaient remontés à cheval, deux des plus vigoureux l'enlevèrent par le collet, et le traînèrent ainsi au milieu de leurs chevaux lancés au grand galop, environ l'espace de cinq cents pas, dans les rues de Varsovie.

L'alarme était au palais et dans la ville ; on avait couru sur le lieu où s'était faite la terrible rencontre, et l'on n'y avait trouvé que le chapeau du roi tout ensanglanté ; on le croyait tué, et le désordre, la peur, s'en augmentant, les assassins en profitèrent.

Le roi était haletant, brisé de la course qu'on venait de lui faire faire entre ces deux enragés au galop ; il était impossible qu'il suivît à pied. On le mit à cheval. La fuite des assassins n'en devint que plus rapide. Arrivés à la porte de la ville, ils la trouvèrent fermée ; le seul moyen d'échapper était de franchir le fossé ; ils n'hésitèrent pas; le roi dut faire comme eux, et lancer son cheval. Il tomba au milieu du fossé, et il fallut recommencer. Cette seconde fois, la pauvre bête tomba encore et se cassa la jambe. Le roi fut retiré tout couvert de boue, remis sur un autre cheval, et cette fuite effrayante continua.

Avant de reprendre leur course, les assassins, cependant, s'étaient mis à dépouiller le roi, et Lukauski lui avait arraché le ruban de son aigle noir, avec la croix de diamant qui y était attachée : on ne lui avait laissé que son mouchoir, sur sa prière, et ses tablettes, qu'on n'avait pas trouvées. Le vol commis, la plupart des assassins s'étaient dispersés pour aller sans doute avertir les chefs d'annoncer l'arrivée du roi. Il n'en restait que sept auprès de Stanislas-Auguste. Kosski les commandait. La nuit était de plus en plus sombre, et ils ne surent bientôt plus où ils étaient; leurs chevaux tombaient de fatigue et refusaient de marcher. Les huit assassins mirent pied à terre, et obligèrent le roi d'en faire autant, quoiqu'il n'eût plus qu'un soulier, l'autre étant resté dans la boue.

« Après avoir continué à errer à travers champs, dit Coxe, sans suivre aucune route certaine et sans gagner quelque endroit éloigné de Varsovie, ils firent remonter le roi à cheval, deux d'entre eux le tenant de chaque côté par la main, et le troisième conduisant son cheval par la bride. Ils marchèrent ainsi jusqu'à ce que le roi, s'étant aperçu qu'ils avaient pris la route conduisant à un village appelé Burakow, les avertit de n'y pas entrer, parce qu'il y avait dans cette place quelques Russes qui pourraient probablement essayer de le délivrer [1]. Le roi,

[1] Cet avis que le roi donna à ses assassins, dit Coxe, peut paraître d'abord extraordinaire et inconcevable; mais il fut

se trouvant cependant hors d'état d'accompagner les assassins dans la posture pénible qu'ils le forçaient de prendre sur sa selle, les pria, puisqu'ils étaient décidés à l'obliger de marcher, de lui donner au moins un autre cheval et une botte [1]; ils acquiescèrent à cette demande, et continuèrent leur route à travers des terres impraticables, sans chemin tracé et sans savoir encore où ils étaient; ils se trouvèrent enfin dans le bois de Bielany, éloigné seulement d'une lieue de Varsovie. Depuis le moment où ils avaient passé le fossé, ils avaient demandé bien des fois à Kosinski, leur chef, s'il n'était pas temps de mettre le roi à mort, et ils réitérèrent cette demande en proportion des obstacles et des difficultés qu'ils rencontrèrent.

» Cependant la confusion et la consternation augmen-

réellement dicté par la plus grande adresse et par une prudence consommée. Le roi craignait avec raison qu'à la vue de la garde russe les assassins ne le tuassent sur-le-champ et ne prissent la fuite; au lieu qu'en les avertissant du danger auquel ils s'exposaient, il gagnait en quelque sorte leur confiance. En effet, ce procédé du roi parut les adoucir un peu, et leur fit croire qu'il ne cherchait point à leur échapper.

[1] Le roi, dans son discours à la diète, intercéda vivement pour Kosinski, ou Jean Kusma, à qui il déclara lui-même avec reconnaissance qu'il avait de grandes obligations : « Lorsque j'étais entre les mains des assassins, je les entendis demander plusieurs fois à Jean Kusma s'ils ne me tueraient pas ; mais il les en empêcha toujours. Il fut le premier à les engager à me traiter avec plus de douceur, et les força de me rendre quelques services qui m'étaient extrêmement nécessaires, notamment de me donner un chapeau et une botte, qui étaient alors pour moi des présents bien importants, car l'air froid me faisait sentir plus vivement la blessure de ma tête, et mon pied, couvert de boue, me faisait souffrir des tourments horribles qui allaient à chaque instant en augmentant. »

taient à Varsovie. Les gardes craignaient, en poursuivant les conspirateurs, que ceux-ci, de peur d'être arrêtés, ne se portassent à massacrer le roi dans l'obscurité.
D'un autre côté, en ne les poursuivant pas, on pouvait
leur donner le temps de parvenir, avec leur proie, dans
un endroit où il ne serait plus possible de secourir le
monarque. Plusieurs membres de la première noblesse
montèrent enfin à cheval, et, en suivant les traces des
assassins, ils arrivèrent à l'endroit où le roi avait tra-
versé le fossé ; ils y trouvèrent sa pelisse, qu'il avait perdue
dans la précipitation avec laquelle il avait été enlevé ;
elle était ensanglantée et percée des trous faits par les
balles ou les sabres. Ce vêtement leur persuada que le
roi n'existait plus.

» Le roi était encore entre les mains des sept assassins restants, qui avançaient avec lui dans le bois de Bielany, quand ils furent effrayés soudain en entendant
une patrouille ou un détachement russe ; ayant sur-le-
champ tenu conseil, quatre d'entre eux disparurent, laissant le roi avec les trois autres, qui le forcèrent d'avan-
cer ; un quart d'heure après seulement, une seconde
garde russe les intimida de nouveau. Deux des assassins
s'enfuirent alors, et le roi resta seul avec Kosinski, leur
chef, qui était à pied comme lui. Le roi, épuisé par toutes
les fatigues qu'il avait souffertes, pria son conducteur de
s'arrêter et de le laisser prendre un instant de repos.
Kosinski refusa de lui accorder cette grâce, et le menaça
avec son sabre nu. Il lui dit en même temps qu'il trouverait une voiture hors du bois. Ils continuèrent leur
marche jusqu'à ce qu'ils fussent arrivés à la porte du
couvent de Bielany. Kosinski parut alors tellement pensif
et tellement agité par ses réflexions, que le roi s'aperçut

de son désordre, et qu'ayant remarqué qu'il s'égarait sans connaître son chemin, il lui dit : — Je vois que vous ne savez pas où aller ; laissez-moi entrer dans le couvent de Bielany, et pourvoir à votre propre sûreté. — *Non,* répondit Kosinski, *j'ai juré.*

» Ils continuèrent à marcher jusqu'à ce qu'ils fussent arrivés à Mariemont, petit palais appartenant à la maison de Saxe, qui n'est guère qu'à une demi-lieue de Varsovie. Kosinski montra ici quelque satisfaction en voyant où il était, et le roi lui ayant encore demandé un instant de repos, il y consentit enfin ; ils se reposèrent ensemble sur la terre, et le roi employa ces moments à s'efforcer d'adoucir son conducteur et à l'engager à favoriser ou à permettre son évasion ; il lui représenta l'atrocité de l'action qu'il avait commise en entreprenant de tuer son souverain, et l'invalidité d'un serment fait pour commettre un crime si odieux. Kosinski prêta attention à ce discours, et commença à laisser voir quelques marques de remords : — Mais, dit-il, si, consentant à vous sauver la vie, je vous reconduis à Varsovie, quelle en sera la suite ? Je serai arrêté et mis à mort.

» Cette réflexion le plongea dans une nouvelle incertitude et dans un nouvel embarras. — Je vous donne ma parole, lui dit le roi, qu'il ne vous sera fait aucun mal ; mais, si vous doutez de l'exécution de ma promesse, échappez-vous pendant qu'il en est temps encore ; je peux trouver mon chemin vers quelque endroit de sûreté, et j'indiquerai certainement à ceux qui vous poursuivront une route contraire à celle que vous aurez choisie. Kosinski ne put résister plus longtemps. Se jetant aux pieds du roi, il implora son pardon pour son crime, et jura de le protéger contre tout ennemi, en disant qu'il se fiait totalement à sa générosité. Le roi lui réitéra sa promesse qu'il serait en sûreté; jugeant néanmoins qu'il serait prudent de gagner sans délai quelque asile, et se rappelant qu'il y avait un moulin assez éloigné de là, il y dirigea sur-le-champ ses pas. Kosinski frappa, mais en vain : on ne fit pas de réponse; il cassa alors une vitre dans la fenêtre, et demanda qu'on voulût bien donner un asile à un gentilhomme qui avait été dépouillé par des voleurs. Le meunier, croyant que c'étaient des bandits, refusa d'ouvrir, et il persista, pendant plus d'une demi-heure, dans son refus. A la fin, le roi s'approcha, et, parlant à travers le carreau de vitre cassé, il s'efforça de persuader au meunier de les recevoir chez lui. — Si nous étions des voleurs, lui dit-il, il nous aurait été bien aisé d'enfoncer toute la fenêtre au lieu de n'enfoncer qu'un carreau. Ce raisonnement convainquit le meunier; il ouvrit enfin la porte, et reçut le roi. Celui-ci écrivit sur-le-champ, en français, au général Coccei, colonel de ses gardes à pied, le billet suivant :

« Par une espèce de miracle, j'échappe au fer des » assassins; je suis au petit moulin de Mariemont. Venez » au plus tôt me tirer d'ici. Je suis blessé, mais pas fort. »

» Il fut très-difficile au roi de décider qui que ce fût à porter ce billet à Varsovie, parce que les gens du moulin, persuadés que ce gentilhomme venait d'être dépouillé par les voleurs, craignaient de tomber dans la troupe. Kosinski offrit alors au roi de lui rendre ce qu'il lui avait pris; mais ce prince lui laissa tout, à l'exception du ruban bleu de l'Aigle-Blanc.

» Quand le messager arriva avec le billet, l'étonnement et la joie des habitants de Varsovie furent incroyables. Coccei courut sur-le-champ au moulin, suivi d'un détachement de gardes ; il trouva, à la porte, Kosinski ayant le sabre nu, qui le laissa entrer aussitôt qu'il le reconnut. Le roi, plongé dans un sommeil profond, était couché par terre, sur le manteau du meunier. Coccei se jeta à l'instant à ses pieds, en l'appelant son souverain et en lui prenant la main. Il n'est pas aisé de peindre ou de décrire l'étonnement du meunier et de sa famille, qui imitèrent sur-le-champ l'exemple de Coccei en se jetant eux-mêmes aux pieds du roi. Ce prince retourna à Varsovie dans le carrosse du général Coccei, et arriva dans son palais vers cinq heures du matin. Sa blessure ne fut pas trouvée dangereuse, et il en fut bientôt guéri, ainsi que des fatigues qu'il avait souffertes dans cette mémorable nuit. »

ROIS ÉPHÉMÈRES. MISÈRES ROYALES.

Théodore de Newhoff, fils d'un gentilhomme du comté de la Marck, après différentes courses, conçut le projet de se faire roi de la Corse, alors insurgée contre les Génois. Après quelques négociations avec les principaux révoltés, auxquels il persuade qu'il a un grand crédit dans toutes les cours, il emprunte de tous côtés, part de Gênes et paraît à la rade d'Aleria, sur un petit bâtiment anglais, chargé d'habits militaires, de deux cents fusils, d'autant de pistolets, de quelques canons d'un petit calibre, avec quelques petits sabres d'une espèce singulière, que Théodore distribue, comme une faveur signalée, à ses principaux partisans.

Son air noble, sa belle taille, son éloquence, éblouissent et fascinent. La Corse voit déjà en lui un sauveur envoyé du ciel. On l'élit roi le 15 avril 1736. On lui met sur la tête une couronne de laurier sauvage, on l'élève en l'air, on le montre au peuple; il dicte des lois, confère des dignités, inflige des châtiments, institue un ordre de chevalerie sous le nom de *la Délivrance*, et frappe des monnaies, les unes portant d'un côté les lettres initiales de son nom, avec ces mots à l'exergue : *Pro bono publico regni Corsiæ*, de l'autre une couronne soutenue de deux palmes; les autres présentant d'un côté une tête noire, armes de la Corse, et de l'autre l'image de la Vierge, avec cette légende : *Monstra te esse matrem*. Ce règne ne dura qu'environ sept mois.

Voltaire, que cette royauté amusa beaucoup, et qui s'en souvint pour son fameux souper des sept rois dans *Candide*, raconte, avec quelques autres détails et quelques particularités nouvelles, les destinées et l'entreprise du monarque corse :

« Il passa lui-même à Tunis, dit-il, persuada le bey qu'il pourrait lui soumettre la Corse, si l'on voulait lui donner seulement un vaisseau de dix canons, quatre mille fusils, mille sequins et quelques provisions. La régence de Tunis fut assez simple pour les donner; il arriva à Livourne sur un bâtiment qui portait un faux pavillon anglais, vendit le vaisseau, et écrivit aux chefs corses que si l'on voulait le choisir lui-même pour roi il promettait de chasser les Génois de l'île, avec le secours des principales puissances de l'Europe, dont il était sûr. Il faut qu'il y ait des temps où la tête tourne à la plupart des hommes. Sa proposition fut acceptée. Le baron Théodore aborda, le 15 mars 1736, au port d'Aléria, vêtu à la turque et coiffé d'un turban; il débuta par dire qu'il arrivait avec des trésors immenses, et, pour preuve, il répandit parmi le peuple une cinquantaine de sequins en monnaie de billon; les fusils, la poudre qu'il distribua, furent les marques de sa puissance. Il donna des souliers de bon cuir, magnificence ignorée en Corse; il aposta des courriers qui venaient de Livourne sur des barques, et qui lui apportãient de prétendus paquets des puissances d'Europe et d'Afrique.

» On le prit pour un des plus grands princes de la terre; il fut élu roi, etc. »

Son premier soin fut de créer une police pour son royaume, puis il s'entoura d'une garde de quatre cents hommes (c'était le plus fort de l'armée), avec laquelle il se mit en campagne à travers son île. Tout se soumit à lui, à l'exception de la Bastie, Fiorenzo, Calvi, Ajaccio, Porto-Vecchio, qui tinrent bon pour les Génois. Sa Majesté ne recula point devant cette résistance. Elle bloqua les villes rebelles, et les serra même de si près, qu'on fut obligé d'y envoyer de Gênes des vivres, du bois et jusqu'à de l'eau.

Ces siéges traînèrent en longueur faute de troupes; les Corses commencèrent à murmurer de ce qu'il n'en arrivait point avec leur puissant roi. A quoi pensaient donc ses puissants alliés? Théodore vit ce qu'il y avait pour lui de dangers dans ce mécontentement, et, le 4 novembre, ayant rassemblé à Sarténe les députés de toutes les *pieves* (paroisses), il leur annonça qu'il allait partir pour presser l'arrivée des secours qui tardaient trop à venir.

Il institua un conseil de régence, composé de trois membres, puis, travesti en abbé, il s'embarqua sur un vaisseau provençal, qui le conduisit à Livourne. De là il se mit à parcourir l'Europe, quêtant partout des secours en soldats et en argent, afin de pouvoir continuer honorablement son métier de roi. Partout il trouva porte close, hormis à Amsterdam, où la prison pour dettes s'ouvrit devant lui : un créancier peu respectueux l'y retint quelques semaines. Devenu libre, il trouva moyen d'intéresser à sa cause quelques négociants et même quelques juifs, par la promesse qu'il leur fit de leur donner le monopole du commerce de son île. On commença par lui payer ses dettes ; puis, à l'aide d'une avance de cinq millions qui lui fut faite, il équipa trois bâtiments marchands et une frégate de vingt-quatre canons, portant pour cargaison guerrière neuf mille fusils et beaucoup de munitions.

Il débarqua à Soraco le 13 septembre 1738 ; mais deux ans s'étaient passés ; tout avait changé de face ; les Français avaient pris possession de l'île ; comment se hasarder à une lutte contre eux ? Théodore n'eut garde ; il louvoya sur les côtes jusqu'en décembre, se présenta avec sa flottille devant Ajaccio ; mais, repoussé par les vents contraires et trahi aussi, croit-on, par le capitaine, il se vit obligé de relâcher sur les côtes de Naples. Là il fut arrêté et envoyé à Gaëte. On ne le retint pas longtemps ; on le rendit à sa destinée errante. Après une nouvelle tentative qu'il fit sans succès en 1742, sur la côte d'Isola-Rossa, avec le secours des Anglais, qui, jaloux de voir l'île au pouvoir des Français, lui avaient prêté un vaisseau et donné de l'argent, il revint à Londres, et n'y trouva que la misère et la prison. Ses dettes,

seules choses qui lui restassent de sa royauté, le faisaient
traquer partout. Il resta sept ans sous les verroux. Walpole, enfin, le prit en pitié. Il ouvrit une souscription en
sa faveur, et avec ce qu'elle produisit, non-seulement il
dégagea le pauvre roi mis en gage, mais il lui assura des
moyens de subsistance jusqu'à sa mort. Elle ne se fit
pas attendre. Il mourut le 17 décembre 1755. Sur sa
tombe, placée dans le cimetière commun de Sainte-
Anne de Westminster, on grava cette phrase : *La fortune
lui donna un royaume et lui refusa du pain.*

Cet homme-là, pourtant, avait frappé monnaie. Il est
vrai que les pièces à son effigie étaient de très-mauvais
aloi.

Sur un côté, on voyait ces deux majuscules T. R., que
chacun interprétait à sa manière, selon qu'il fut pour ou
contre lui. Les Corses de son parti l'expliquaient ainsi :
THÉODORE ROI ; ceux du parti contraire par ces mots :
TUTTO RANCE *(tout cuivre)* ; enfin les Génois par :
TUTTI RIBELLI *(tous rebelles).*

Parmi les royautés éphémères, il ne faut pas oublier
celle de Henri III en Pologne, qui ne dura qu'un an à
peine. Tout le règne du fils de Catherine dut se borner à
un fastueux voyage, pendant lequel il prit à Venise le
livre chevaleresque où il trouva toutes préparées les ordonnances de son ordre futur du *Saint-Esprit*, et pendant lequel aussi, ce qu'on sait moins, il reçut de l'électeur la plus verte leçon qui pût être infligée à l'un des
auteurs de la Saint-Barthélemy.

« Henri III, dit l'historien Gaillard, traversant l'Allemagne, trouva sur sa route des traces de l'horreur qu'in-
spirait la Saint-Barthélemy.

» En entrant dans le cabinet de l'électeur palatin, le

premier objet qui frappa ses regards fut un portrait fort ressemblant de l'amiral Coligny.

» — Vous connaissez cet homme, monsieur? lui dit l'électeur d'un ton sévère. Vous avez fait mourir le plus grand capitaine de la chrétienté, qui vous avait rendu les plus signalés services, ainsi qu'au roi votre frère.

» Le roi de Pologne, un peu troublé, lui répondit : — C'était lui qui voulait nous faire mourir tous ; il a bien fallu le prévenir. — Monsieur, lui répliqua l'électeur, nous en savons toute l'histoire.

» A table, le roi de Pologne ne fut servi que par des huguenots français échappés au massacre, qui semblaient le menacer en le servant ; et l'électeur parut prendre plaisir pendant toute la journée à lui faire craindre pour la nuit des représailles [1]. »

Le 27 juin 1697, le cardinal Radjouski, primat de Pologne, vint offrir, au nom des États, la couronne des Jagellons à un autre prince français, François-Louis de Bourbon, prince de Conti.

L'affaire s'était faite par l'entremise du cardinal de Polignac. Le prince, parti de France, débarqua dans la rade de Dantzick, le 26 septembre ; mais il était trop tard. Frédéric-Auguste, électeur de Saxe, que de son côté l'évêque de Cujovie avait proclamé roi de Pologne, avait pris l'avance. Ainsi, le premier, il avait signé, le 21 juillet, les *Acta conventa*, et, le 15 septembre, il s'était fait sacrer à Cracovie. Le prince n'eut donc qu'à céder la place.

« Voyant que son parti s'affaiblissait tous les jours, dit le président Hénault, et quoique son élection fût la seule juridique, il se rembarqua le 7 novembre. »

[1] *Histoire de la rivalité de la France et de l'Angleterre*, t. V, p. 159.

Une entreprise très-peu connue, c'est celle que tenta pendant la révolution Louis-François Béthune, duc de Charost, pour se faire proclamer roi de Brabant.

Il voulait profiter du mécontentement que soulevait partout la suppression des couvents ordonnée par Joseph II, et il prétendait insurger toutes les Flandres. Il rallia quelques pauvres diables, s'empara de deux petites villes, et allait pousser plus loin, quand il fut arrêté; il suffit pour cela de deux hommes de la maréchaussée.

Il échappa, vint chercher un asile en France, et périt sur l'échafaud en 1794; il n'avait que vingt-trois ans. C'était, dit-on, un homme à peu près nul et que rien ne rendait digne du rôle qu'il voulait jouer.

On a souvent parlé, sans en donner des preuves, des tentatives faites par un parti portugais pour proclamer Soult successeur des droits de la maison de Bragance, sous le nom de Nicolas I*er*, et de l'approbation tacite que l'ambitieux maréchal donnait à ce projet flatteur.

Voici ce qu'on lit à ce sujet dans l'*Histoire de la Péninsule*, par Southey :

« Il se trouva, parmi les Portugais qui avaient trahi la cause de leur pays, quelques individus qui prêtèrent la main au dessein formé par Soult de devenir roi de la Lusitanie septentrionale.

» Une députation de douze habitants de Braga se rendit chez le maréchal, et fit publier, avec la relation de ce qui s'était passé à l'entrevue, une proclamation aux Portugais...

» L'ancien gouvernement, disait cette pièce, a été indifférent à tout, si ce n'est à l'augmentation de ses propres revenus. La maison de Bragance a cessé d'exister, et la Providence, qui veille à nos destinées, envoie vers nous un homme qui n'a d'autre but que la gloire, qui ne désire employer le pouvoir que lui a confié Napoléon qu'à nous affranchir de l'anarchie qui nous menace. Qu'attendons-nous pour nous réunir autour de lui, pour le proclamer libérateur de la patrie? L'empereur des Français nous prêtera son appui, et s'applaudira de voir un de ses lieutenants devenu notre souverain...

» On sent qu'une adresse semblable ne put être publiée dans un journal soumis à l'administration française sans l'autorisation du maréchal.

» Dans une autre circonstance, donnant audience à une seconde députation, il s'étendit fort au long sur les bienfaits qu'un prince français aurait la faculté de répandre sur le Portugal. « Quant à moi, ajouta-il, j'éprouve la re-» connaissance que je dois pour vos dispositions à mon » égard, mais il ne dépend pas de moi d'y répondre. »

» Il avait cependant tellement compté sur l'exécution de ce projet, que déjà des proclamations annonçant son arrivée avaient été répandues.

» Il fut heureux cependant pour les Français qui avaient pris part à cette affaire de ne l'avoir pas poussée plus loin.

» Un des aides de camp du maréchal fut appelé à Paris; Napoléon lui témoigna, dans les termes les plus durs, son mécontentement, et finit par ces mots : « Si » vous aviez fait un pas de plus, je vous faisais fusiller. »

Le projet qu'on eut de faire roi le maréchal Soult me fait souvenir de quelques personnages qu'on voulut de même faire papes avec ou sans leur aveu.

Le premier en date est l'empereur Maximilien, et, comme on va le voir par une lettre qu'il écrivait à sa fille, Marguerite d'Autriche, c'était de lui-même, et non par violence, qu'il allait aux honneurs de la papauté.

« Et, dit-il, envoyons demain monsar de Gura à évesque à Rom, devers le pape, pour trouver fachon que nous puyssuns accorder avec ly de nous prenre pour un coadjuteur, afin qu'après sa mort pourions estre assuré de avoer le *papat*, et de venir prester et après estre saint et que yl vous sera de nécessité que après ma mort vous serez contraint de me adorer, dont me trouvere bien gloriyoes.

» Je envoye sur ce un poste devers le roy d'Aragon pour ly prier quy nous voulle ayder pour à ce parvenir, dont il est aussi contant moyennant que je resingne l'empir à nostre connen fils Charl : de sela aussy je me suis contenté, etc... »

Mazarin aussi fut sur le point d'être pape. On en trouve la preuve dans ce passage très-curieux et pour ainsi dire inédit, puisqu'il n'a été publié qu'une fois par Delort[1], d'après les manuscrits de Fontanier :

« C'est, y est-il dit, une anecdote sçue de très-peu de personnes, que le cardinal Mazarin, dans les derniers moments de sa vie, étoit sur le point d'estre eslu pape.

» La France, l'Espagne et l'État de Florence, luy avaient donné leurs voix ; et son élection, par ce moyen, étoit sûre. M. de Croissy, qui pour lors étoit ambassadeur à Rome, l'a dit à plusieurs de ses amis, et particulièrement à M. le cardinal de Fleury, qui me l'a redit à moi-même. Il ajoutoit que la raison que D. Louis de Haro donnoit du consentement de l'Espagne, étoit que le cardinal, ayant été seul capable du projet et de l'exécution de la *Paix universelle*, il étoit seul capable de la soutenir. »

[1] *Promenades aux environs de Paris*, t. I, p. 205.

Ce qui étonnera davantage certainement, c'est que Turenne faillit être fait cardinal.

« Louis XIV, dit l'abbé de Choisy, pour gratifier M. de Turenne le héros, avait donné sa nomination pour le cardinalat au duc d'Albret, depuis cardinal de Bouillon, son neveu. Pendant que le duc d'Albret faisait instance à Rome pour obtenir sa promotion, le pape eut la singulière idée de nommer Turenne lui-même cardinal. Le cardinal Rospigliosi, par ordre du pape, écrivit à M. de Lyonne que si le roi voulait donner sa nomination à M. de Turenne lui-même, il le ferait cardinal le lendemain de l'arrivée du courrier, persuadé que les plus grands ennemis de la France ne pourraient pas y trouver à redire. M. de Lyonne lut à M. de Turenne la lettre du cardinal Rospigliosi, et lui cita l'exemple récent du cardinal de Vendôme. — Ah! Monsieur, lui dit M. de Turenne, que ferai-je d'une calotte et d'une grande queue? Cet équipage m'embarrasserait fort. Je vous prie de remercier bien le cardinal pour moi, et de le prier de faire mon neveu cardinal.

» M. de Lyonne en rendit compte au roi, qui lui dit : —J'eusse été bien surpris si M. de Turenne avait topé à la proposition. — M. de Turenne ne laissa pas de vouloir s'en divertir un moment, en disant au duc d'Albret : — Vous avez un concurrent pour le cardinalat bien dangereux ; le roi n'a qu'à lui donner sa nomination, le pape offre de le faire cardinal à l'arrivée du courrier. Ne craignez rien, ajouta-t-il ; ce concurrent, c'est moi. »

Nous terminerons le tableau des royautés éphémères, des papautés offertes ou convoitées, par celui des royautés précaires et misérables.

Amelot de la Houssaye, dans ses *Mémoires*, en cite

quelques exemples par lesquels nous commencerons notre martyrologe :

« Peu de jours avant le second siége de Nancy, dit-il, les Allemands, étant mutinés contre René, duc de Lorraine, pour quelque argent qu'il leur devait de reste, un bourgeois de Laon, nommé Cachet, lui prêta cette somme, et par ce moyen le tira de l'embarras où il se trouvait alors à cause de la guerre que le duc de Bourgogne venait de recommencer en Lorraine. « De ceci, dit » un historien du règne de René, apprendront les grands » à ne fouler aux pieds la fortune des petits, puisque la » leur dépend de si peu de chose. »

» On raconte, continue Amelot, un cas étrange de cela de Charles VII, dont le royaume fut, à l'entrée de son règne, borné de l'enceinte des murailles de Bourges. C'est qu'ayant dit à un cordonnier, qui lui essayait une paire de bottes, qu'il n'avait point d'argent, cet homme eut la dureté de les remporter. « C'est pourquoi, dit Co- » mines, je loue bien à un prince de tenir bon termes aux » marchands, et de leur tenir vérité; car ils ne savent à » quelle heure ils en pourront avoir besoin, car quel- » quefois peu d'argent fait grand service. »

» La banqueroute que Philippe II fit aux marchands, en 1574, fut suivie de la perte de son crédit, et de celle des Pays-Bas où il n'alla plus d'argent pour la solde des armées.

» L'expérience fait voir, dit le Comines espagnol, que Philippe II, roi d'Espagne, en faisant banqueroute aux marchands en 1574, s'était fait plus de mal à lui-même qu'aux marchands qu'il avait ruinés puisqu'il ne trouva plus personne qui voulût lui prêter de l'argent pour envoyer en Flandre, et que depuis ce jour il n'eut plus de crédit. »

La misère fut pour ainsi dire héréditaire sur le trône d'Espagne. Philippe V, par exemple, n'arriva à Madrid, comme successeur de Charles II, que pour trouver un trésor vide et un palais dans le plus affreux délabrement :

« Le roi n'a pas un sol, dit Louville [1]. Je suis un habile homme, parce que j'ai trouvé de quoi faire mettre une porte neuve à la cave et acheter des serviettes. On était à la veille, pour cet usage, de se servir des serviettes des marmitons. Le sort des chevaux est encore pire, avec la caballeuse-major, car ils ne peuvent demander l'aumône. »

Quand on songe aux richesses immenses que l'Espagne recevait chaque année de l'Amérique, on s'étonne d'abord de cette pénurie ; mais quand on réfléchit ensuite que cette richesse en lingots, attendue tous les ans, tua le commerce et l'industrie en les faisant croire inutiles, et par conséquent épuisa la véritable source des vrais trésors, on cesse de s'étonner.

Lorsque Colomb offrit ses services à Ferdinand, il le trouva dans une véritable détresse. Eh bien, le monde d'or qu'il montrait au loin, et dont il apportait la découverte et la conquête, ne venait combattre que par des ressources factices cette misère de l'Espagne et de ses rois ; après quelque cent ans, cette misère, chronique, pour ainsi dire, chez le peuple espagnol, devait percer impitoyablement sous le vernis doré qui l'avait un instant couverte et dissimulée.

« Quand, dit Paw [2], l'Espagne voulut se mettre en

<hr>

[1] *Mémoires*, t. I, p. 162.
[2] *Recherches sur les Américains*, t. I, p. 84, 88.

possession de cette moitié du monde qu'un évêque de Rome lui avait donnée, ses finances étaient si épuisées, les dettes si accrues, sa faiblesse si grande, qu'elle manquait d'argent pour équiper une seule barque qu'on pût envoyer aux Antilles.

» Dans cette détresse, Ferdinand emprunta d'un de ses domestiques une somme fort modique pour tenter la conquête de l'Amérique. Cette somme, avancée par los Angelés, produisit des trésors, et ces trésors ruinèrent une seconde fois l'Espagne, et lui firent plus de mal que n'avaient fait les juifs et les Maures ensemble...

» Philippe II, possesseur si longtemps des trésors du nouveau monde, vécut encore assez pour voir la décadence où les mines avaient entraîné ses États. Encouragé d'abord par ses richesses à tout oser pour réduire l'Europe en esclavage, ce prince finit par faire banqueroute et mit ses successeurs dans la déplorable nécessité d'adultérer la monnoye.

» Ses sujets, comme frappés de vertige, cessèrent de travailler leurs soies et leurs laines, laissèrent leurs campagnes se hérisser de ronces et de bruyères, et abandonnèrent le commerce de la Baltique, du Brabant, de l'Angleterre et de la France; le germe de l'industrie fut déraciné de leur cœur : les Indes orientales leur firent plus de mal que de bien, parce qu'au lieu d'y commercer, ils n'y firent que conquérir et s'y endormirent sur leurs conquêtes. Cette léthargie éveilla les nations plus actives, et leur inspira le projet de mettre l'Espagne en tutelle. En semant pour elle, en fabriquant pour elle, en la servant enfin, l'on parvint à la détruire, et l'on détruirait les plus puissants empires de l'univers. Tout peuple qui cesse de se nourrir lui-même, et qui achète de l'étranger son nécessaire physique, est atteint d'une maladie mortelle et se dévore lui-même : ses ennemis n'ont plus rien à lui souhaiter. »

Comme contraste à ce tableau d'une nation succombant sous la richesse et pour ainsi dire ruinée par son or, que l'on se mette sous les yeux les ressources inépuisables que peuvent créer l'industrie, le commerce, et la force toujours renouvelée qu'y trouvent les rois pour leurs entreprises :

« Tout le monde, dit Addison dans *le Spectateur*[1], se souvient encore de notre fameux Doily, qui trouva les moyens de s'enrichir par sa fabrique de certaines petites étoffes de laine qui étaient en même temps jolies et à bon marché, et dont les hommes s'habillaient.

» J'ai même ouï dire que s'il n'avait pas découvert cette heureuse économie pour satisfaire notre orgeuil, à peine aurions-nous pu subvenir aux frais de la guerre précédente sous le roi Guillaume. Le négoce, en général, ajoute Addison, me paraît non-seulement très-avantageux au public, mais aussi le plus naturel et le plus sûr pour établir sa fortune : du moins, depuis que j'observe ce qui se passe dans le monde, en qualité de spectateur, je trouve qu'autour de la bourse de Londres on devient plus riche qu'à White-Hall ou à Saint-James. Je pourrais ajouter que le bien acquis par le négoce est d'ordinaire accompagné d'une plus grande satisfaction et d'une aussi bonne conscience. »

Henri IV, que ses dernières entreprises montrèrent vraiment digne de comprendre les ressources qu'un État trouve dans l'industrie et dans le commerce, et de s'en

[1] Quarante-quatrième discours.

faire une richesse; Henri IV, dis-je, avait commencé par connaître la vanité et le facile épuisement des autres trésors, de ces fortunes de palais dont vient de nous parler Addison. La misère l'avait réduit, tout roi qu'il fût, aux rudes épreuves et aux laborieux enseignements.

Plusieurs fois, il se trouva en de bien étranges nécessités. En voici peut-être la plus curieuse preuve :

« Au commencement de 1594, dit l'Estoile, on amena au roi ses grands chevaux, parce qu'il n'y avait pas de quoi les nourrir. Le roi, s'adressant à M. d'O, lui demanda d'où cela venait. — Sire, il n'y a pas d'argent. — Ma condition, répondit le roi, est bien misérable ! On me fera tantôt aller tout nu et à pied. Puis, se tournant vers son valet de chambre, lui demanda combien il avait de chemises. — Une douzaine, Sire, dit-il, encore y en a-t-il de déchirées. — Et de mouchoirs, dit le roi, est-ce pas huit que j'ai? — Il n'y en a pour cette heure que cinq, dit-il. Alors M. d'O lui dit qu'il avait commandé pour six mille écus de toile de Flandre pour lui en faire. — Cela va bien, dit le roi; on me veut faire ressembler aux écoliers, qui ont leur robe fourrée en leur pays, et cependant meurent ici de froid. »

La misère dans laquelle tomba une fille de ce même roi, Henriette de France, femme de Charles Ier, pendant son exil en France, est bien connue. La pénurie dans laquelle on la laissa à Saint-Germain, où tout lui manquait, est pour ainsi dire proverbiale; mais on sait moins généralement qu'à la même époque, celui qui devait être le plus grand et le plus somptueux roi de France, Louis XIV, encore enfant, était laissé dans un abandon et dans un dénûment pareils. Voici ce que dit la Porte :

« Il (le cardinal Mazarin) ne prenait aucun soin de contenter Sa Majesté, en quoi que ce fût, et le laissait manquer non-seulement des choses qui regardaient son divertissement, mais encore des nécessaires.

» La coutume est qu'on donne aux rois tous les ans douze paires de draps et deux robes de chambre, une d'été et l'autre d'hiver; néanmoins je lui ai vu servir six paires de draps trois ans entiers, et une robe de chambre de velours vert, doublée de petit-gris, servir hiver et été pendant le même temps; en sorte que la dernière année elle ne lui venait qu'à la moitié des jambes; et pour les draps, ils étaient si usés que je l'ai trouvé plusieurs fois les jambes passées au travers, à cru du matelas; et toutes les autres choses allaient de la même sorte, pendant que les partisans étaient dans la plus grande opulence et dans une abondance étonnante.

» Un jour, le roi voulant s'aller baigner à Conflans, je donnai les ordres accoutumés pour cela. On fit venir un carrosse pour nous conduire, avec les hardes de sa chambre et de la garde-robe, et comme j'y voulus monter, je m'aperçus que tout le cuir des portières qui couvraient les jambes était emporté, et tout le reste du carrosse tellement usé qu'il eut bien de la peine à faire le voyage.

» Je montai chez le roi, qui étudiait dans son cabinet; je lui fis l'état de ses carrosses, et que l'on se moquerait de nous si l'on nous y voyait aller. Il le voulut voir, et en rougit de colère. Le soir, il se plaignit à la reine, à Son Éminence et à M. de Maisons, alors son intendant des finances, en sorte qu'il eut cinq carrosses neufs.

» Je ne finirais point, si je rapportais toutes les mesquineries qui se pratiquaient dans les choses qui regardaient son service ; car les esprits de ceux qui devaient avoir soin de Sa Majesté étaient si occupés à leurs plaisirs ou à leurs affaires, qu'ils se trouvaient importunés lorsqu'on les avertissait de leur devoir. »

Sur les derniers temps de sa vie, Louis XIV devait encore connaître cette misère, si bien que sa grandeur se trouva ainsi placée entre le contraste de ses commencements et celui de sa fin ; le soleil n'eut de rayonnant que son long midi ; le lever et le coucher furent tristes et sombres :

« 1709 fut une année terrible, dit M. Michelet ; d'abord un hiver meurtrier, puis la famine. La misère se fit sentir à tous. Les laquais du roi mendièrent à la porte de Versailles ; Mme de Maintenon mangea du pain bis ; des compagnies de cavalerie tout entières désertaient, enseignes déployées, pour gagner leur vie par la contrebande.

» Les recruteurs faisaient la chasse aux hommes. L'impôt prenant toutes les formes pour atteindre le peuple, les actes de l'état civil furent taxés ; on paya pour naître et pour mourir. Les paysans, poursuivis dans les bois par les traitants, s'armèrent et prirent d'assaut la ville de Castres. Le roi ne trouvait plus à emprunter à quatre cents pour cent ; la dette monta, avant la mort de Louis XIV, à près de trois milliards. »

Sous Louis XV et sous Louis XVI, la gêne fut la règle pour le trésor royal, l'aisance fut l'exception.

M. H. Say, dans son *Cours complet d'économie politique*, en donne des preuves bien curieuses :

« Il semble au premier aspect, dit-il, que sous les gouvernements arbitraires il doive être plus facile de lever de l'argent pour les besoins réels ou supposés de l'État, que sous les gouvernements constitutionnels ; l'expérience prouve qu'il n'en est pas ainsi.

» Il a fallu, sous Louis XIV et sous Louis XV, en France, épuiser les inventions fiscales anciennes et nouvelles pour tirer des peuples une somme de tributs annuels inférieurs de beaucoup à ce qu'on a tiré depuis au moyen d'une législature complaisante ou abusée.

» Les besoins d'argent étaient si pressants qu'on était quelquefois forcé d'avoir recours à des ressources humiliantes.

» En 1759, Louis XV se vit réduit, pour éteindre quelques dettes criardes, à emprunter aux gens de son écurie les épargnes qu'ils avaient mises de côté.

» Le ministre des finances Calonne, qui ne refusait jamais rien aux personnages au pouvoir, faisait au besoin, le soir, enlever de la caisse de l'Opéra la recette du jour, et l'on n'a pas encore oublié que le même ministre fit une description pathétique des souffrances des malheureux entassés à l'Hôtel-Dieu de Paris, pour obtenir de ses habitants, sous prétexte de remplacer ce réceptacle par quatre hôpitaux situés aux confins de la capitale, une souscription dont les fonds, imprudemment versés au trésor royal, furent bientôt dévorés.

» Les besoins d'argent, dit encore M. Say, ont été si pressants dans certaines occasions, que les agents du gouvernement absolu, pour subvenir aux dépenses courantes, ont été obligés d'avoir recours au langage des supplications. L'histoire des gros financiers est pleine de révélations qui l'attestent. »

M. Say cite à l'appui de ce qu'il vient de dire plusieurs lettres que le chef du trésor royal, sous le ministère de l'abbé Terray, écrivait à M. Necker, alors simple banquier, mais fort bien en cour et au ministère, à cause des avances qu'il avait déjà faites.

« Nous vous supplions, lui écrivait-on, de nous secourir *dans la journée*. Daignez venir à notre aide pour une somme dont nous avons un besoin indispensable. »

Une autre fois on lui écrivait encore :

« On est à la veille du départ pour Fontainebleau; mais les passe-ports ne sont pas encore expédiés, ils sont entre vos mains; le moment presse, vous êtes notre seule ressource ! »

—

ROIS MALGRE EUX.

Le premier et le plus fameux de cette rare catégorie de princes est le Goth Wamba. Il fallut que les nobles du royaume wisigoth d'Espagne employassent les prières, puis les menaces, pour qu'il se décidât à succéder comme roi à Recasuinthe.

Il avait raison de craindre les honneurs du trône, car, après quelques années heureuses, pendant lesquelles il eut raison et des séditieux de la Gaule Narbonnaise, et des Sarrasins qui menaçaient les côtes, il lui fallut céder devant les tentatives odieuses d'Ervige, son compétiteur, et perdre avec violence une couronne qu'il n'avait prise qu'à regret. « Ervige, dit un historien, fit prendre à Wamba un poison qui le mit en danger de mort, et, profitant de l'état de faiblesse où la maladie le réduisit, il lui fit couper les cheveux, sous prétexte de lui donner l'habit de pénitence, comme c'était alors l'usage à l'égard des mourants. Il lui surprit même un écrit par lequel il se faisait désigner pour lui succéder au trône; et en conséquence, il fut proclamé souverain. Wamba, revenu à lui, se vit déchu du trône et de l'espérance d'y remonter. Comme il ne l'avait accepté qu'avec peine, il y renonça avec joie, et il se retira dans le monastère de Pampliega, où il mourut huit ans après. »

A quelque temps de là, selon les hagiographes, un prince du Languedoc, dont le nom francisé est Gilles, fut sommé d'accepter un trône devant lequel avait si prudemment reculé Wamba et qui lui avait été si funeste. Il n'eut pas le courage d'accepter; il s'enfuit en France où, s'étant jeté dans la vie monastique, il mérita d'être canonisé sous le nom de saint Gilles. En souvenir de sa fuite prudente, il nous resta la locution : *Faire Gilles*, pour dire *décamper à propos.*

A Rouen, au treizième siècle, la révolte fameuse sous le nom de la *Harelle* fut signalée par l'avénement forcé d'un pauvre homme, dont le seul titre était, aux dangereux honneurs d'une royauté éphémère, d'être gras.

« Alors, lit-on dans la chronique latine des religieux de Saint-Denis, plus de deux cents compagnons des métiers, qui travaillaient aux arts mécaniques, égarés sans doute par l'ivresse, saisirent de force un simple bourgeois, riche marchand de draps et surnommé le Gros, à cause de son embonpoint extrême. Ils le proclamèrent leur roi,

quoiqu'ils en eussent un et quoiqu'il résistât. Afin de se
servir de son autorité dans leurs actes, ils l'élevèrent,
comme monarque, sur un siége placé dans un char, et le
conduisirent par les carrefours de la ville, en parodiant
les acclamations dont on entoure les rois. Arrivés au
principal marché, ils lui demandèrent que le peuple de-
meurât libre de tout impôt, et l'obtinrent. Cette franchise
de peu de durée fut publiée en son nom dans la ville par
la voix du héraut. Une foule innombrable de gens sans
aveu accourut aussitôt vers lui, et on le força d'écouter,
assis sur son tribunal, les cris de chacun ; puis on l'obligeait, sous peine de mort, de dire : *Faites, faites*.

» Alors les révoltés se jetèrent sur les exacteurs royaux,
les égorgèrent impitoyablement, et se partagèrent leur
avoir, comme illégitimement acquis... Ensuite, se diri-
geant sur Saint-Ouen, dont les religieux avaient obtenu
un arrêt qui maintenait contre la ville leurs priviléges,
ces misérables, dignes de toute la colère du ciel, entrèrent de force dans la cour des Chartres, déchirèrent et
mirent en piéces les priviléges, dont la perte aurait été
irréparable, si l'autorité du roi ne les avait rétablis peu
après..... Enfin ces gens insensés et sans armes se diri-
gèrent vers le château du roi, pour le détruire ; mais ils
furent repoussés, et plusieurs d'entre eux furent tués ou
blessés à mort. »

La plupart des rois de création napoléonienne, que
l'empereur prit dans sa famille, acceptèrent et surtout
gardèrent le trône malgré eux. On sait les dégoûts de
Louis pour sa royauté hollandaise. Si l'on n'était pas convaincu de sa répulsion pour un pouvoir subalterne, quoique royal, qui ne le laissait être que le premier esclave
de son royaume, on s'en convaincrait par ces deux stro-

phes d'une *Ode à la France* qu'il écrivit à Rome en 1814,
et qui sont vraiment sorties de son cœur de roi par violence :

> Je ne vis l'Italie antique,
> Berceau de ces nobles aïeux,
> Que sous l'aigle patriotique
> De nos Français victorieux.
> Alors que pour une couronne
> Je dus échanger mon pays,
> En pleurant je reçus le trône...
> Je le crus trop cher à ce prix.
>
> Flatteurs, zoïles et faussaires,
> Triomphez, auteurs valeureux ;
> Couverts des armes étrangères,
> Outragez un nom malheureux...
> Je gémissais sous la puissance
> Qu'on vous vit longtemps égarer...
> Ah ! quand le deuil couvre la France,
> Mon seul triomphe est de pleurer.

Par tout ce qui s'était passé, par l'exemple malheureux
des dynasties éphémères créées par Napoléon, l'aversion
du trône était entrée si avant dans l'esprit de ceux qui
avaient pu jusque-là échapper à cet honneur, qu'en 1813
Eugène, étant sollicité par les puissances alliées d'échan-
ger sous leur protection son titre de vice-roi pour celui de
roi d'Italie, refusa. Sans doute le sentiment du devoir
fut pour beaucoup dans ce refus, mais le dégoût du trône
ne dut pas y être étranger :

Voici ce qu'Eugène écrivait à ce sujet à sa sœur Hor-
tense, sous la date du 29 novembre 1813, à Vérone :

« Un parlementaire autrichien demande avec instance
à nos avant-postes de pouvoir me remettre à moi-même
des papiers très-importants. J'étais justement à cheval ;

je m'y rends, et je trouve un aide de camp du roi de Bavière qui avait été sous mes ordres dans la campagne dernière. Il était chargé de la part du roi de me faire les plus belles propositions pour moi et pour ma famille, et m'assurait d'avance que les souverains coalisés approuvaient que je m'entendisse avec le roi pour m'assurer la couronne d'Italie. Il y avait aussi un grand assaisonnement de protestations d'estime, etc. Tout cela était bien séduisant pour tout autre que moi. J'ai répondu à toutes ces propositions comme je devais, et le jeune envoyé est parti rempli, m'assure-t-on, d'admiration pour mon caractère, ma constante fermeté et mon désintéressement. J'ai cru devoir rendre compte de tout à l'empereur, en omettant toutefois les compliments qui ne s'adressaient qu'à moi. »

De tous ces princes qui regimbaient si bien contre la faveur d'être rois, Joseph fut celui qui se montra le plus rebelle et qui s'insurgea le plus sérieusement. On le sait par une longue correspondance trouvée dans sa voiture après la bataille de Vittoria, en 1812.

La reine sa femme, souffrant comme lui des ennuis du pouvoir, était allée en France supplier Napoléon de les en affranchir à tout prix ; mais ses prières avaient été inutiles, et voilà ce qu'elle en écrivait à Joseph :

Paris, 28 août 1810.

« Mon bon ami, après mon retour de Plombières, j'ai profité du moment qui me semblait le plus favorable pour entretenir l'empereur de la situation pénible où tu te trouves. Après une conversation de près de deux heures, je n'ai pu rien obtenir qui puisse te tranquil-

liser. J'ai employé tous les raisonnements que j'ai pu
pour apprendre quelque chose qui pût te donner l'espérance d'un avenir plus heureux. Les réponses de l'empereur ne me l'ayant pas laissé entrevoir, je lui ai demandé comme faveur la permission de te laisser vivre
dans telle partie de la France qu'il lui plairait de te
désigner; il m'a répondu que tu étais roi et que tu devais
mourir roi. Je lui ai répondu que ta position n'était plus
supportable; il a paru alors un peu s'adoucir, et, sans
cependant me rien dire de positif, il m'a dit qu'il fallait
que tu eusses un peu de patience. Enfin, mon ami, j'ai
tellement insisté sur ta malheureuse situation, que je
dois croire que si elle ne s'améliore pas bientôt, il y a
peu de chose à espérer... »

Six mois après, les choses n'ont point changé; mais
Joseph est mis à bout de patience par la royauté forcée.
Il songe à prendre des moyens extrêmes pour s'y soustraire; il charge sa femme de lui acheter, voire de lui
louer une touraine, et, un refuge lui étant ainsi assuré,
il partira d'Espagne, *il fera Gilles*, pour nous servir du
mot consacré par le malheureux prince que sa vertu fit
saint, et que la royauté eût peut-être fait martyr.

L'empereur apprit tout, et, moitié doux, moitié sévère,
il s'en expliqua avec la reine, qui aussitôt, c'est-à-dire
le 18 janvier 1811, écrivit à son mari :

« Il ne voulut rien me promettre; il me dit seulement qu'il était possible qu'avec le temps, si tu suivais
mon système, et si les circonstances le permettaient, ses
dispositions pour toi pouvaient devenir plus favorables.
Enfin, il a fini par me dire que si tu venais en France
sans son aveu, il te ferait arrêter à Bayonne. Il m'a ré-

pété que tu ne pouvais quitter l'Espagne sans t'être entendu avec son ambassadeur, que tu viendrais alors vivre en France, comme prince français; que tu pourrais aller t'amuser à Morfontaine; mais qu'il n'était pas convenable que tu achetasses une terre à cent lieues de Paris. »

C'est après avoir reçu cette lettre que Joseph écrivit celle dont nous allons donner des fragments, et qui est plus curieuse encore que toutes les précédentes. Je ne sais à qui elle était adressée :

« Je serais déjà parti, dit Joseph, si je ne venais d'être instruit que l'empereur, qui a su que j'avais donné ordre d'acheter ou de louer une terre à cent lieues de Paris, avait désapprouvé cette démarche, et qu'il ne trouvait plus convenable, si je persistais dans ma résolution, que je me rendisse à ma terre de Morfontaine, après vous avoir prévenu de ma détermination et avoir assuré ici l'ordre public après mon départ...

» Je suis prêt à rendre à l'empereur les droits qu'il me remit à Bayonne sur la monarchie d'Espagne et des Indes, si ma position ici ne change pas, parce que je dois croire que c'est le désir de l'empereur, puisqu'il est impossible qu'il veuille que je reste roi d'Espagne et qu'il m'ôte tous les moyens d'existence.

» Il est peut-être malheureux que l'empereur ait voulu me reconnaître roi de Naples, il y a six ans, lorsque, à la tête de ses troupes, je fis la conquête de ce royaume. Ce fut malgré moi, et mes instances pour rester au commandement de son armée avec la simple qualité de son lieutenant furent le sujet d'une lettre que je me rappelle très-bien.

» Lorsque, en 1808, je fus proclamé roi d'Espagne, je

l'ignorais encore; cependant, arrivé à Bayonne, je fis tout ce que voulut l'empereur; je signai une constitution, je la signai appuyée de sa garantie. Les événements n'ayant pas répondu à nos espérances, est-ce ma faute? Est-ce celui qui en est le plus victime qui doit en porter la peine? Cependant, tant que la guerre dura, je me suis soumis à tout ce qu'on a voulu; mais je ne puis pas l'impossible; je ne puis pas rester plus longtemps; si l'empereur ne vient à mon secours en ordonnant qu'il soit versé dans mon trésor, à Madrid, un million de francs par mois; les autres provinces doivent contribuer aux besoins de la capitale. Les troupes françaises, qui sont dans les provinces du centre (elles sont peu nombreuses), doivent être soldées par le trésor de France...

» En résumé, je suis prêt à faire la volonté de l'empereur, pourvu que je la connaisse.

» 1° Veut-il que je reste roi d'Espagne? Je reste dès qu'il m'en donne la possibilité, et je supporte tous les gouvernements militaires qu'il a établis, puisqu'il les croit indispensables pendant la guerre.

» 2° Préférerait-il que je rentrasse dans le sein de ma famille, à Morfontaine d'abord, et l'hiver dans le Midi? Je suis prêt à partir dès que je connaîtrai sa volonté.

» J'ajoute, de plus, que le parti de la retraite me conviendra beaucoup plus que l'autre, dès que je saurai qu'il lui convient. Je suis sûr alors qu'il aura quelques bontés pour les Français qui se sont attachés à mon sort, et que je ne serai pas à même de rendre aussi heureux qu'ils le méritent. Quant à moi, à la reine, à mes enfants, l'empereur me faisant payer mon traitement de prince français, nous en aurons assez, mon intention étant de vivre dans la retraite en m'occupant de l'éducation de mes enfants, et laissant à l'empereur le soin de leur établissement : car je ne doute pas, si ce projet se vérifie, que je ne retrouve le cœur de mon frère et que, dans les intervalles où il se rappellera qu'il est homme, il ne trouve quelque consolation en retrouvant mon cœur pour lui aussi jeune qu'il y a trente ans.

» Enfin, j'aime mieux vivre sujet de l'empereur, en France, que de rester en Espagne roi nominal, parce que je serai bon sujet en France et mauvais roi en Espagne, et que je veux rester digne de l'empereur, et de la France, et de moi-même. »

Dans toute cette affaire, ce n'est pas tant peut-être de la conduite de Joseph qu'il faut s'étonner que de celle de sa femme, le poussant avec la plus grande abnégation à consommer le sacrifice de sa grandeur. Cette détermination, si rare dans un roi, semble l'être encore davantage dans une reine. Qu'on songe, d'ailleurs, que l'épouse de Joseph Bonaparte, devenue, de simple fille du négociant marseillais Clary, belle-sœur d'un empereur et de plusieurs rois, puis reine elle-même, allait, en se décidant à quitter le trône, redescendre au niveau de sa jeune sœur, fille du général Antoine, et laisser au-dessus d'elle, sur le trône de Suède, son autre sœur mariée à Bernadotte, et peut-être ce qu'elle fit dans cette circonstance paraîtra-t-il encore plus surprenant. Il y a loin d'une telle conduite à celle de cette princesse de Provence, dont parle Brantôme dans ses *Dames galantes*, qui, jalouse de voir ses sœurs sur le trône, employa tant de manœuvres pour y monter aussi :

« La quatriesme fille du comte de Provence, beau-père de saint Louis, et femme à Charles, comte d'Anjou, frère du dit roy, magnanime et ambitieuse qu'elle estoit, se faschant de n'estre que simple comtesse de Provence et d'Anjou, et qu'elle seule de ses trois sœurs, dont les deux estoyent reines et l'autre impératrice, ne portoit aucun titre que de dame et contesse, ne cessa jamais jusqu'à ce qu'elle eust prié, pressé et importuné son mary d'avoir et de conquester quelque royaulme, et firent si bien qu'ils furent eslus par le pape Urbain roy et reyne de Sicile, et allèrent tous deux à Rome, avec trente galères, se faire couronner par Sa Sainteté, en grande magnificence, roy et reyne de Jérusalem et de Naples, qu'il conquesta après, tant par ses armes valeureuses que par les moyens que sa femme luy donna, vendant toutes ses bagues et joyaux pour fournir aux frais de la guerre; et puis après régnèrent assez paisiblement et longuement en leurs beaux royaumes conquis. »

COULEURS NATIONALES.

INSIGNES. DEVISES.

Suivant un usage conservé pendant bien des siècles chez la plupart des nations modernes, nos rois avaient pris pour première enseigne la bannière religieuse du saint dans l'intercession duquel ils avaient le plus de foi. Saint Martin, l'un des premiers apôtres des Gaules et le premier patron de notre monarchie naissante, fut donc celui dont les rois francs choisirent la chape pour s'en faire un étendard.

Cette chape, qui était moins, sans doute, le propre vêtement du saint que la bannière de son abbaye, était peinte en bleu, couleur qui, selon les rites de l'Église, était spécialement adoptée pour ces saints confesseurs. Se trouvant ainsi affecté à l'étendard que les rois se faisaient un devoir religieux de porter à la tête de leurs armées, le bleu devint la couleur nationale des Français sous la première race. Il en fut ainsi jusqu'à ce que l'avénement de la dynastie nouvelle des Carlovingiens vînt rendre nécessaire un changement dans l'étendard national et dans sa couleur.

A la *chape de saint Martin*, dont la couleur fut toutefois conservée dans le blason royal, on substitua la bannière de saint Denis, patron choisi par la dévotion des nouveaux rois. Or cet étendard des Carlovingiens n'est autre que celui qui devait être si célèbre dans notre histoire sous le nom d'oriflamme. Cette bannière, à laquelle les historiens devaient laisser longtemps encore son nom de *vexillum sancti Dyonisii*, était, comme on sait, de soie rouge, sans ornement d'or ni d'argent, « de cendal roujoyant et simple, sans pourtraicture d'aucune affaire, » dit Guillaume Guyart en son *Royal lignage*.

Le rouge, que l'Église consacre à ses martyrs, devint ainsi à son tour la couleur des rois de France : ils la portèrent sur leurs cottes d'armes pendant tout le temps des guerres saintes ; à la fin du quatorzième siècle, ils étaient même encore fidèles à cette glorieuse livrée. « Du Guesclin, dit M. Rey [1], portait la croix rouge en

[1] *Hist. du drapeau.*

1380 contre la croix blanche des Anglais en Poitou. »
Mais lorsque l'oriflamme eut cessé de paraître à la tête
de nos armées après la défaite d'Azincourt, lorsque surtout le roi d'Angleterre, Henri VI, devenu maître de
Paris et de l'abbaye de Saint-Denis, eut pris le titre de
roi de France et arboré à ce titre notre étendard national, force fut bien aux Français d'abdiquer une couleur devenue ennemie. Le rouge disparut donc de leurs
drapeaux, et, par un troc bizarre, ce fut le blanc, abandonné lui-même par les Anglais, qui prit sa place.

Le culte pieux que Charles VII et son fils Louis XI
vouaient à la Vierge fut peut-être une des causes qui
firent choisir cette couleur, et qui la conservèrent sur
nos drapeaux comme un symbole immaculé de cette protection de la Vierge, que le vœu de deux rois, Charles VII
et Louis XIII, avait appelée sur la France. Le blanc ne
fut cependant pas toujours, même au temps des derniers
Valois et des Bourbons, la couleur exclusive des Français. Ainsi nous savons que, pendant les guerres de religion, Charles IX et Henri III donnèrent à leurs soldats
des écharpes et des drapeaux rouges, tandis que le roi de
Navarre et les troupes calvinistes arboraient la bannière
blanche. La couleur tricolore, que la révolution devait
impatroniser en France, fut même, en plus d'une circonstance, adoptée par nos rois, sinon comme un drapeau, au moins comme une livrée. François Ier, Henri II,
François II et Henri III, en avaient fait la couleur de
leurs pages dans un temps où les costumes mi-partis
étaient encore de mode comme vêtements d'apparat. Sous
Henri IV, nous retrouvons encore les trois couleurs dans
l'uniforme des hallebardiers et dans le costume des valets
de pied du roi ; et ce n'était pas là un choix capricieux :

pour Henri IV, déjà le tricolore, ainsi arboré par les gens de sa maison, était réellement la livrée nationale des Français.

Vers la fin de son règne, la Hollande, qui achevait de constituer sa nationalité, fit demander à Henri IV qu'on lui accordât le droit de s'attribuer les couleurs françaises. Il y consentit, et le drapeau qu'il envoya pour preuve de son contentement au stathouder d'Amsterdam était un drapeau aux trois couleurs. Depuis, la Hollande n'en a point eu d'autre.

A l'époque du mariage de Louis XIV, la livrée royale présentait la disposition bizarre d'un damier à carreaux tricolores opposés et contrastés entre eux. Le costume porté depuis Louis XIV par les gens du roi, et dans lequel on retrouve toujours le fond rouge et les galons blancs et bleus, n'est lui-même qu'un souvenir de cette livrée tricolore.

Mais voici un fait plus étrange. Au commencement du dix-huitième siècle, près de cent ans avant la révolution, nos soldats portèrent un instant les trois couleurs ; c'est à l'époque de la triple alliance entre les rois de France et d'Espagne et l'électeur de Bavière. Quand les trois armées s'étaient combinées, on était convenu de donner aux soldats une cocarde qui, pour figurer mieux par un emblème l'union des trois peuples, reproduisît la couleur de chacun. C'est ainsi que le blanc pour la France, le rouge pour l'Espagne, se trouvèrent fatalement unis au bleu, couleur nationale de la Bavière.

Il ne faudrait pas cependant imputer à ces faits, plutôt fortuits que médités, l'origine du drapeau et de la cocarde tricolores adoptés par la révolution. En 1789, le vert, popularisé par Camille Desmoulins au Palais-Royal, faillit devenir l'emblème national ; mais on se souvint que c'était la couleur de la livrée du comte d'Artois, le plus impopulaire des princes, et on chercha une autre cocarde. C'est alors qu'on chercha à s'approprier les couleurs de la ville de Paris : le rouge et le bleu, déjà célèbres dans plus d'une émeute populaire, quoique empruntés tous deux au blason de nos premiers rois, sont les mêmes que le prévôt Étienne Marcel avait arborés en 1458 sur son chaperon révolutionnaire. Le nouvel étendard du peuple réunit bientôt à ces deux premières couleurs le blanc, qu'avait choisi la garde nationale de Paris, fidèle encore à la royauté et à ses emblèmes. C'est quelques mois après la prise de la Bastille que la cocarde tricolore fut définitivement adoptée. Bailly et Lafayette l'offrirent à Louis XVI dans la grande salle municipale de l'hôtel de ville. La convention maintint ce choix de nos couleurs, et le consacra même dans sa séance du 27 pluviôse an 2 par le décret suivant :

« Le pavillon, ainsi que le drapeau national, sera formé des trois couleurs nationales, disposées en trois bandes égales, de manière que le bleu soit attaché à la garde du pavillon, le blanc au milieu, et le rouge flottant dans les airs. »

On voit que la disposition adoptée aujourd'hui pour l'arrangement des couleurs est la seule bonne, la seule qui soit historique. La motion de M. Caussidière, tendant à intervertir cet ordre après février, loin d'être révolutionnaire, était encore en contradiction flagrante avec le décret des révolutionnaires de la convention.

Plusieurs décrets, entre autres la loi du 30 juin 1791 sur le drapeau de la république, et celle du 14 octobre

1791 sur les drapeaux de la garde nationale, sanction-
nèrent encore et toujours, dans la disposition plus haut
décrite, les trois couleurs de notre drapeau. Mais ce qui
vaut mieux pour leur glorification, c'est que d'innombrables victoires et trois révolutions les ont consacrées. Un
patriote ne leur demandera pas d'autres titres. Si l'ar-
chéologue pourtant, amoureux des vieilles origines, ne se
trouvait pas satisfait, et demandait plus de vétusté réelle
pour l'étendard d'une nation vieille comme la France,
nous lui répondrions qu'en cela encore le drapeau tricolore est le seul digne de faire flotter ses plis sur le sol de
cette France centralisée, faite tout entière des morcel-
lements et des débris de la Gaule antique. Seul, en effet,
fatalité étrange! il réunit sur le champ de sa bannière les
trois couleurs adoptées, il y a dix-huit siècles, par les
trois grandes nations gauloises : le bleu de la Gaule cel-
tique, le blanc de la Gaule belgique, le rouge de la Gaule
aquitanique.

Nous ajouterons ici quelques détails relatifs à l'*oriflamme* et aux *écharpes*.

Ce furent d'abord les comtes de Vexin qui, comme
premiers vassaux de l'abbaye de Saint-Denis, eurent
seuls le droit de prendre sur l'autel abbatial et de déployer à la tête de leurs vassaux l'*oriflamme*, bannière
des moines. Quand Louis VI fut devenu comte de Vexin,
il usa du droit que ce titre lui donnait sur le saint étendard, et il en fit la bannière des rois de France. Chaque
fois qu'ils paraissaient à la tête de leurs troupes, l'oriflamme s'y trouvait avec eux.

Pour compléter ce qui en est dit dans le passage des
royaux lignages, cité tout à l'heure, répétons avec André
Duchesne que l'oriflamme était « une bannière de ver-

meil toute semée de fleurs de lis d'or; » et ajoutons que
la bannière, ou plutôt le pennon de taffetas rouge, se
terminait par trois pointes ou fanons garnis de houppes
vertes sans franges d'or, et que la hampe était de bois
doré ou seulement de bois blanchi. Du reste, l'oriflamme
étant renouvelée de siècle en siècle, sa forme fut, chaque
fois, modifiée.

Un ancien inventaire du trésor de Saint-Denis, dressé
en 1470, et qui, par le seul fait de cette description,
servirait à démentir ceux qui prétendent que cet étendard fut pris à Azincourt, en 1415, nous décrit ainsi
l'oriflamme vieillie et délaissée : « Étendard d'un sandal
fort épais, fendu par le milieu, en forme de gonfanon fort
caduc, enveloppé d'un bâton couvert de cuivre doré et
un fer longuet aigu au bout. »

Quand le roi partait pour l'armée, il allait lui-même
recevoir, à genoux, l'oriflamme des mains de l'abbé de
Saint-Denis, puis il en confiait la garde à l'un de ses
plus braves barons. Quelquefois, suivant Galand, il la
portait lui-même autour de son cou sans la déployer. Au
retour de la campagne, on rapportait le divin palladium
à Saint-Denis avec la même pompe. On peut lire dans
un manuscrit de la Bibliothèque impériale, ayant pour
titre : *le Jardin des nobles*, par Pierre le Gros, et portant le n° 6853, la description du cérémonial observé à
Saint-Denis pour la prise de l'oriflamme.

Parlons maintenant de l'*écharpe*. Ce fut d'abord un
insigne chevaleresque. Celle des preux avait toujours la
couleur préférée par leur dame. Souvent la dame elle-
même faisait don de l'écharpe à son chevalier ; alors elle
devenait une *emprise*, et, d'après une règle chevaleresque, déjà en usage chez les Germains, selon M. Dureau

de la Malle [1], on la gardait jusqu'à ce qu'un champion plus heureux eût remporté sur vous quelque avantage dans un tournoi, ou même jusqu'à ce que l'entreprise ordonnée par la dame au chevalier eût été accomplie.

Quand les ordres de chevalerie se constituèrent, l'écharpe, par sa forme et par sa couleur, leur servit à se distinguer entre eux; les chefs d'armée et les chefs de parti s'en firent aussi, dès lors, un insigne distinctif. L'écharpe fut pour eux et pour leurs soldats ce que la *cocarde* est pour nous. L'écharpe des croisés était blanche, et ils la portaient en sautoir, comme on continua de le faire jusqu'au dix-septième siècle; c'est même de cette position oblique de l'*écharpe* qu'est venue la locution *prendre en écharpe*, pour dire prendre obliquement.

Pendant la guerre des partis d'Armagnac et d'Orléans entre eux, l'écharpe des premiers était rouge et celle des autres était une simple bande de linge blanc. Quelques historiens, et entre autres Paradin [2], croient même que l'usage qu'on fit des écharpes blanches dans les armées royales, à partir de Charles VII, est venu de là. Jusqu'au règne de Henri II, les différents corps s'étaient distingués entre eux par la couleur de leurs casaques d'ordonnance; mais dès lors ce fut l'écharpe seule qui fit la différence.

Outre l'écharpe nationale qu'on commença à attacher à la lance du drapeau, chaque corps eut alors son écharpe d'uniforme, nuancée suivant la fantaisie du commandant.

Pendant les guerres de partis qui suivirent ce règne, on vit plus que jamais les écharpes changer de couleur.

[1] *Mœurs des Germains*, note 22.
[2] *Annales de Bourgogne*, liv. I, p. 527.

Celle des huguenots était rouge ; celle des ligueurs fut noire à partir de la mort des Guise, mais elle fut verte lorsque l'assassinat de Henri III eut permis de changer ce signe de deuil en signe d'espérance.

Pendant la Fronde, l'écharpe de Mazarin fut verte; celle de Condé, isabelle. Alors, au lieu de dire, comme aujourd'hui, changer de cocarde, on disait *changer d'écharpe*, expression encore consacrée par la Fontaine [1], et souvent employée dans les pamphlets du temps de Henri IV. Ce n'est qu'en 1692, après la bataille de Steinkerque, que l'écharpe, devenue la cravate, fut remplacée par la cocarde comme insigne national des armées.

Comme emblèmes nationaux, nous trouvons en France *le coq*, qui a, du moins, la prétention d'être *gaulois*, et l'aigle qui ne peut être que romaine.

De quel temps date chez nous cet insigne du *coq gaulois* ? C'est une question très-difficile à résoudre.

Le coq ne figure nulle part sur les monuments des Gaulois, ni même sur les monuments étrangers, allusifs à ce peuple, mais encore les auteurs qui ont traité des usages et de l'agriculture de la Gaule ne le mentionnent jamais.

Le trouve-t-on chez les barbares qui, en se ruant sur la Gaule, renouvelérent sa population, ses usages, et qui, par là, auraient pu de même lui imposer l'un de leurs insignes? Pas davantage. Les seuls barbares chez qui le coq se rencontre comme emblème, sont les Goths, et l'on sait que ce sont aussi les seuls qui se contentèrent, dans les Gaules, d'une invasion rapide, sans aucun établissement durable.

[1] Fable 5, liv. II.

Au moyen âge, même absence de l'oiseau national. Il ne figure même pas parmi ces animaux symboliques qui ornaient, entourés d'une devise, le blason personnel de chacun de nos rois.

Philippe-Auguste avait choisi *des lions*.

Louis VIII, *des sangliers*.

Saint Louis, *des dragons*.

Philippe le Hardi, *des aigles*.

Charles le Bel, *des léopards*.

Le roi Jean, *des cygnes*.

Charles V, *des lévriers* et *des dauphins*.

Charles VII et Charles VIII, *des cerfs ailés*.

Louis XII, *le porc-épic*.

François Ier, *la salamandre*.

Et aucun n'a choisi *le coq*.

Au dix-septième siècle enfin, on le voit paraître sur quelques médailles. En 1665, le Quesnoy ayant été délivré, on frappa un jeton sur lequel se voit la ville au fond et sur le devant un lion qui fuit : c'est le *lion espagnol*, et un *coq* qui le poursuit. Celui-ci représente évidemment la France, comme le *lion* figure l'Espagne. Il fallait un animal qu'on pût opposer à un autre. Le Français n'en ayant pas dans ses insignes nationaux, on s'avise de latiniser son nom; on trouve *Gallus*, qui signifie à la fois *Gaulois* et *coq*, et l'on prend le coq pour représenter le Gaulois. Une chose contribua aussi à faire choisir cette allégorie : c'est la croyance, relatée par Pline, où l'on était que le coq fait fuir le lion par son cri : aussi mit-on pour légende autour du jeton : *Cantax, fugat*.

Dès lors *le coq* nous est acquis comme emblème. En 1679, il reparaît sur une autre médaille, au-dessus d'un globe où est écrit *Luccia* : il est figuré les ailes éployées, avec ces mots : *Gallus protector sub umbrâ alarum.* Nos ennemis s'en emparèrent alors pour nous le renvoyer en caricatures.

Sur une médaille relative à la jonction du prince Eugène et de Marlborough, qui avait causé la dispersion de l'armée française en 1706, on voit la France représentée par un coq qui se laisse prendre à un hameçon sur lequel il s'est avidement jeté. Ce sont les Hollandais surtout qui ont multiplié ce signe en représentant sur plusieurs médailles, et de différentes manières, le lion batave ou belge poursuivant le coq français. Sur une de ces médailles on lit : *Nunc tu Galle fugis, dum leo Belga fremit.* Sur une médaille de 1712, on voit le coq qui demande la paix au lion batave et au léopard anglais, qui la lui refusent. Enfin, sur une médaille de 1760, c'est l'aigle impérial qui déchire le coq gaulois et lui arrache les plumes.

« En réalité, est-il dit dans un curieux article [1] qui nous a été de la plus grande utilité pour cette brève notice, le coq prétendu gaulois est fils de la révolution française, puisque de son ère seule date son origine comme emblème national.

» En effet, c'est en 1789, avec la garde nationale, qu'il prit naissance.

» Lorsqu'il s'agissait alors de choisir un emblème, on ne rêva point que le coq était gaulois, on se souvint que c'était l'oiseau du dieu Mars, et c'en fut assez pour déterminer son adoption; » encore, pendant cette longue période de notre histoire, ne fut-il pas longtemps employé. Son image ne s'associe qu'aux plus belles pages

[1] *Gazette littéraire,* I, 742.

des annales républicaines. Il parut avec la gloire et disparut devant le joug ; les faisceaux, le niveau et le bonnet, de triste mémoire, le remplacèrent bientôt. Dans toute la longue liste des assignats, il ne se montra guère que sur ceux de 1792 ; et l'on peut assurer que, vers 1793, il était presque complétement abandonné.

L'aigle a figuré dans les armoiries de tous les grands peuples guerriers. Il avait donc de droit sa place dans les armoiries de la France.

Qu'on fouille la mythologie ou l'histoire, l'aigle est partout. Il embrasse chaque mythe de son envergure immense, toujours sacré, toujours vénéré, toujours redouté même, car il porte les foudres. Mais c'est surtout comme oiseau protecteur qu'il apparaît, protéger et sauver étant les plus beaux droits de la puissance et de la force. Il sauva Hélène, que le couteau des prêtres avait choisie pour victime ; il sauva Valeria Lupera, qu'on menait à l'autel pour l'immoler. Ainsi, fort et immortel, il était partout l'ennemi de la mort, partout comme le symbole ailé de cette existence qui ne peut finir en lui.

Le voyait-on planer sur un bûcher, c'était un signe d'apothéose et d'immortalité : il venait recueillir l'âme du héros, dont la gloire ne devait pas mourir ; ou bien plutôt il était l'image du génie, qui remonte au sein des dieux. C'était la croyance antique, et pour que le symbole prît plus de réalité, au moment où le bûcher s'allumait, on donnait l'essor à un aigle, qui se dégageait à plein vol des torrents de flamme et de fumée, comme l'âme se dégage des nuages de la mort. Point d'apothéose et de déification sans que l'aigle en fût le ministre. Pour éterniser l'image des honneurs divins rendus à Jules César, on grava sur des bagues, dont une seule nous a été conservée, la figure d'un aigle enlevant la foudre, le regard fixé sur une étoile, et portant à son cou le nom de Julius.

Ce que l'aigle est avant tout, c'est l'oiseau des victoires et des dominations. Les Romains ne furent pas les premiers à le comprendre. Longtemps avant qu'il parût au sommet de leurs enseignes on l'avait érigé, lui qui voit au delà des nuages et ne craint pas de regarder le soleil en face, lui, le porte-foudre, en emblème de la souveraineté et de la gloire.

En Égypte, il était le symbole du Nil, le fleuve-dieu, et sur quelques monuments on le retrouve volant à essor égal avec le *globe ailé*, autre emblème de la puissance des Égyptiens. Chez les Perses, Mithra, voulant se révéler sous une forme visible, prit la figure d'un aigle; et c'est une pareille image, taillée dans l'or, que Cyrus plaça au sommet de ses étendards. Ézéchiel l'entrevoyait-il à travers la pénombre de ses visions, cet aigle de Cyrus, quand il désigna les princes dominateurs sous le nom de l'oiseau victorieux? Mais pourquoi alors n'y vit-il pas aussi un symbole sauveur pour sa nation, puisque, avec l'aigle de Cyrus planant sur Babylone, la liberté revenait pour le peuple juif, comme à plus de vingt siècles de là devait revenir pour lui, avec notre aigle impérial, la protection la plus bienveillante sous l'aile de laquelle il se soit jamais reposé.

Les Romains l'avaient adopté de bonne heure. D'abord, selon Denys d'Halicarnasse, ils en couronnèrent le sceptre de leurs rois; puis, les rois chassés, ils en firent l'ornement du sceptre de leurs triomphateurs et l'unique enseigne de leurs légions.

Sous la république, l'*aigle romaine* fut de bois, puis

d'argent avec un foudre d'or dans les serres. César, le premier, voulut qu'elle fût d'or tout entière; mais il lui enleva le foudre sur lequel elle se posait. Pour marquer son infatigable activité et sa perpétuelle aspiration vers de nouvelles conquêtes, on la représentait toujours les ailes déployées.

Chaque légion avait son aigle d'or posée à la pointe d'une lance. On l'entourait de la plus religieuse vénération, on jurait par elle comme par une divinité, et ces serments-là étaient les plus sacrés. L'oiseau guerrier gardait encore là son caractère protecteur : le soldat coupable, prêt à être frappé par la hache des centurions, l'ennemi menacé de mort, n'avaient, pour être épargnés, qu'à venir se placer sous la sauvegarde de l'aigle, en tenant embrassée la lance de l'*aquilifère* [1].

Les jours de triomphe, on parait l'aigle de toutes les coquetteries de la victoire; on la couvrait de couronnes de lauriers et de guirlandes de fleurs. Quand une légion prenait ses campements, on plaçait l'aigle au centre du quartier; et s'il arrivait que deux légions dussent camper ensemble, on posait alors sur la limite des deux camps une aigle double à têtes et ailes opposées. C'est ce qui explique, sans nul doute, l'aigle double qui se voit sur la colonne Antonine, et qu'il faut bien se garder de prendre pour le prototype de celle qui fut plus tard adoptée par les premiers empereurs byzantins, comme emblème de leur double empire d'Orient et d'Occident.

Les jours de défaite, l'aigle ne devait jamais tomber aux mains des ennemis; quand l'aquilifère voyait commencer la déroute, il brisait en deux sa lance et cachait

----

[1] Porte-étendard.

en terre l'aigle et le fragment qu'elle surmontait. C'est ce qui arriva au funeste combat de Trasimène, et nous devons à pareille précaution d'un aquilifère la seule aigle de légion qui ait été conservée. Elle a été trouvée en Allemagne, sur les terres du comte d'Erlach; elle est de bronze doré, haute de treize pouces, et ne pèse pas moins de huit livres. Dans une attaque de Germains, où la légion, qu'on croit être la vingt-deuxième, aura eu le dessous, l'aquilifère, avant de fuir, aura sans doute enfoui dans la terre l'aigle dont il avait la garde.

Ainsi, les ennemis de Rome pouvaient bien être victorieux, mais il ne leur était pas donné de pouvoir étaler les plus beaux insignes de leur victoire. Varus, pourtant, eut la honte de voir détruire ses légions et de perdre ses aigles. Il est de tradition chez les peuples du Nord que les bandes d'Arminius, vainqueur, en enlevèrent deux : la première, qui était noire, c'est-à-dire de bronze, fut donnée aux Germains; l'autre, qui était blanche, c'est-à-dire d'argent, fut laissée aux Sarmates auxiliaires; et l'on ajoute que l'aigle noire qui figure dans les armes de l'empire, et l'aigle blanche de l'écusson de la Pologne, n'ont pas une autre origine.

Pour mon compte, je ne crois pas à la légende, et pour mille raisons. Il est vrai pourtant que l'empire, qui porte aujourd'hui l'aigle double dans ses armoiries, n'eut longtemps que l'aigle simple. Mais, n'en déplaise à la tradition, celle-là n'était pas l'aigle de Varus. C'est en souvenir des Césars romains que les Césars germains l'avaient prise. Bientôt ils ne s'en tinrent pas là; il leur fallut l'aigle bicéphale. N'étaient-ils pas les successeurs de Charlemagne, qui l'avaient prise pour blason impérial, et chaque jour n'enlevaient-ils pas d'ailleurs un lambeau à l'empire de ces Paléologues de Constantinople, qui l'arboraient aussi pour faire croire, par cette aigle au double front, qu'ils portaient encore la double couronne de l'Orient et de l'Occident? Othon IV la fit graver sur son sceau d'empereur, et au quinzième siècle, Sigismond, plus hardi, en fit tout à fait le seul fond des armoiries de l'empire.

Les Russes, dont la puissance grandissait, furent jaloux de cet emblème, et le czar Ivan III, qui venait d'épouser la fille de Michel Paléologue, se crut en droit, par raison d'alliance, de prendre le même blason. Il ordonna de graver sur ses monnaies une aigle double, en tout point pareille à celle des empereurs allemands et des empereurs grecs. Mais au lieu d'avoir le *vol montant* comme l'aigle des Césars, elle eut le *vol abaissé*. Ivan n'eut pas plus tôt appris la différence qui existait entre l'aigle moscovite et l'aigle des Césars, qu'il fit pendre les graveurs et les dessinateurs de sa monnaie. L'aigle russe resta avec le vol abaissé; mais elle n'en a pas moins atteint et même distancé l'aigle allemande au vol montant.

Je vous donne du reste cette légende pour ce qu'elle vaut, et je fais aussi bon marché de ses présages que de ceux dont quelques héraldistes voyaient la cause dans une position de notre ancienne aigle impériale. Elle était, disaient-ils, *contournée*, c'est-à-dire ayant la tête portée du côté gauche, ce qui est signe de *forfaicture*. Maintenant l'aigle qui surmonte le drapeau français porte sa tête à droite.

Le Psalmiste a dit de l'aigle qu'il est comme le phénix. Il a le don de renouveler sa vie, et, par une suite de rénovations successives, d'en centupler la durée. Ce n'est sans doute là qu'une magnifique métaphore, et le roi prophète, en parlant ainsi, n'a certainement voulu faire qu'une belle allégorie. Il s'est pourtant trouvé au quinzième siècle un savant italien, nommé Panciroli, qui a posé en fait réel cette grande image des psaumes. Il a été jusqu'à indiquer les moyens que l'aigle emploie pour retrouver ainsi sa jeunesse première. Je doute fort que la science admette la preuve qu'il avance ; mais en revanche, grâce à la solennelle journée du 10 mai 1852, ce don de renaître que possèdent les aigles est désormais un fait acquis à l'histoire.

Maintenant, pour finir, quelques mots des devises historiques.

La devise, on le sait, est cette sorte de métaphore figurée à l'aide de laquelle on représente un objet par un autre avec lequel il a de la ressemblance ; une pensée par une figure ; la vie d'un homme, son origine, ses hauts faits, par une pensée ou par une image. Les anciens faisaient usage des devises. Leurs rois et leurs chefs en portaient sur leurs boucliers et sur leurs enseignes ; mais le plus souvent ce n'étaient encore que des emblèmes sans légende. Ainsi, au siége de Thèbes, le devin Amphiaraüs portait un dragon sur son bouclier, Persée une gorgone, Capanée une hydre, et Polynice un sphinx, souvenir symbolique de la manière dont son père Œdipe était arrivé au pouvoir.

Dans Virgile, tous les compagnons d'Énée ont aussi leurs devises, mais ce ne sont toujours que de simples emblèmes non expliqués par des légendes. Plus tard, enfin, la devise se formule avec plus de clarté. La figure y marche avec son exergue. Auguste, par exemple, fait graver sur ses monnaies une ancre enlacée d'un dauphin, avec ces mots : *Festina lente ;* et Vespasien y fait représenter un papillon et une écrevisse, ou bien encore un palmier chargé de fruits portant ce seul mot pour légende : *Mature*. César, avant eux, avait même pris une devise sans emblème, quand il avait adopté son fameux *Veni, vidi, vici*.

C'est au moyen âge que la science des devises devait surtout s'étendre et se perfectionner, grâce aux tournois, aux carrousels et à toutes les fêtes de chevalerie qui rendirent nécessaire l'usage de ces galants et belliqueux emblèmes.

Alors on commença à en distinguer de quatre sortes, savoir : les devises figurées à l'imitation des *arabesques* maures, par des couleurs ou des mélanges de couleurs, et dont les *lacs d'amour* qui entourent encore aujourd'hui l'écusson des rois de Sardaigne sont un dernier souvenir ; puis les devises ne renfermant que de simples paroles, et nommées pour cela *âmes sans corps* ; ensuite les devises n'ayant, au contraire, qu'une figure sans mots, un *corps sans âme* ; enfin, celles qui avaient tout à la fois un *corps*, c'est-à-dire la représentation matérielle de l'idée, le dessin de l'image ; et une *âme*, c'est-à-dire la légende, l'exergue, le mot qui anime l'objet, *motto* en italien.

Les devises n'ayant qu'une légende sans figure allégorique ne doivent pas être confondues avec *le cri de guerre* pour *défi, invocation*, ou *par avénement* ; le plus souvent elles en étaient tout à fait distinctes ; en cela même il n'y a que de fort rares exceptions, pour les Montmorency, par exemple, pour les comtes de Chartres et les Molac de Bretagne, qui prenaient leur cri de guerre pour devise, et réciproquement. Il faut aussi les distinguer des légendes ès armes, sentences placées sous l'écu, sur une banderole.

Ces légendes et armes étaient souvent héréditaires,

tandis que la devise, au contraire, contenant presque toujours une allusion au caractère de celui qui l'avait adoptée, ou à un événement de sa vie, était le plus souvent personnelle. La légende ès armes était pour la race, la devise pour l'homme. Plus d'une fois elle était, en un seul mot, l'image la plus parfaite de celui qui l'avait choisie. Ainsi fut celle de saint François de Paule, *Charitas*, et celle aussi de saint Charles Borromée, *Humilitas*. Ces devises en légendes sont seules employées encore aujourd'hui. Quant à celles qui n'ont qu'une image sans paroles, devises muettes qu'on doit ranger plutôt parmi les emblèmes, elles n'ont pas été fort en usage depuis les anciens. On ne saurait guère en citer d'autres exemples que le *Cest ailé*, dont, en 1580, suivant Juvénal des Ursins, Charles VI fit supporter ses armoiries; le *compas* qui faisait toute la devise du duc d'Albe, suivant l'usage laconique des Espagnols; et enfin les deux AA dans un cercle, sorte de rébus héraldique signifiant *chacun A son tour*, et bien digne des ambitieux Guise, qui l'avaient pris pour emblème. Les devises qui réunissent à la fois la légende et l'image furent plus longtemps à la mode. L'art de les composer fut soumis aux règles les plus sévères, s'attachant les unes à la figure, *le corps;* les autres aux paroles, *l'âme*. Ainsi il fallut que la devise fût composée de corps et d'âme en tels rapports l'un avec l'autre, que l'âme expliquât toujours le corps; la légende dut être concise, légèrement détournée, comme dit Ménage, sans aucun subterfuge et par un élégant sous-entendu.

Elle dût toujours être applicable à la personne aussi bien qu'à l'objet matériel formant *le corps;* de plus, il fallait toujours que la devise ne fût ni tirée de choses inconnues, ni trop énigmatique, ni trop facile, ni trop humble, ni surtout trop orgueilleuse : « L'âme de la devise, dit Henri Estienne, doit toujours être assez modeste pour que celluy qui l'arborre en puisse faire application sur lui-même, et qu'il puisse en avoir faict composition sans oultre cuydance ou vanité malseyante. »

La figuration de la devise devait toujours être agréable à l'œil, et la pensée belle ; nulle figure humaine n'y était admise ; la devise se fût ainsi trop rapprochée du genre des emblèmes. Bien plus, elle n'était parfaite que lorsque le corps était unique, et l'âme ou mot pris dans une langue autre que la langue maternelle du porteur.

En outre de ces conditions de rectitude, il en fallait d'autres exigées pour la brièveté de la légende. Ainsi la devise ne devait pas avoir plus de huit syllabes. On ne faisait exception qu'en faveur de quelques vers latins, italiens, français, « et si toujours falloient-ils qu'ils fussent des plus excellents. » Quelques devises composées selon toutes ces exigences méritent d'être citées. Ainsi celle de Léon X, qu'on voit encore au Vatican, c'est un joug, avec le mot *Suave* (le joug du seigneur est doux) ; celle de Henri III, roi de France et de Pologne : deux couronnes sont à terre, une troisième au ciel, avec ces mots : *Manet ultima cœlo* ; celle aussi de Charles-Quint, représentant les colonnes d'Hercule et portant ces mots pour légende : *Nec plus ultra*.

La devise plaintive de Valentine de Milan est aussi restée célèbre ; on sait que c'est une *chante-pleure* (arrosoir), avec ces mots : *Riens ne m'est plus, plus ne m'est riens*. La devise des sires de Bourbon : une épée, avec ce mot : *Penetrabit*, fut presque un présage de la haute fortune de cette maison.

La mode des devises, presque perdue à la fin du seizième siècle, quand les tournois eurent cessé, se raviva sous Louis XIII et sous Louis XIV, pour les brillants carrousels de la place Royale et des Tuileries.

C'est dans la dernière de ces fêtes chevaleresques que Louis XIV porta pour la première fois sa fameuse devise formée d'un soleil dardant ses rayons sur un globe, avec ces mots : *Nec pluribus impar*. L'antiquaire Douvrier l'avait composée pour lui d'après une vieille devise espagnole faite pour Philippe II.

Depuis lors, l'usage des devises se perdit tout à fait ; au dix-huitième siècle, Voltaire s'en moquait déjà comme d'une mode éclipsée : « Les devises, disait-il, sont, par rapport aux suscriptions, ce que sont des mascarades en comparaison des cérémonies augustes. » Aujourd'hui on n'en compose plus guère ; les seules qu'on retrouve datent des derniers siècles, et se sont perpétuées avec le blason des anciennes familles.

Les élus figurent toutefois encore dans les emblèmes donnés comme récompenses civiles ou militaires, et qu'on appelle *décorations*. Nous allons en dire quelques mots.

Chez les Athéniens, et ensuite chez les Romains, une couronne variant de forme, suivant les exploits dont elle était la récompense, fut la *décoration*, attribuée le plus ordinairement aux généraux vainqueurs sur terre ou sur mer, et même aux simples citoyens recommandés par leur courage.

Chez nous, les *décorations* ne furent pas d'abord des rémunérations nationales, mais bien plutôt des marques distinctives d'une dignité quelconque, ou surtout des signes particuliers à certains ordres de chevalerie, créés tous dans un but pieux et presque toujours pour la défense de la foi ; ces ordres devaient prendre pour insigne naturel, pour décoration symbolique, le signe de la rédemption : c'est ce qui arriva.

Dans l'ordre de la *Sainte-Ampoule*, qui passe pour le plus ancien, quoiqu'on veuille à tort, selon nous, en faire remonter la fondation jusqu'au règne de Clovis, la croix est déjà la décoration des quatre chevaliers. Une description des ordres militaires, imprimée à Paris en 1671, nous dit que cette croix de la *Sainte-Ampoule*, dont le tronc et les branches étaient triangulaires, portait quatre fleurs de lis dans les angles et au centre, la Sainte-Ampoule soutenue par une main, et couronnée par le Saint-Esprit.

Les *chevaliers de Saint-Lazare*, institués au douzième siècle, portaient la grande croix à huit pointes, d'un côté émaillé d'une amaranthe, avec l'image de la Vierge, et de l'autre émaillé de vert, avec l'image de saint Lazare sortant du tombeau. La décoration des *chevaliers du Temple* était la croix patriarcale rouge, sur l'habit blanc ; celle des *hospitaliers de Jérusalem*, plus tard *chevaliers de Rhodes et de Malte*, était une croix blanche à huit pointes sur un fond noir ; la croix d'or adoptée plus tard ne fut qu'un ornement et non un insigne.

L'ordre fondé par saint Louis en 1234, sous le titre étrange de la *Cosse de genêt*, et, par suite, de la *Genette*, avait pour marque distinctive un collier composé de tiges et de cosses de genêt, émaillées et entrelacées de fleurs de lis d'or, avec la devise : *Exaltat humiles*.

La décoration de l'ordre de *l'Étoile*, fondé par le roi Jean, et devenu plus tard l'un des priviléges du chevalier du guet, se composait d'une étoile d'or à cinq rais soutenue par un collier à trois chaînes d'or, entrelacées de roses d'or émaillées alternativement de blanc et de rouge.

Les chevaliers du *Porc-Épic*, institués par le duc d'Orléans, père de Louis XII, se distinguaient par le mantelet d'hermine et la chaîne d'or, d'où pendait un porc-épic de même métal, avec cette devise : *Cominus et eminus*.

Un collier, composé de coquilles entrelacées et posées sur une chaîne d'or, à laquelle était suspendu un médaillon représentant l'archange saint Michel, était la décoration du fameux ordre de *Saint-Michel*, fondé par Louis XI.

Celui du *Saint-Esprit*, institué par Henri III, avait pour décoration une croix d'or à huit pointes pommelées et cantonnées de fleurs de lis d'or, avec une colombe d'un côté, et de l'autre l'image de saint Michel. Le ruban était bleu céleste moiré.

Un autre ordre fondé par Henri III, sous le nom de la *Charité chrétienne*, en faveur des soldats estropiés au service de l'État, avait pour insigne un manteau portant brodé, au côté gauche, une croix d'or avec ces mots : *Pour avoir fidèlement servi*.

L'ordre de *Saint-Louis*, institué par Louis XIV en 1693, comme l'indiquait sa légende : *Ludovicus Magnus instituit 1693*, écrite en lettres d'or sur la bordure d'azur de sa croix, avait pour devise ces mots : *Bellicæ virtutis præmium*, qui indiquent assez le but tout militaire de son institution.

La croix de Saint-Louis devait, selon un édit du mois d'avril 1719, n'être décernée qu'aux officiers catholiques ; et c'est pour réparer ce que cette ordonnance avait de trop exclusif que Louis XV fonda, en faveur des officiers non catholiques, l'ordre spécial du *Mérite militaire*. Il avait pour marque distinctive une croix d'or à huit pointes suspendue à un ruban bleu foncé, et portant d'un côté une épée en pal, avec ces mots : *Pro virtute bellicâ*, et de l'autre la couronne de laurier et la légende : *Ludovicus XV instituit 1739*.

L'ordre de la *Légion d'honneur*, qui devait remplacer
tous les autres, eut d'abord, comme on sait, pour décoration une étoile émaillée de blanc, à cinq rayons doubles,
avec une couronne de chêne et de laurier, au milieu de
laquelle étaient, d'un côté l'effigie de l'empereur, son
fondateur, et la légende : *Napoléon, empereur des Français*; et de l'autre côté l'aigle armé de la foudre, et la
devise *Honneur et patrie*. Lors de la restauration, la
croix garda sa devise; sa forme et ses attributs furent
seuls modifiés. Ainsi on remplaça par l'effigie de Henri IV
celle de Napoléon, et on substitua à l'aigle impérial des
fleurs de lis qui elles-mêmes furent remplacées, en 1830,
par un fond d'argent orné de deux drapeaux tricolores.
Cette croix, attachée à un ruban moiré rouge, est en argent pour les chevaliers, et en or pour les autres membres. Les officiers la portent à la boutonnière, mais avec
une rosette au ruban; les *commandeurs*, qu'on nommait
commandants sous l'empire, la portent en collier, avec un
ruban un peu plus large que les officiers; les *grands
officiers* portent sur le côté droit de leur habit une plaque
en argent large de sept centimètres deux millimètres; quant
aux *grands-croix* (*grands-cordons* sous l'empire), leur
décoration consiste en un large ruban moiré rouge passé
en sautoir et supportant la croix, et en une plaque d'argent large de dix centimètres, portant quatre drapeaux
à ses angles, et attachée sur le côté gauche de l'habit.

Parmi les principales décorations étrangères, nous citerons : en ANGLETERRE, celle de l'ordre de la *Jarretière*, qui consiste : 1° en une jarretière de velours bleu foncé brodé d'or, avec la devise : *Honni soit qui mal y pense*, et attachée sur le genou gauche avec une petite boucle d'or ; 2° en un médaillon d'or à l'effigie de saint Georges, soutenu par un large ruban bleu foncé ; 3° et enfin en une étoile d'argent brodée sur le manteau, au côté gauche de la poitrine.

L'ordre du *Chardon*, qui fut d'abord particulier à l'Écosse, a pour insigne une médaille d'or représentant, d'un côté saint André avec la croix de son martyre, et de l'autre un chardon, avec cette légende : *Nemo me impunè lacessit*.

L'ordre du *Bain*, qui ne compte que trente-six chevaliers, se distingue par un ruban rouge moiré soutenant une médaille dont voici la devise : *Tres in uno*, allusion aux trois vertus théologales, dont le symbole était mieux représenté par les trois couronnes que portait l'écharpe bleu céleste des anciens chevaliers.

En RUSSIE, l'ordre de *Saint-André*, qu'on obtient en même temps que le grade de lieutenant général, a pour décoration une croix d'or portant à ses angles les quatre initiales de cette devise : *Sanctus Andreas patronus Russiæ*; au revers, on lit, en langue russe : *Pour la foi et la fidélité*.

L'ordre de *Sainte-Catherine* ne se donne qu'aux dames du plus haut rang, et voici ses marques distinctives : une plaque avec ces mots en langue russe : *Pour la patrie*; et une croix portant cet exergue : *Æquat mœnia comparis*.

L'ordre de *Saint-Wladimir* a pour insigne une plaque portant cet exergue autour de l'écu : *Utilité, honneur, gloire*; et au centre quatre lettres russes qui signifient : *Saint prince Wladimir semblable aux apôtres*.

En AUTRICHE, l'ordre de la *Toison-d'Or* se distingue par une décoration surmontée d'une pierre en émail bleu, avec ces mots : *Pretium laboris non vile;* et par ces mots chevaleresques brodés sur l'extrême lisière du manteau de l'ordre : *Je l'ay empris.* Une croix d'or, portant dans son écu les initiales de cette devise : *Sancto Stephano regi apostolico,* et la légende : *Publicum meritorum pretium,* est le signe distinctif de l'ordre de *Saint-Étienne.*

Quant à celui *de Léopold,* il a pour légende, sur la face de sa croix : *Integritati et merito,* et cette devise, qui fut celle de Léopold Ier : *Opes regum corda subditorum.*

L'ordre de la *Couronne de fer* a pour décoration une couronne surmontée de l'aigle double, et de plus, pour les chevaliers de première classe, une étoile à quatre rayons, brodée sur le côté gauche de l'habit, portant au centre la couronne de fer et la légende : *Avita et aucta.*

En ESPAGNE, l'ordre de *Charles III* porte sur l'écu de ses grands-croix l'image de la Vierge, et sur la croix des simples chevaliers un C entrelaçant le chiffre III, et cette devise : *Virtuti et merito.*

Les chevaliers de première et seconde classe de l'ordre de *Saint-Ferdinand* portent une croix, avec cette légende autour de l'écu : *El rey y la patria,* tandis que ceux de troisième classe ont cette devise : *Al merito militar.*

Quant à l'ordre militaire de *Sainte-Herménégilde,* ses signes honorifiques sont la croix et la plaque, avec cette légende autour de l'écu : *Premio à la constancia militar.*

En PORTUGAL, l'ordre du *Christ,* institué pour continuer celui des Templiers, rappelle en effet par ses insignes le costume des chevaliers du Temple. Chaque membre porte une longue robe de laine blanche, et sur la poitrine une croix patriarcale rouge chargée d'une autre croix d'argent.

L'ordre de la *Tour* et celui de *l'Épée* se distinguent par une croix et une médaille, portant tous deux sur leur face le buste du roi régnant et sur le revers cette inscription : *Valore e lealdade* (valeur et fidélité).

En PRUSSE, l'ordre de l'*Aigle rouge* a pour devise actuelle : *Sincere et constanter;* et, depuis 1814, on a substitué à la médaille d'or, son ancienne décoration, une croix d'argent supportée par un ruban blanc liseré d'orange.

L'ordre de la *Croix de fer* a pour principaux attributs une croix d'argent et un ruban, tantôt noir liseré de blanc, tantôt blanc liseré de noir.

Dans le ROYAUME DE NAPLES, l'ordre de *Saint-Ferdinand et du mérite* porte sur l'écu de la croix la légende : *Fidei et merito;* celui de *Saint-Georges de la Réunion* distingue ses grands-croix par la devise : *In hoc signo vinces;* enfin l'ordre de *François Ier*, dont une médaille d'or pour les commandeurs et une médaille d'argent pour les chevaliers sont les signes distinctifs, a ces mots pour légende : *De rege optimo merito.*

Dans les ÉTATS DE L'ÉGLISE, l'ordre célèbre de l'*Éperon d'or* rappelle, par la croix de ses chevaliers, celle des hospitaliers de Jérusalem. L'éperon suspendu à une petite chaîne entre les deux pointes inférieures en est la seule différence.

L'ordre nouveau de *Saint-Grégoire* a pour insigne une croix octogone émaillée de rouge, dont l'écu est à l'effigie de Grégoire le Grand, et dont le revers porte la devise : *Pro Deo et principe*, avec cette légende : *Gregorius XVI, P. M., anno 1.* Le ruban est rouge et jaune.

En Suède, l'ordre de *Wasa* porte sur le médaillon ovale qui lui sert de décoration la gerbe symbolique *(wasa* en suédois), et cet exergue : *Gustaf den tredie instiktare 1770*. L'ordre de l'*Étoile polaire* a pour légende de sa décoration, ces mots : *Nescit occasum*.

L'ordre des *Séraphins* a pour insigne une croix suspendue à un ruban bleu et présentant sur sa surface les lettres J. H. S. *(Jesus Hominum Salvator)*, tandis qu'on lit sur le revers les initiales de ces mots : *Fridericus rex Suedæ*.

En Danemark, les chevaliers de l'ordre de l'*Éléphant*, ou de *Sainte-Marie*, portent un collier composé de plusieurs éléphants entrelacés de tours, et auquel est suspendu un éléphant d'or émaillé de blanc, le dos chargé d'un château d'argent maçonné de sable (noir), sur une terrasse de sinople émaillée de fleurs ; un manteau de velours doublé de satin blanc, portant, brodée en or sur le côté gauche, une croix entourée de rayons, est l'habit de cérémonie.

Enfin, en Belgique, où nous ne trouvons que l'ordre de *Léopold*, la décoration consiste en une croix émaillée de blanc, dont une couronne de laurier et de chêne réunit les rayons. L'écu, émaillé de noir avec un bord rouge entre deux cercles d'or, porte sur sa face le chiffre du roi, et sur le revers les armoiries, avec la devise : *L'union fait la force*.

Un dernier mot à propos d'un insigne chevaleresque qui joua un grand rôle au moyen âge. C'est l'*emprise*.

Par ce mot, qui n'est qu'une abréviation d'*entreprise*, consacrée encore dans l'italien *emprese* et l'espagnol *empresas*, on désignait, au moyen âge, ces aventures que

les chevaliers faisaient serment de mener à bonne fin pour
leur honneur et le plaisir de leur dame.

Le preux qui *chargeait une emprise* en portait *l'insigne*
sur ses armes. C'était un anneau, un bracelet, un fer de
prisonnier, des chaînes, ou autres marques attachées par
la main des dames elles-mêmes. On ne pouvait s'en dépouiller qu'au bout d'une ou de plusieurs années, suivant
les conditions du serment, et jamais sans avoir accompli
le fait d'armes qui était l'objet du vœu chevaleresque. Il
se pouvait pourtant qu'avant ce temps le chevalier ren-
contrât quelque preux qui, s'offrant de *faire armes* contre
lui, le délivrait en lui *levant son emprise,* c'est-à-dire en
lui ôtant le gage qu'il portait, ce qui était un grand
déshonneur.

On voit dans Monstrelet [1] un écuyer d'Aragon qui a fait
un défi à des chevaliers anglais, et qui, *portant à la jambe
droite un tronçon de grève,* ne doit quitter cette emprise
que lorsqu'il en aura été délivré par l'un des chevaliers.

Dans le roman du petit Jehan de Saintré [2], c'est, pour
le seigneur de Loiselench, même vœu, même emprise :
« Il portoit une emprise d'armes à cheval et à pié, deux
cercles d'or, l'un au-dessus du coulde du bras senestre,
et l'autre au-dessus du coulde du pié, tous deux en-
chaînez d'une assez longue chaîne d'or, et ce par l'espace
de cinq ans... jusqu'à ce qu'il trouvast chevalier ou es-
cuyer de nom et d'armes sans reproche qui le délivrast. »

Quelquefois plusieurs chevaliers s'engageaient à courir
la même aventure et prenaient la même emprise. On vit,
en 1414, le duc de Bourbon et seize de ses seigneurs,

[1] Chap. 1er.
[2] Chap. XLVIII.

chevaliers et écuyers, faire vœu de porter pendant deux ans, tous les dimanches, à leur jambe gauche, un fer de prisonnier en or pour les chevaliers, en argent pour les écuyers, jusqu'à ce qu'ils eussent trouvé pareil nombre de preux pour les combattre.

Tant que le chevalier portait l'emprise, il était inviolable et sacré. L'écuyer qui lui vouait son service ne devait lui prêter serment qu'en touchant l'emprise et *soy agenouillant* bien bas[1].

Pour lever l'emprise, il fallait la permission du seigneur en la cour duquel on se trouvait[2].

CURIOSITÉS POLITIQUES,

DIPLOMATIQUES, &c.

On a parlé, dans le volume des *Curiosités bibliographiques*, de la *cryptographie* ou science des écritures secrètes. Comme la matière n'y a pas été épuisée, elle est bonne à reprendre ici pour ce qui regarde l'usage que fait la politique de ces moyens de correspondance occultes.

[1] Olivier de la Marche, t. I, p. 243. — La Colombière, *Essais d'honneur*, I, 266.

[2] Sainte-Palaye, *Mémoire sur l'ancienne chevalerie*, I, 240.

Aux premiers siècles du christianisme, ils étaient fort employés.

« L'Église, dit M. Philarète Chasles [1], procédait comme une véritable conspiration.

» Pour reconnaître ceux qui étaient à elle, elle avait imaginé les lettres formées, *litteras informatas*, données par les évêques aux chrétiens qu'ils voulaient recommander à leurs collègues ; ces titres de franc-maçonnerie politique portaient des signes mystérieux qui en assuraient l'authenticité. On prenait mille précautions pour qu'elles ne pussent pas être contrefaites.

» A la tête de ces passe-ports du christianisme se trouvaient d'abord les quatre lettres P. U. A. P., initiales, selon Mabillon, des quatre noms grecs signifiant les quatre personnes de la Trinité seule : *Pater*, *Uios*, *Agion*, *Pneuma*. Au bas, on lisait *Amen*. Plus loin, rangées l'une près de l'autre, quatre lettres donnaient les initiales des noms de celui qui écrivait, de celui à qui l'on écrivait, de celui pour qui l'on écrivait, et de la ville où l'on écrivait.

» Tous ces caractères, y compris le mot *amen* et l'indication courante du jour et de l'année, exprimaient une certaine valeur numérale que l'on avait soin de relater dans le corps de la lettre. L'évêque la scellait de son sceau pour l'envoyer à son collègue. On tenait secret le chiffre qui protégeait contre les tentatives de falsification ces lettres de change tirées sur la charité des suzerains du monde moral. »

On sait, par Sandraz de Courtilz, quel usage le cardinal de Richelieu faisait des écritures secrètes et de

---

[1] *Études du moyen âge*, p. 128.

quel chiffre il se servait en pareil cas. Il était des plus inextricables; mais encore le défiant ministre ne s'en tenait pas là : afin que ces lettres indéchiffrables ne fussent pas saisies sur le courrier qui en était porteur, il les entourait de toutes sortes de précaution.

Voici ce que Sandraz fait raconter par le comte de Rochefort dans ses *Mémoires*, supposés sans doute, mais plus remplis de faits authentiques qu'on ne le croit généralement :

« Je fus, dit-il, en Angleterre et en Écosse porter des lettres en chiffres, et comme il y avait déjà du bruit en ce pays-là, je fus arrêté par un parti du roi d'Angleterre que j'appréhendais bien autant qu'un de ceux des révoltés.

» Je fus fouillé aussitôt, mais on ne me trouva rien : j'avais mis mes lettres dans la selle de mon cheval de poste, que j'avais fait faire à Paris, et à moins que de rompre les bandes, qui étaient d'un fer double entre lequel elles étaient, il n'y avait rien à faire. Ils fouillèrent bien dans les panneaux et partout, mais n'ayant pas découvert la cache, on me demanda d'où je venais, où j'allais, et mille autres questions semblables. Je répondis à tout cela comme je m'y étais préparé, et ayant dit que j'étais un gentilhomme qui voyageais, cela leur donna du soupçon, trouvant que la voiture que je prenais n'était guère d'un homme tel que je voulais paraître. Cela fut cause qu'on m'arrêta quatre ou cinq jours, pendant lesquels je n'étais pas sans inquiétude, car j'étais chargé, où je me trompe, d'affaires bien délicates, et si je fusse venu à être découvert, je pouvais dire que c'était fait de moi.

» Ce qui me rassurait du moins, c'est que mes lettres étaient la magie noire, c'est-à-dire que j'eusse donné

au diable à les déchiffrer. Il n'y avait point d'alphabet
réglé comme à l'ordinaire, un trait semblable signifiait
vingt mots différents, et il n'y avait que ceux qui en
avaient la clef qui pussent y connaître quelque chose.
Pour bien expliquer ceci, il faut savoir qu'on était convenu qu'un trait signifierait un mot tout entier d'une
ligne de saint Augustin, et que pour savoir lequel c'était,
on mettrait le chiffre de la page au-dessous du trait de
la quantième ligne celui du rang où se trouvait le mot,
et que, pour une plus grande intelligence, le trait serait
conforme à la première lettre qu'il devait y avoir au mot.
Par exemple, si c'était le mot de *j'aurais*, et qu'il fût à
la dixième page de saint Augustin, à la dixième ligne,
et le cinquième en rang dans la ligne, la figure était
faite de cette manière .   J
                        10, 105.

» Cela étant ainsi, je laisse à juger s'il ne fallait pas
être sorcier pour deviner nos affaires. »

Souvent les hommes d'état ont cherché à dérober à
leurs propres agents les mystères de leur politique. On
n'ignore pas qu'à la cour les confidents appartiennent
d'ordinaire à ceux qui les payent le mieux. Ce sont des
clefs, comme quelqu'un l'a déjà remarqué, dont on peut
changer la serrure quand on vient à les perdre, si du
moins l'on veut dormir tranquille. Cromwell échappait à
ce danger fort adroitement. Quand il avait quelque affaire
importante à traiter, il dictait à son secrétaire deux lettres
qui se contredisaient, les signait, les faisait cacheter, et
donnait ensuite lui-même au courrier celle qui renfermait ses véritables volontés.

Paoli n'écrivait que rarement ; mais quand une nécessité
indispensable le contraignait à expédier quelque lettre, il

se servait de la méthode de Cromwell. C'était aussi la méthode de Richelieu, et cela, non pas seulement avec ses secrétaires, mais même avec ses ambassadeurs, c'est-à-dire avec les ambassadeurs du roi, ce qu'il considérait comme une chose tout à fait différente.

« Le comte de Bautru, dit Amelot de la Houssaye, ne se désabusa qu'après la mort du cardinal de Richelieu de l'opinion qu'il avoit toujours eue d'être dans la plus étroite confidence de ce ministre.

» Le libraire auquel il s'adressa pour faire imprimer les négociations de son ambassade en Espagne, nommé Bertier, lui conseilla de s'abstenir de les rendre publiques. Bautru en voulut à toute force savoir la raison : C'est, Monsieur, dit Bertier, que moi qui étois à Madrid de votre temps, comme vous le savez, j'avois ordre de traiter avec le comte duc d'Olivarès tout le contraire de ce que vous y traitiez, et si vous en doutez, je vais vous montrer mon instruction secrète, signée de la main de M. Desnoyers, qui vous fera voir que si vous étiez l'homme du roy, j'étois celui du cardinal, et que par ce moyen, j'en défaisois plus en un jour que vous n'en pouviez faire en trois mois.

» Bautru, ayant lu cette instruction, s'écria : *Ah ! le grand fourbe ! ah ! le méchant prêtre !* parlant du cardinal ; et depuis ce jour-là, il n'en dit jamais de bien. »

M. de Louvois avait d'autres moyens.

Semblable aux Orientaux, qui font garder leurs femmes par des eunuques, cet adroit politique ne confiait ses secrets qu'à des scribes tellement stupides qu'il était dans l'impossibilité d'en abuser : aussi, ayant reçu, dit-on, des reproches d'un ministre étranger, M. de Louvois fit appeler son secrétaire, et lui dicta la lettre suivante :

« Vous vous étonnez, Monsieur, qu'ayant à traiter avec

vous d'une affaire qui demande le plus grand secret, j'emploie pour vous écrire une autre main que la mienne; mais apprenez que le commis dont je me sers est si complétement imbécile qu'il ne comprend pas même la réponse que j'ai l'honneur de vous faire. »

De pareils hommes sont utiles pour un ministre; par malheur, M. de Louvois n'en rencontrait pas toujours d'aussi favorablement organisés. Alors il savait employer à propos d'ingénieux expédients pour parer aux inconvénients de l'intelligence chez ceux dont il réclamait les services. Tel est le moyen dont il se servit en 1680, lors de la prise de Strasbourg.

Il était alors ministre de la guerre. Il fit venir un jour M. de Chamilly pour lui donner ses instructions sur une mission importante : « Partez ce soir même, lui dit-il, pour Bâle en Suisse ; vous y serez dans trois jours : le quatrième, à deux heures précises, vous vous établirez sur le pont du Rhin avec un cahier de papier, une plume et de l'encre ; vous examinerez et écrirez avec la plus grande exactitude tout ce qui se passera sous vos yeux pendant deux heures. A quatre heures précises, vous aurez des chevaux de poste à votre voiture ; vous partirez, vous courrez jour et nuit, et m'apporterez votre cahier d'observations. A quelle heure que vous arriviez, présentez-vous chez moi. »

M. de Chamilly obéit à l'ordre ; il arrive à Bâle, se place au jour et à l'heure indiqués sur le pont, et prend note de tout ce qu'il voit passer. C'est une marchande fruitière avec des paniers, c'est un voyageur à cheval, en redingote bleue, etc. A trois heures, un homme en veste et culotte jaunes s'arrête au milieu du pont, s'avance du côté du fleuve, s'appuie sur le parapet, regarde en bas, recule un peu, et avec un gros bâton frappe trois coups bien distinctement sur la banquette. M. de Chamilly a soin d'écrire toutes ces circonstances, ainsi que celles qu'il remarque ensuite. Quatre heures sonnant, il remonte dans sa voiture, arrive chez le ministre le surlendemain avant minuit, bien confus de n'avoir que de semblables renseignements à lui rapporter. M. de Louvois prend le cahier avec empressement ; il lit, et lorsqu'il est arrivé à l'homme en veste jaune qui a frappé trois coups sur la banquette, il saute de joie, se rend aussitôt chez le roi, le fait réveiller, cause un moment avec lui, et expédie ensuite quatre courriers qui, depuis quelques heures, étaient prêts à partir. Huit jours après, la ville de Strasbourg est entièrement cernée par les troupes françaises ; elle est sommée de se rendre, elle capitule et ouvre ses portes le 30 septembre 1681.

« Il est, dit l'auteur de *Paris, Versailles et les provinces*, à qui nous empruntons l'anecdote, il est évident que les trois coups frappés sur la banquette à une heure fixe et convenue étaient le signal du succès de l'intrigue concertée entre M. de Louvois et les magistrats de Strasbourg, et que l'homme chargé de cette mission en ignorait le motif, comme M. de Chamilly ignorait le motif de la sienne. »

Dans les premières années de la révolution, un des principaux banquiers de Londres reçut l'ordre d'une maison d'Amsterdam de payer vingt mille florins à la personne qui présenterait la moitié d'une carte déchirée, dont l'autre moitié était jointe à l'ordre.

L'homme à la carte se présenta et ne répondit rien à toutes les demandes du banquier, sinon qu'il fallait le payer. Il reçut en différentes fois quatre mille guinées.

Le banquier, étonné de ce mystère, crut devoir en rendre compte à Pitt. Ce ministre demanda si l'on savait le nom de la personne à qui l'on avait donné des fonds. On l'ignorait. « Si vous la voyiez, ajouta-t-il, la reconnaîtriez-vous? — Très-bien. » Alors Pitt tira d'un tiroir beaucoup de portraits parmi lesquels le banquier reconnut celui de son homme. « Donnez-lui tout ce qu'il demande, dit alors Pitt, il n'en fera pas mauvais usage.»

On n'en a pas su davantage sur cette singulière lettre de change et sur celui qui en était porteur.

Jamais autant qu'à l'époque de la révolution il n'y eut de manœuvres secrètes, de correspondances occultes, la plupart au profit des émigrés, c'est-à-dire dans le but de leur faire parvenir des renseignements et des secours, ou bien aussi, à leur instigation et sous leur action directe, afin d'attiser en France le foyer des conspirations royalistes.

« Il n'est point, lisons-nous dans un livre aussi curieux que rare [1], il n'est point de déguisements qu'on n'ait employés dans la révolution pour donner quelque avantage à son parti.

» Je citerai deux personnages sur lesquels on m'a donné des renseignements bien positifs. L'un fut longtemps employé par les émigrés pour porter à leurs proches ou adhérents des nouvelles ou des projets à exécuter. Revêtu d'une grosse bure, il allait à pas lents, contrefaisant le boiteux. Quand il était dans Paris, il marchait appuyé sur un gros bâton, la tête chauve, couverte d'une perruque de laine, telle qu'en portent les matelots.

[1] *Anecdotes inédites de la fin du dix-huitième siècle;* **Paris,** 1801, in-8, p. 55.

En voyageant, il couchait dans les auberges les plus chétives, et cependant il était quelquefois bien riche, car son bâton était fait de manière qu'il était quelquefois rempli de doubles louis d'or, qu'il apportait aux émigrés par la voie de la Suisse. Fallait-il sauter un ruisseau, il le franchissait appuyé sur son long bâton. Était-il attaqué, il assommait avec son lourd bâton son adversaire. Avait-il besoin d'argent pour lui ou pour quelque séduction, notre boiteux avait encore recours à son bâton. Enfin, quelques jours avant le 18 fructidor, on rapporte que, porteur de messages très-intéressants, il repartit, non pas en boiteux, mais en homme qui courait la poste rapidement. Ceux qui l'ont rencontré depuis, le trouvant beaucoup plus droit, d'une figure moins mesquine et digne d'être suspectée, voulurent en effet l'arrêter. C'est encore l'or de son bâton qui le sauva. On connaissait un homme à qui il faisait de temps en temps quelque visite. Celui-ci n'a jamais pu savoir ce qu'il était, ce qu'il faisait, ni où il demeurait ; mais sous son air simple il avait des yeux vifs et perçants, et ses paroles étaient si mesurées qu'on ne pouvait jamais le surprendre, si adroites qu'il tirait toujours quelque renseignement dont sans doute il faisait son profit.

» On soupçonne avec beaucoup de raison que ce boiteux était un personnage important, qu'il ne balbutiait point dans un conseil, et qu'il avait parlé à plus de princes, à plus d'ambassadeurs, que de certains patriotes n'ont vu de députés dans leur vie.

» L'autre boiteux était un prêtre que la police voulut faire arrêter dans une église de Paris. Il était catéchisant, baptisant et confessant, avec trois autres prêtres non assermentés. Quand les agents se présentèrent, froid, calme et conservant sa présence d'esprit, il fait si bien, qu'il passe au milieu d'eux sans boiter, et comme souriant de la bonne prise qu'ils allaient faire. On eût dit qu'il leur applaudissait et qu'il était du métier. Lui seul échappa; ses confrères furent arrêtés et condamnés à la déportation. »

Dans le même livre [1], à propos du même temps, il est parlé d'une conspiration surprise en Suisse et qui se tramait à l'aide de procédés occultes d'un genre singulier. C'est la découverte de ce complot qui, ayant révélé au gouvernement français à quel point le territoire helvétique était un foyer de royalisme et d'hostilités, le détermina tout à coup à l'envahir.

Les détails que donne à ce sujet l'auteur des Anecdotes inédites sont puisés, selon lui, dans le mémoire manuscrit d'un commissaire des guerres.

« Après le 18 fructidor de l'an 5, dit donc ce commissaire, j'eus occasion d'aller chez un Suisse, avec un homme qui avait émigré, et dont je parlerai plus bas. Je trouvai chez lui le commissaire de police avec la force armée, faisant perquisition de ses papiers, qui heureusement pour lui se trouvaient en règle, quoiqu'ils ne fussent pas sous son vrai nom.

» Je fis signe à l'émigré de se retirer, et jamais signe ne fut suivi plus promptement. Je crus aussi devoir me retirer, et je disparus au milieu d'une foule d'agents de police. J'y retournai deux heures après, et je sus que c'était le frère de Fauche, de Hambourg, que l'on cherchait, et qui n'avait pas attendu le 18 pour retourner en Suisse. L'émigré m'assura que c'était de lui

---

[1] Page 175.

que le parti de Louis XVIII était soudoyé partiellement à
Paris.

» L'officier suisse, que je n'avais vu qu'une fois, me
dit que, étant au moment de son départ, il avait jeté les
yeux sur moi pour une correspondance ; qu'il ne s'agissait que de lui apprendre les nouvelles du jour, celles
surtout qui concerneraient son pays, et particulièrement
l'esprit du jour. Nos arrangements faits, il me donna un
imprimé de différents personnages, désignés sous des
mots quelconques. Cette liste était considérable, et on y
trouvait les premiers personnages de l'Europe, à commencer par Louis XVIII jusqu'au plus petit des agents
intermédiaires.

» Le style était emprunté à l'usage des commerçants.
C'était toujours une demande faite par une maison sur
une autre ; et dans le cours de la lettre, on plaçait plus
ou moins les nouvelles à donner ou reçues. Il fallait une
étude assez sérieuse pour ne pas se tromper. Il était en
outre dangereux de garder par devers soi des papiers qui
auraient fait grossir la liste des malheureux destinés à
périr dans la Guyane. J'eus donc la sagesse de renvoyer
ces notes, avec la précaution de prétexter un voyage dans
l'intérieur de la république.

» Cet officier fut pris les armes à la main, dans l'invasion que nous fîmes en Suisse, amené avec plusieurs autres au temple, et depuis, après une longue détention,
tous renvoyés absous, soit par quelques raisons d'État,
soit parce qu'on n'avait pu les convaincre, quoique assurément leurs liaisons les eussent fait justement suspecter.
Mais un étranger avait le droit de se prononcer entre les
puissances et nous ; et ce fut sans doute ce qui détermina le
gouvernement français à ne pas user de toute sa rigueur. »

Le plus ou moins de mystère à employer dépend du plus ou moins de sagacité et de défiance que l'on suppose à l'adversaire dont on veut déjouer les projets ou hâter la ruine. C'est ce que dit bien le ministre M. d'Aranda, quand il eut à mettre à exécution le grand dessein du roi son maître, l'expulsion des jésuites d'Espagne.

« Le même jour, à la même heure dit M. de Lévis [1], tous les couvents furent fermés.

» Le secret était indispensable pour assurer le succès de cette mesure; mais il était d'autant plus difficile à garder, que les jésuites avaient des amis et des créatures dans toutes les classes de la société : aussi le comte d'Aranda ne fit point expédier les ordres dans ses bureaux; il employa pendant trois mois plusieurs pages, dont on ne pouvait se méfier, à transcrire toutes les dépêches, et rien ne transpira.

» On lui demandait un jour, en France, comment il avait fait pour empêcher qu'on ne pénétrât ce grand secret : « D'abord, répondit-il, en n'en parlant pas; com-
» prenez-vous? »

C'est le 20 mars 1763 que partit la circulaire aux juges ordinaires du roi, dans tous les endroits où il y avait des jésuites. Un petit paquet cacheté y était joint. On ne devait l'ouvrir que le 2 avril, et, lecture faite de ce qu'il contenait, il fallait agir sans retard. Ordre sévère était donné de ne parler à personne de la circulaire et du paquet.

On s'avisa, en quelques circonstances, de prendre les gazettes pour moyen de correspondance. Voici comment : avait-on quelque secret à faire connaître au gouverne-

[1] *Souvenirs et portraits*, p. 168.

ment, sans vouloir se révéler soi-même, mais en désirant toutefois être renseigné sur le sort de la communication qu'on avait faite et sur la manière dont elle avait été accueillie, on écrivait le tout au ministre et on le priait, en cas d'approbation, de faire mettre dans la *Gazette,* à jour dit, telle phrase ou tel signe convenu. C'est ainsi que procéda l'abbé Blache relativement au projet de conspiration jésuitique, compliquée d'un empoisonnement du roi et de la famille royale, projet conçu par la marquise d'Asserac, dont il avait dévoilé le mystère, et qu'il voulut faire arriver à la connaissance du chancelier le Tellier, d'une façon tout à fait secrète et anonyme, en se réservant toutefois un moyen de connaître le sort de sa lettre et de son avis.

L'abbé raconte ainsi l'affaire dans ses *Mémoires,* que la *Revue rétrospective* a publiés [1] :

« Je m'avisai, dit-il, d'écrire une lettre au chancelier le Tellier... Je disais que la marquise d'Asserac projetait, elle seule, de faire périr toute la famille royale, par la pure inclination perverse qu'elle avait. En cet endroit, je fis un détail bien circonstancié... Je marquai à M. le chancelier que, quand il souhaiterait de me voir, je ne pourrais lui dire de bouche autre chose que ce que je lui exposais par écrit ; qu'étant prêtre et ayant reçu cet avis et promis de le garder sous le sceau de la confession, il était trop bien instruit de ce que demande notre religion pour exiger de moi que je lui nommasse mon auteur. »

Blache rappelait ensuite au chancelier un premier service qu'en tout désintéressement il avait fait rendre au roi par un homme qui en avait eu seul la récompense

---

[1] Première série, t. I.

C'est encore d'un complot découvert qu'il s'agissait, et l'on avait fait assez de cas de la révélation pour nommer député à la prochaine assemblée du clergé celui à qui Blache en avait laissé tout le mérite.

« Quant à moi, ajoutait Blache, je ne souhaitai d'autre récompense du service que je réitérais, — puisque j'avais eu beaucoup de part au premier, — sinon qu'au cas qu'il fût persuadé que ce second service était de la même importance que le premier, il voulût bien faire mettre la première lettre (G) de la *Gazette* prochaine en encre rouge ; et qu'en cas qu'il ne jugeât pas à propos de me donner une telle marque, j'apprendrais par ce refus qu'il souhaitait que je me présentasse devant lui.

» Ma lettre fut mise à la poste le lundi 27 décembre ; je fus le lundi suivant à Versailles. Le vendredi matin, je trouvai sur la table de M. de la Vienne la *Gazette*, qui portait la première lettre en encre rouge. Je sortis précipitamment de chez M. de la Vienne, sans lui dire rien pour lors, et me défiant de mon amour-propre, de peur qu'il ne me fît succomber, en racontant ce nouvel événement à M. le duc de Saint-Aignan, qui n'aurait pas manqué de vouloir le rapporter au roi ; je partis de Versailles sans le voir, et fus plus d'un mois sans y retourner et sans en parler à personne...

» ...Ayant eu occasion d'être connu de M. de Louvois, après la mort de M. le chancelier son père, je pus me découvrir à lui, et lui déclarer que c'était moi qui avais été assez heureux de rendre au roi et à Mᵍʳ le Dauphin les deux services en question ; mais que M. l'archevêque de Paris et le P. la Chaise avaient détourné les bonnes volontés que le roi avait pour moi, dont je lui fis tout le détail que je viens de raconter.

« Ensuite de quoi, ce ministre, indigné contre ces deux personnages, que d'ailleurs il n'aimait pas, me proposa de lui écrire une lettre anonyme, où le roi m'aurait infailliblement reconnu, et lui aurait servi de prétexte pour perdre à jamais dans l'esprit du roi, et le P. la Chaise, et Mgr l'archevêque de Paris, et tous les jésuites, comme il me le dit, ajoutant que c'était une malheureuse engeance qu'il fallait exterminer. Mais ce ministre ayant été surpris de la mort quinze jours après, je voulus suivre les mêmes errements auprès de M. de Croissy, d'intelligence avec M. l'abbé son fils, à présent évêque de Montpellier ; mais ce fut inutilement. »

Pour tout ce qui précède, on pourrait avoir peut-être des doutes, à juste raison, et ne voir dans l'histoire du complot et de l'empoisonnement qu'un roman de l'abbé Blache ; mais il reste une preuve matérielle, sinon de la vérité des faits qu'il révéla, du moins de la confiance que le chancelier crut à propos d'avoir pour l'avis qu'il donnait ; cette preuve toujours existante et incontestable, c'est le numéro de la *Gazette,* ayant, par une exception unique, les initiales G en encre rouge.

Comme nous, M. Taschereau, qui publia les Mémoires de l'abbé dans la *Revue rétrospective,* eut des doutes sérieux sur l'ensemble de l'affaire ; comme à nous, il lui sembla nécessaire d'avoir des preuves ; il les chercha, mais n'en trouva qu'une, la lettre en rouge, si particulièrement remarquable ; c'était déjà quelque chose de concluant pour une partie de l'affaire : aussi M. Taschereau écrivit-il, sans se faire toutefois autrement garant des accusations formulées par les *Mémoires* de l'abbé : « Nous n'ajouterons qu'un mot pour le lecteur, que leur gravité même porterait à les rejeter sans examen :

» Blache dit , livre V, que, faisant parvenir au chancelier le Tellier un mémoire détaillé sur la conspiration qu'il dénonce, il le pria, pour sa sûreté, si le chancelier croyait la communication et celui qui l'avait faite digne d'attention, de ne lui en accuser réception que par une majuscule initiale imprimée en rouge au titre de la *Gazette de France* du 31 décembre 1683, mois dans lequel ceci se passait. Eh bien , le G initial, noir dans tous les autres numéros de la collection de la *Gazette*, est rouge dans le numéro du 31 décembre 1683; nous l'avons vérifié. »

Sous le même règne, et c'est peut-être ce qui donna à l'abbé l'idée de son stratagème de correspondance, un des complices du chevalier de Rohan, pour la conspiration qui tendait à livrer Quillebœuf et les côtes de Normandie aux troupes hollandaises, la Tréaumont s'était ingénié d'un moyen pareil.

Voici ce qu'on trouve à ce sujet dans une *Lettre* écrite lors du supplice des conspirateurs ; elle se trouvait en original parmi les manuscrits de Saint-Germain des Prés, et nous l'avons publiée nous-même dans notre recueil de *Variétés historiques et littéraires* [1] :

« Vous saurez donc, y est-il dit, que depuis le mois d'avril dernier, la Tréaumont, avec la participation du chevalier de Rohan, écrivit une lettre à Montercy [2], sans être datée ni signée.

» Par cette lettre, il lui marquait que la Normandie était très-disposée à se soulever, et que s'il voulait faire venir une

[1] *Bibliothèque elzévirienne* de P. Jannet, t. II, p. 309, 314.
[2] Montercy était un des généraux du prince d'Orange. Il commandait à Seref un des corps de l'armée de 90,000 hommes que venait de battre le prince de Condé.

flotte qui portât 6,000 hommes, des armes pour armer 20,000 hommes, des outils pour faire des siéges, et 2 millions de livres, il y avait un grand seigneur qui s'engageait, pourvu qu'on lui assurât 30,000 écus de pension ; et, dans cette lettre, il demandait 20,000 écus pour lui, la Tréaumont, ce qui est plutôt, comme on peut remarquer, une façon d'adresse qu'une imprudence, se persuadant que son nom qui était fort connu en ce pays-là, disposerait plus facilement les choses, suivant son dessein, et engagerait Montercy à former cette entreprise.

» On devait s'obliger, par les conditions, à livrer une ville maritime, Quillebœuf ou autre, et avec le secours on se faisait fort de se rendre maître de toute la Normandie, de telle sorte qu'on pouvait venir de là jusqu'à Versailles sans être obligé de passer aucun pont ni ruisseau ; et parce que ces lettres pouvaient être interceptées ou déchiffrées, on ne demandait point de réponse ; on convint seulement que, pour marquer que la proposition était acceptée, l'on ferait mettre dans la *Gazette de Hollande* que le roi allait faire deux maréchaux de France et qu'un courrier de Madrid était attendu à Bruxelles.

» Sur cette simple lettre, non signée, on dépêcha cette flotte que nous avons vue rôder si longtemps autour de nos côtes, et qui passa enfin dans la Méditérannée, ne voyant point qu'il y eût apparence de faire rien en Normandie.

» Cependant, dès que la Tréaumont vit, dans la *Gazette de Hollande*, l'article qui parlait des deux maréchaux de France et du courrier de Madrid arrivé à Bruxelles, il partit de Paris pour aller faire soulever les Normands. »

S'il est une vérité en politique, c'est celle-ci : « Tous les moyens sont bons. »

Richelieu, pour sauver son ministère ébranlé par les brigues ennemies, se risqua jusqu'à faire perdre tout exprès une bataille, sachant bien que le roi, une fois effrayé et ne voyant de salut qu'en lui, ne songerait plus à l'éloigner.

Il était en disgrâce presque ouverte et prenait les bains à Tarascon. Tous les ennemis qu'il avait à la cour battaient déjà des mains; mais le ministre tenait déjà tout prêts ses moyens de retour et sa vengeance.

Le maréchal de Grammont, qui commandait l'armée contre les Espagnols, était à lui corps et âme. Il lui dit de donner bataille et de se laisser vaincre. Grammont obéit avec une abnégation parfaite. Le combat fut perdu et le ministre sauvé; cette défaite est celle d'Honnecourt, sous la date du 26 mai 1642, c'est-à-dire bien peu de temps avant que la mort vînt, sans grâce ni merci, arracher au cardinal un pouvoir qu'il disputait si intrépidement à ses ennemis.

A la première nouvelle de cette journée malheureuse, Louis XIII s'effraya; il envoya courrier sur courrier au cardinal, et n'eut de repos que lorsque la maison roulante qui servait de voiture au ministre l'eut déposé dans la cour du Louvre, mourant, mais triomphant.

Le grand Frédéric cherchait, en 1756, une occasion d'envahir la Saxe; pour déclarer la guerre qui devait amener cette invasion, il ne lui fallait qu'un prétexte; il savait que, dans le démembrement de ses États, projeté peu de temps auparavant par la Russie, l'Angleterre et quelques États allemands, la Saxe avait demandé et obtenu sa part. Ce n'était qu'un projet, mais qui pouvait motiver des représailles de la part de Frédéric, redevenu fort et victorieux contre la Saxe laissée sans défense.

Par malheur, les preuves de cette participation au projet de partage manquaient à Frédéric. Que fit-il pour se les procurer? Schlosser va vous le dire [1] :

« Menzel, secrétaire à la chancellerie de Dresde, fut gagné par l'ambassadeur prussien de Malzahn, pour communiquer les actes. Il se servit de fausses clefs pour ouvrir les armoires où ces actes étaient enfermés. La cour de Saxe étant allée en Pologne, le conseiller privé Eichel, de Potsdam, lui envoya un trousseau de clefs; aucune d'elles n'allant aux serrures des armoires, Menzel marqua à Eichel les changements qu'on devait faire aux clefs. »

Calonne, pour une affaire beaucoup moins importante, puisqu'il ne s'agissait que de pallier une faute personnelle, faillit brûler tout un ministère.

« Pendant l'assemblée des notables, dit M. de Lévis [2], il usa d'un singulier expédient pour se dispenser de donner un travail promis à jour fixe : il fit mettre le feu au contrôle général de Versailles, afin d'avoir une excuse pour ce retard causé par sa négligence. Cette anecdote est authentique, ajoute M. de Lévis. »

Les retards sont pourtant d'ordinaire, en politique, une ressource bien excellente. C'était un des moyens favoris de Kutuzoff, le diplomate guerroyant de la Russie, sous l'empire. En une circonstance surtout, il s'en servit avec le plus grand succès contre Napoléon.

« Il était cité, dit M. de Puibusque, comme le diplomate le plus délié de l'Europe. Il avait les dehors d'un patriarche rempli d'affabilité et de franchise; sa parole,

[1] *Histoire du dix-huitième siècle*, traduction de M. Suckau, t. I, p. 221, note.
[2] *Souvenirs et portraits*, p. 77, note.

simple jusqu'à la naïveté, semblait annoncer un cœur non moins ouvert que les grandes poches dans lesquelles il enfonçait habituellement ses mains. Lui aussi était avare de réponses; mais il savait habilement, parmi plusieurs questions insignifiantes, cacher celle qui l'intéressait réellement.

» Commandant, en 1812, les armées russes, le général fit servir à ses projets les talents du diplomate en faisant perdre à Napoléon trente-trois jours dans l'attente des résultats d'une négociation qui n'eut jamais de commencement.

» Par les combinaisons de Kutuzoff, ce qui pouvait n'être qu'un échec fut un désastre dont la France impériale ne s'est pas relevée. »

Puisque nous tenons les diplomates du temps de l'empire, il sera bon de parler ici des projets tramés contre la France et contre l'intégrité de son territoire par les plénipotentiaires réunis en congrès à Paris même, au mois d'août 1815. Plusieurs étaient d'avis qu'il n'y avait pas lieu à démembrement, qu'il fallait seulement désarmer la France et lui enlever sa force offensive.

M. de Metternich, entre autres, disait, au commencement de son fameux *Memorandum* :

« La guerre de 1815 n'est pas une guerre de conquête; elle n'a été entreprise que dans le double but d'abattre l'usurpation de Napoléon Bonaparte et d'asseoir un gouvernement en France sur des bases assez solides pour qu'il puisse offrir des garanties de tranquillité à la France et à l'Europe. »

Mais un autre parti, dont M. de Gagern, ministre des Pays-Bas, était l'âme et l'organe, soutenait, au contraire, qu'il n'y aurait de salut pour l'Europe que dans le morcellement de cet empire, dont la compacité était la force, et contre lequel, du reste, il était juste de recourir au même système de conquête et d'envahissement qu'il avait lui-même si longtemps et si audacieusement mis en pratique.

Il sera curieux de vous faire voir avec quelle verve d'animosité et quelle logique haineuse le ministre hollandais exposa ses idées dans un mémoire portant pour titre : *Observations sur la question de l'intégrité de la France*, et qui n'a, je crois, été publié jusqu'ici que dans la *Revue trimestrielle* de Buchon [1].

« Deux grandes parties de l'Europe se sont fait la guerre, dit M. de Gagern, l'une évidemment dans l'intention d'agrandir son territoire, d'envahir si elle réussissait. Appeler, admettre ou applaudir à Napoléon, n'était autre chose que vouloir guerre, gloire, pillage et conquête.

» L'Europe demandait à la France un gouvernement plus pacifique, et l'ancienne dynastie, qui n'avait besoin d'un autre éclat, y paraissait la plus propre. Napoléon paraît, tout fléchit devant lui, la guerre éclate, il emploie les forces de la France à succomber avec elle, et rejette aujourd'hui l'idée d'être payé de la même monnaie. J'analyserai brièvement ses sophismes pour m'y soustraire et les combattre par le gros bon sens. Il s'agit de questions territoriales. *L'honneur français en serait blessé.*

» Cet honneur français est-il autrement fait que celui des autres nations ? Je croyais à cet honneur français, j'y croirais encore ; mais n'en parlons plus aujourd'hui. L'honneur est un sterling, valeur composée de ses éléments et attributions.

[1] Juillet 1828, p. 372, 377.

» Le retour de Napoléon, soutenu par l'armée et l'élite de la jeunesse, est une des plus vilaines taches faites à ce même honneur depuis que l'espèce humaine est civilisée.

» *Ce territoire, ce royaume, est indivisible.*

» Depuis longtemps, les diplomates français se sont moqués de cette prétendue indivisibilité.

» Perdre du territoire est une des suites du : *C'est de la terre classique de la France qu'il s'agit*, c'est-à-dire la terre de leur concupiscence et de leur vanité, le fruit de leurs guerres, de leurs victoires et de leurs ruses. C'est la valeur, l'intelligence et la fortune supérieures qui la leur ont donnée ; c'est la valeur, l'intelligence et la fortune supérieures qui vont la leur ôter. A commencer par les trois évêchés, Metz, Toul, Verdun et leurs diocèses : les ont-ils occupés en guerre ouverte ? Point du tout, mais à titre de bienveillance, d'amitié et de protection ; il suffit de lire leur propre aveu sur cette usurpation et ce qu'en disaient les ambassadeurs de Louis XIV ou de la reine régente au congrès de Munster, dans les dépêches datées du 17 septembre 1646 : « Mais ce qui n'est
» guère moins à estimer, c'est qu'un droit de protection
» sur les trois évêchés, qui a été le seul jusqu'à présent,
» est aujourd'hui changé en une souveraineté absolue et
» indépendante, qui s'étend aussi loin que les trois dio-
» cèses ; encore que nous ayons bien connu d'abord l'im-
» portance de cette acquisition, nous avons affecté pendant
» quelque temps de la mépriser, jusqu'à ce que nous ayons
» été assurés du reste. »

» La guerre de trente ans était foncièrement guerre civile en Allemagne. Le parti protestant avait appelé la Suède et la France pour le maintien de l'équilibre. Ces cours demandèrent, *à titre de satisfaction*, des contributions et des cessions qui n'étaient nullement l'objet primitif de la guerre. Nous demandons la même chose à bien plus juste titre, et au besoin nous employons et emploierons les mêmes expressions.

» Ouvrons les Mémoires du temps, voyons la narration succincte et ci-jointe du suffragant Adami, lui-même plénipotentiaire à ce congrès, et l'un des hommes d'État les plus estimés de tous les partis. Dans le courant de ces mêmes négociations, Contarini, le médiateur vénitien, se plaisait à dire sur les deux Alsaces et le Landgau, à l'ambassadeur français, qui haussait les prétentions à mesure qu'on accordait, « qu'il avait envoyé à son maître trois provinces dans une lettre. »

Après soixante ans de possession, le prince Eugène de Savoie faisait encore observer à Torcy, le négociateur français :

« Que d'ailleurs l'Alsace n'était pas une province
» française, mais un pays de conquête, qu'on devait
» abandonner sans peine. »

» Après cent soixante ans, nous disons la même chose ; rien n'est oublié, rien n'est changé.

» La prescription est une invention du droit civil inconnu au droit de la nature. On oublie, sans doute, les rapports, contrats, titres de famille ; et, pour couper court à des procès inintelligibles et interminables, l'esprit humain a inventé l'idée de la prescription, en admettant certain nombre d'années : l'unité 3, 10, 30, enfin le temps immémorial. En politique, il n'y a rien d'immémorial. L'histoire est là pour nous montrer clair et net l'origine des guerres, la transmission des possessions, les traités de paix et les motifs. Une saine morale veut que les traités de paix, même désavantageux, soient maintenus. Mais, rompus pour d'autres causes, l'état de guerre échéant, on revient au précepte : « Ce qui a été » juste, équitable ou admissible pour vous, le sera au- » jourd'hui pour nous. »

» Dire qu'on ne fait la guerre qu'à Bonaparte, est une des assertions les plus absurdes que les gens raisonnables se soient permises, et qui ne peut avoir été inventée que pour se moquer de nous. Nous ne la croirons que lors- qu'on nous aura prouvé que lui seul mitraillait, tirait, sabrait à Quatre-Bras, Ligny et Waterloo. Qu'il y ait eu des gens assez sages en France pour ne pas vouloir la guerre et en craindre les suites, qui en doute? Charles XII était aussi un roi très-ambitieux et conquérant. La Suède gémissait de ses excès, et une grande masse de la nation désirait vivement la paix. Lui-même combinait, méditait déjà un autre système d'alliance, et commençait même à briguer l'amitié de la Russie. La balle l'atteint. Les Suédois, dans leurs négociations et représentations, se servirent à peu près de semblables arguments; ce qui n'empêcha pas Pierre le Grand de se faire céder les plus belles provinces; et celui qui a succédé à son empire et à sa gloire savait être magnanime, mais il saura être juste.

» On assure qu'on a promis l'intégrité : où? qui? Pa- reille phrase s'était glissée dans un projet de déclaration. Le ministre des Pays-Bas au congrès, qui sans doute y était le plus intéressé, a cru de son devoir de se rendre attentif aux fausses conclusions : il s'y est opposé par une lettre adressée au ministre britannique, et la rédac- tion, la signature n'a pas eu lieu. Voici cette lettre écrite à la hâte :

Vienne, 11 avril 1815.

« En entrant, milord, je trouve la pièce ci-jointe pour apposer ma signature. Comme ce passage : « Que le » traité du 30 mai et les *arrangements territoriaux* et » politiques arrêtés au congrès, resteront la règle des » rapports entre elle et les autres états de l'Europe, » est absolument contraire à ma conviction morale et politique, je ne peux me résoudre à la signer. Votre Excellence est le maitre de passer ce refus sous silence ou d'en faire mention dans les protocoles. »

» Les forces de la France turbulente se déploieront pour nous prendre des provinces. Les autres, pour les punir, se déploieront pour les mêmes intentions. Nos frontières sont mauvaises, il faut les rectifier ; cependant, je suis loin de mettre trop d'importance à cette opposition : car si cette proclamation avait eu lieu, le sens était tout autre que celui qu'on cherche à lui donner. Je rétablirai ce véritable sens ; la paix de Paris est faite ; quelque défectueuse qu'elle nous paraisse, nous la maintiendrons. L'exclusion de Napoléon du trône de France en est la première base. Chassez-le, chassez-le, pendant que nous nous préparons à vous en débarrasser, car nous n'en voulons pas à votre territoire. Mais si vous lui adhérez, si nous en venons sérieusement aux mains, prenez-vous-en à vous-mêmes de toutes les suites fâcheuses.

» Combattions-nous à Waterloo quelque faction? Non, sans doute, l'armée, la jeunesse française, l'élite, était là. Elle se battait avec acharnement avec une ardeur admirable ; nous continuons donc de dire aujourd'hui, après la victoire : L'accord est fait, vous le rompez, payez les frais du procès. La France admet ce raisonnement et la justice de l'indemnité ; car nulle part on ne raisonne mieux qu'en France, pourvu qu'on le veuille, mais on croit être quitte par des sacrifices d'argent. Qui leur permet ce choix? A Munster et à Osnabrück, on a fait marcher de pair la satisfaction en argent et les cessions territoniales : l'une modifiait l'autre ; votre traité d'alliance est rédigé avec une grande précaution et un excellent choix d'expressions :

« De préserver contre toute atteinte l'ordre des choses » si heureusement rétabli en Europe, et de déterminer » les moyens les plus efficaces de mettre ces engage- » ments à exécution, ainsi que de leur donner, dans les » circonstances présentes, toute l'exécution qu'ils récla- » ment impérieusement. »

» Et plus bas, article premier :

« Les hautes puissances contractantes ci-dessus dé- » nommées s'engagent à réunir les moyens de leurs États » respectifs pour maintenir dans toute leur intégrité les » conditions du traité de paix conclu à Paris le 30 mai 1814, » ainsi que les stipulations arrêtées et signées au congrès » de Vienne dans le but de compléter les *dispositions du* » *traité*, de les garantir contre toute atteinte et par- » ticulièrement contre les desseins de Napoléon Bona- » parte. »

» Le but principal de la paix de Paris n'était donc pas le ménagement du soi-disant honneur français ou de leur gloire ; la sécurité des Bourbons, les déférences pour cette dynastie, ne tenaient indubitablement que le second rang. Une pacification durable, une juste répartition de forces, l'équilibre de l'Europe, sa tranquillité : voilà quel était le but ; et l'événement a prouvé sur-le-champ qu'on avait encore mal calculé, qu'il fallait toute cette réunion de forces pour dompter.

» *Compléter la paix*, consolider cet état de repos, ce système d'équilibre, et chercher les moyens les plus sûrs, voilà le grand, le noble projet de notre alliance, et c'est à nous à juger ce que doit former ce complément.

» Loin de moi et de tout homme d'État qui connaît l'Europe, l'idée d'un déchirement de la France, de l'antique France; loin de moi l'intention de la réduire à un véritable point de faiblesse. Posséder sur le Rhin, avoir l'Alsace, n'est pour eux qu'un aliment d'orgueil, qu'une tentative, qu'un stimulant de plus d'en avoir davantage, d'avoir la limite du Rhin tout entière.

» Nous nous gênons entre la Suisse et la Hollande; l'un doit faire place à l'autre. Schopflin, l'un des savants les plus distingués de France, Alsacien lui-même, disait de son pays : *Alsatia, præpotens illa Rheni superioris custos quæ superiori ævo Germanis aperuit Galliam, nostris Germaniam nunc aperuit Gallis.* (L'Alsace, cette puissante gardienne du Rhin supérieur, qui jadis ouvrait la France aux Allemands, ouvre aujourd'hui l'Allemagne aux Français.)

» Et qui nous dira qu'il a tort?

» M. Bignon, diplomate habile, auquel on destinait le portefeuille des affaires étrangères, s'explique ainsi dans son exposé comparatif de l'état financier, militaire, politique et moral de la France et des principales puissances de l'Europe, ouvrage, sous plus d'un rapport, digne d'être lu, page 173 :

« Il est notoire que, depuis plusieurs siècles, la limite » du Rhin est une acquisition que la France n'a cessé » d'avoir en vue. Nous repousser de nouveau loin de cette

» limite dont nous avons été vingt ans en possession, est
» un acte d'une politique insidieuse, qui nous provoque à
» des démarches indiscrètes, dans le dessein d'en profiter.
» Trompons son attente par une héroïque résignation et
» une noble patience. »

» Nous venons de voir et cette noble résignation et cette héroïque patience ; et trois années ne s'écouleront pas que nous serons encore témoins, et peut-être victimes de cette héroïque patience si éloignée du caractère national. Mieux vaut-il leur ôter tout prétexte, tout contact avec les bords du Rhin, qui depuis des milliers d'années formaient notre antique patrimoine.

» La France nous fera bientôt la guerre ; elle sera toujours menaçante. A la bonne heure ! je le crois. Elle le sera en cédant et en ne pas cédant. L'invitation est trop forte et trop prononcée, l'orgueil trop blessé, pour qu'il en soit autrement.

» Préparons-nous à cette lutte, mais ôtons-lui quelque grand moyen de nous faire du mal.

» Pour gagner l'affection, la reconnaissance des Français, affection que vous ne gagnerez jamais, faut-il indisposer, révolter toute l'Allemagne ? Il y aura un cri d'indignation d'un bout à l'autre, je vous en préviens. Les monarques allemands, français, et Frédéric-Guillaume, rentreront avec tout honneur dans leurs capitales : ils verront peut-être troubler leur avenir. Leurs ministres, seraient-ils les plus vertueux et les plus sages, seront sur-le-champ accusés d'ineptie et de corruption, et rien ne les relèvera de ces reproches.

» J'entends dire : *Il n'y a pas d'Allemagne*. Il me semble que nous avons joliment prouvé qu'il y en a une, et une Allemagne, et des Allemands ; une Allemagne qu'il ne faut point irriter ni injurier, une Allemagne qui a son genre de *public esprit*. La France a été atteinte de révolutions, parce qu'elle se croyait négligée, et que son roi était censé avoir souffert l'offense et l'injustice! Le meilleur moyen d'empêcher les révolutions, le discrédit des monarques, c'est d'en éviter les causes.

» Pour les Pays-Bas, quand on leur aura restitué les cantons enlevés sans motif, ce n'est pas une question d'ambition, mais une question essentiellement militaire pour l'Allemagne, une question nationale.

» Dans un sens, certainement qu'il n'y a pas d'Allemagne; il n'y a pas cet ensemble d'un vaste empire qui effraye ses voisins par l'agrandissement de son territoire. L'Allemagne, comme telle, est un système fédératif, une ligue, par sa nature en paix avec tout le monde; et l'agrandir n'est qu'un gage de plus du maintien de la paix de l'Europe; et cette même considération majeure est encore applicable aux Pays-Bas. M. Bignon s'appliquait à prouver que, même après les sacrifices de la paix de Paris, la France serait l'État le plus puissant, l'État prépondérant sous tous les rapports. J'en suis intimement persuadé. Il aura raison, même après la cession de l'Alsace, de la Lorraine et de la Flandre. Je pourrais, dans cette réminiscence de provinces arrachées, y ajouter l'Artois, la Franche-Comté, si telle était ma conviction.

» La guerre, pour me servir du langage des anciens, m'a toujours paru un jeu funeste où les chances de gain et de perte devraient se trouver égales pour l'une et l'autre partie. Le contraire, tout d'un côté, rien de l'autre, est une absurdité. Je n'ai aucune animosité personnelle contre la France. Personne ne rendra plus de justice

que moi à ce peuple vaillant, hospitalier, aimable, spirituel, mais gâté par la fortune et le désordre. Je lui
souhaite bonheur et prospérité, le repos après tant
d'orages, et son haut rang parmi les nations ; mais d'autres
conditions me paraîtraient bien plus dures et plus humiliantes que celles communes à toutes les guerres malheureuses. »

Paris, août 1815.

Les malveillantes insinuations de M. de Gagern ne
purent heureusement pas l'emporter sur les idées mo-
dérées de M. de Metternich et de l'empereur Alexandre.
Les grandes puissances, qui avaient voix prépondérante
dans le congrès, ne trouvant, vu l'éloignement de leurs
frontières, rien à prendre dans le morcellement projeté
et demandé à si grands cris par les petits États, qui, au
contraire, s'arrondissaient déjà en espérance des parts à
prendre au gâteau, l'idée du démembrement fut re-
poussée. Les lions ne pouvant avoir leur part, il n'y eut
pas de partage.

Il en fut de ce projet si menaçant pour la France
comme il en avait été, au seizième siècle, de celui qui, à
certains égards, en était la contre-partie anticipée,
puisque c'est le démembrement de l'Angleterre qui y
était mis en question.

Castillon, qui était ambassadeur de France à Londres
en 1518, voyant le mécontentement gagner toutes les
classes de la nation anglaise, par suite des réformes religieuses tyranniquement imposées par Henri VIII, s'ima-
gina que le moment d'anéantir la puissance britannique
était venu. Les éléments dont elle était formée tendaient
d'eux-mêmes à se disjoindre. Il ne fallait que les y aider,

et rendre désormais impossible leur réunion dans un tout homogène.

« Dans plusieurs lettres écrites en décembre 1518 et au mois de janvier de l'année suivante, il proposa de former entre l'empire, la France et l'Écosse, une coalition dont l'objet serait d'envahir l'Angleterre. Il serait, disait-il, facile, non-seulement de chasser le roi, mais de conquérir le royaume, et la France ne devait pas laisser échapper cette occasion d'anéantir une nation dont la rivalité l'avait si souvent humiliée. Une fois le pays conquis, le partage se ferait de la manière suivante : l'empereur obtiendrait toute la contrée située de l'Humber à la Tamise; la France, le midi de l'île, du comté de Kent au pays de Galles; et enfin l'Écosse, notre ancienne et fidèle alliée, tout le pays situé au nord de l'Humber.

» Castillon assurait que six semaines suffiraient pour la conquête et le partage.

» Heureusement pour l'Angleterre, Charles-Quint, de qui dépendait en grande partie la réalisation de ce projet, était trop bon politique pour assurer une prépondérance décidée à la France par la destruction de son antique ennemie ; et, tout en paraissant donner son approbation au plan de Castillon, il prétexta, pour l'ajourner, les embarras croissants que lui causaient la guerre contre les Turcs et le protestantisme. Son refus fit avorter une entreprise qui aurait mis en grand péril la nationalité de nos voisins d'outre-mer [1]. »

Alors le gouvernement français eût donné de grand cœur dans cette entreprise; mais, à moins d'un demi-siècle de là, la politique était toute changée L'ennemi

---

[1] *Magasin pittoresque*, t. X, p. 151.

national n'était plus l'Anglais, mais ce même Espagnol avec lequel le plan de Castillon voulait tout à l'heure qu'on se mit d'accord pour partager la dépouille britannique. L'un des projets de Catherine de Médicis était de marier l'un de ses fils, François, duc d'Anjou, avec Élisabeth, reine d'Angleterre, et de commencer ainsi l'étroite union des deux peuples par une alliance de famille. Le prince, déjà fiancé en espérance avec la fille de Henri VIII, s'expliqua énergiquement sur ce projet de mariage et sur l'alliance qui en serait la conséquence, et sur ses excellents résultats contre l'ennemi commun, dans une lettre qu'il adressa, à son départ pour les Pays-Bas, aux maire et échevins de la ville de Chartres. Voici cette lettre vraiment curieuse, telle qu'elle a été publiée par la *Société archéologique de l'Orléanais :*

« Messieurs, nous avons esté mainctenuz en repos, union et tranquilité, crainz et redoutés par tout le monde, aussy long temps que nos esprictz et inclinations se sont adonnés par armes à l'accroissement et conservation de nostre estat. Lassez de ce bonheur, pacifiant tous nos différends au prix que l'on a veu avec le roy d'Espagne, les armes avec lesquelles nos ennemys avoient à leur intérest assés souvent éprouvé nostre valeur ont esté tournées sur nous ; dont se sont ensuyvis saccagemens, pertes et désolacions tellement qu'aux meilleurs et plus sacrez endroictz de ce grand royaume de France nous ne voyons que les cendres de nos feux allumés, la dépravation et licence débordée d'un grand nombre d'hommes restez parmy nous de la semence ordinaire d'une guerre civile, qui se sont formé une habitude quasi naturelle à porter armes et vivre soubz une licence militaire qui ne leur permet de demourer en paix en leurs maisons et estre remis sous l'obéissance des loix et de la justice que par quelque autre expédient. La continuation desquels malheurs nous menaçoit plus que jamais s'il n'eust pleu à Dieu, par sa grâce et bonté, nous regarder en pitié et me mettre les moyens en main avec lesquels par sa sainte assistance il m'a permis de réconcilier et réunir les cœurs des uns et des autres ; à quoy je me suis avec tant de soin et de diligence employé qu'enfin la paix s'en est ensuivie par sept batailles sanglantes, tant d'édits et autres expédiens curieusement recherchés, laquelle n'a sçu prendre telle place dedans noz cœurs que nous ne soyons à l'instant mesme rentrez au mesme inconvénient d'où nous pensions estre sortiz; de sorte qu'il faut croire que nostre première façon de vivre est le seul remède qui nous reste avec lequel nous en devons estre exemts et garantyz, tournant nos rages et fureurs sur ceux qui, redoubtant nostre force et puissance, nous ont entretenuz vint-deux ans en ce malheur, afin que, vaincuz par nous-mesmes, ils pussent plus commodément profiter de nostre ruyne.

» Voilà, Messieurs, ce que je vous ai voulu faire entendre en m'acheminant au Bas-Païs, pour vous rendre capables de ma bonne et sincère intention calomniée néantmoings et mise en dispute par ceulx qui essayent par tous moyens et artifices de nous remectre aux mauvais termes dont nous sommes sortiz, osans publier, appuyés de quelque suspecte autorité, la continuation de noz troubles estre plus tollérable que la diversion d'iceux en une guerre étrangère sans laquelle ils ne peuvent estre éteintz ny aboliz. C'est ce qui me fera croire, Messieurs, que vous estans, au milieu de tant d'orages

et tempestes, si constamment et si loyalement maintenuz
et comportez en la sujétion, obéissance et fidélité que
vous devés au roy mon seigneur et frère, sans avoir
jamais varié ny pensé pour aulcun danger de vous en
distraire tant soit peu, vous prendrés la protection et
deffense de cette juste cause en main autant que vous le
pouvez et vos devoirs et honneur vous y obligent; dont
je supporteray le faix et hasard plus volontiers que de là
dépend l'assurance de vostre repos et restauration de
nostre ancienne splendeur, grandeur et dignité, qui
vous doit estre autant que vos vies chèrement et singulièrement recommandée : vous pryant, Messieurs, ne
vous laisser transporter aux paroles et artifices des
ennemys de ceste cause, les estimant, comme ilz sont,
déloyaux et infidèles à l'estat dont ils procurent l'entière
subversion et ruyne, de laquelle j'essayeray, au péril de
ma vie, le garantir et vous rendre mes actions si nettes
et éclaircies que vous ny tout le monde ne pourrés dire
ne penser qu'elles soient attachées à autre chose que
à ce qui est de mon devoir : aussy ne me suis-je exposé
à tant de dangers avec infinis travaux sans avoir esgard
à la qualité de ma personne que pour le désir et affection
qui est en moy de vous asseurer la paix, bien et repos
que je vous ay procuré; ce qui ne peut estre que par les
moyens que je tiens maintenant, en m'opposant à la
grandeur de celluy qui, par son insatiable ambition,
s'impatronise illicitement du royaume de Portugal, où il
n'eut jamais aulcun droit, essayant, jusqu'à ce que ses
usurpations soient assurées, de nous entretenir d'une
feinte et dissimulée amitié, pour nous rendre par après
plus facilement sous la mesme servitude et tirannie où il
prétend assujettir les autres.

» Prenons donc l'occasion, pendant qu'elle se présente, et considérons le danger qui nous menace, si nous souffrons que la puissance d'un prince voisin, quand bien il seroit amy, croisse si démesurément qu'il puisse donner la loy à qui bon luy semblera, estant très-certain que la seureté des grands estatz ne gist qu'en un contrepoids égal de puissance, ne servant l'accroissement et grandeur de l'un que d'affoiblissement et ruyne à l'autre; mais j'espère que Dieu me fera la grâce de devancer ses pernicieux desseins, dont je me rendray tant plus certain par l'accomplissement de mon mariage avec la reine d'Angleterre, par moy si instamment poursuivy que j'en espère une bonne issue. Ainsy, joignant d'amitié par un ferme lien les deux grands royaumes, ilz seront non-seulement suffisanz pour eux conserver et mainctenir, mais de donner la loy aux plus grands rois de la terre quand bon leur semblera.

» Prenés donc de bonne part l'avertissement que je vous donne comme estant le seul remède et guérison de noz maux passez, et ne vous laissés transporter durant mon absence aux faux bruicts et mauvaises paroles qui seront semées et mises en avant par les ennemys de vostre repos et seureté, pour rendre par leurs artifices mes justes intentions et poursuictes suspectes à ung chacun; vous ressouvenant qu'il y a peu de mon particulier et beaucoup du vostre; estant certain que, de tous les moyens qui peuvent estre practiquez pour asseurer le repoz de la France, celluy qui est en mes mains est resté, tous les autres ayant esté inutiles et sans aulcun effect, comme vous avés vu. C'est le seul bien où je prétends, affin d'estre si heureux de revoir en nous ceste première forme et générosité qui nous a rendus formidables et redoutez, jusqu'à ce que nous mesmes ayons mis la main à nostre ruyne.

» Vous estes munyz de si bon jugement, qu'il n'est de besoing de vous en représenter davantage, m'assurant aussy que, oultre le respect qui m'est dù pour estre ce que je suis, vous embrasserés vivement ce qui sera du support et assistance de mes entreprises, aultant qu'il peut toucher à vostre intérest, comme de ma part je vous promects toute la faveur par mon autorité que vous voudrés désirer à toutes les occasions qui s'en présenteront, avec aultant d'affection et d'aussi bon cœur que je prie Dieu, Messieurs, qu'il vous ait en sa très-saincte et digne garde.

» Escript à Amiens, le 19e de febvrier 1582.

» Vostre bon amy,

» FRANÇOYS. »

Au dos. — A Messieurs le maire et eschevins de la ville de Chartres.

Après cette longue excursion que nous avons faite dans les régions de la politique extérieure, revenons un peu à celle de l'intérieur, à ses moyens d'action, d'espionnage et de répression. De ces derniers, au dix-huitième siècle, la *lettre de cachet* fut le plus fréquemment employé.

Nous vous dirons d'abord ce qu'on entendait par lettre de cachet, d'après l'explication qu'en donne le *Mercure historique :*

« La *lettre de cachet*, y est-il dit, est un ordre dont le roi ne sait ordinairement rien, contenu dans une simple lettre fermée d'un cachet, signée du nom du roi, par quelque créature du ministre, et souscrite par un secrétaire d'État, pour envoyer en exil ou en prison la personne à qui elle est adressée.

» Pendant la régence et depuis, on a fait un abus affreux des lettres de cachet. Les secrétaires d'État en sont les dépositaires. Ils en lâchent contre qui ils veulent. Si quelqu'un leur déplaît, ou à leur famille, ou à leurs amis, une lettre de cachet part qui l'envoie à la Bastille ou ailleurs, pour autant de temps que celui qui l'expédie le juge à propos. Ce sont des arrêts dont il n'y a point d'appel; et il n'est point possible de porter des plaintes aux pieds du roi, puisque Sa Majesté ne reçoit ni mémoire ni requête qui ne passent par les mains des secrétaires d'État ou de leurs créatures; et de cette manière il arrive tous les jours que de très-honnêtes gens périssent ou dans l'exil ou dans la prison, sans, comme à l'inquisition, savoir quel est leur crime. Je connais un très-honnête homme, très-fidèle sujet du roi, chez qui, pour avoir déplu à une cousine d'un secrétaire d'État, on envoya une cinquantaine d'exempts pour le prendre mort ou vif. Si le roi était informé de ces injustices criantes, il est certain que bientôt il ferait défendre d'obéir à aucune lettre de cachet que Sa Majesté *n'aurait pas signée elle-même*, et qui s'envoie *sous le bon plaisir*. »

Dès le temps de Louis XIV, on faisait de ces *lettres de cachet*, destinées d'abord, comme je l'ai dit, à être des instruments de sa politique secrète, un usage on ne peut plus abusif et déshonorant. Nous n'en voulons pour preuve qu'une anecdote racontée par Voltaire et plus tard prise par M.-J. Chénier pour sujet de son conte en vers *la Lettre de cachet*. C'est d'après les *Mémoires* de Lenet, l'un des héros de l'aventure, que Voltaire la rapporte :

« Une dame de qualité, de Franche-Comté, dit-il, se trouvant à Paris, grosse de huit mois, en 1664, son mari, absent depuis un an, arrive: elle craint qu'il ne la tue; elle s'adresse à Lenet, sans le connaître. Celui-ci consulte l'ambassadeur d'Espagne; tous deux imaginent de faire emprisonner le mari, par lettre de cachet, à la Bastille, jusqu'à ce que sa femme soit relevée de couches. Ils s'adressèrent à la reine; le roi, en riant, fait et signe la lettre de cachet lui-même, il sauve la vie de la femme et de l'enfant; ensuite il demande pardon au mari et lui fait un présent. »

On voit par l'anecdote que sous Louis XIV, les secrétaires d'État, comme le *Mercure historique* l'a dit tout à l'heure, n'avaient pas encore le droit, qu'ils eurent sous Louis XV, de signer les lettres de cachet. Lenet, sans cela, n'eût pas recouru au roi; en qualité de secrétaire d'État, il eût signé lui-même la lettre et expédié l'affaire. Sous Louis XV même, ce droit, délaissé par le roi, ne se dispersa pas autant que l'a dit le *Mercure;* il resta plutôt, comme monopole, entre les mains du ministre de la justice et des cultes. C'était alors M. de la Vrillière, l'homme le plus capable d'abuser de ce droit abusif.

« Il avait la surveillance et la distribution des lettres de cachet, dit Boissy d'Anglas, et l'imagination est effrayée en songeant au nombre immense de celles qu'il signa; il les distribuait par milliers; il n'y avait pas un homme en place, pas un commandant de province, pas un évêque qui n'en reçût de signées en blanc, en aussi grand nombre qu'il le voulait, dont il n'avait ensuite qu'à déterminer l'emploi.

» On a dit qu'il en avait été donné plus de cinquante

mille pendant la durée de ce ministère. Ce nombre paraît d'abord exagéré ; mais si l'on réfléchit à la facilité avec laquelle on les accordait et même au trafic honteux qu'on ne rougissait pas d'en faire, on peut croire qu'il ne l'est pas, puisque ce n'est pas mille par an pour toute la surface du royaume, et que, d'après le régime que l'on suivait, l'arbitraire allait chercher ses nombreuses victimes jusque dans les classes de la société les plus obscures et les plus reculées. »

En de curieux articles publiés, en 1841, dans *le Droit*, M. Barthélemy Maurice a analysé un certain nombre de *lettres de cachet*. Nous allons reproduire cette analyse, qui vous initiera mieux que tout ce que nous pourrions dire sur la nature de ces ordres et sur leur action comme moyen politique, et surtout comme instrument de police secrète.

Laissons parler M. B. Maurice ·

« Les originaux que nous avons étudiés, dit-il, sont contresignés : Phélippeaux, de Voyer d'Argenson, maréchal-duc de Belle-Isle, et baron de Breteuil. Les lieux de détention le plus souvent désignés sont : la Bastille, Vincennes, le Mont-Saint-Michel, Saint-Lazare, la Madeleine près le Temple, le For-l'Évêque , le Grand et le Petit-Châtelet, Sainte-Pélagie, l'Hôpital (Bicêtre), la Salpêtrière, les Frères de la Charité de Charenton, de Senlis et de Saint-Yon de Rouen.

» Quelquefois le lieu de la prison est en blanc, aussi bien que celui de l'officier qui doit exécuter l'ordre. Ce sont probablement de ces lettres de cachet dont le duc de la Vrillière avait toujours ses poches farcies, et dont il faisait un si facile usage pour obliger ses amis en son temps, et au nôtre MM. les vaudevillistes.

» ...Nous avons dit que la collection des ordres du roi, à partir du commencement du dix-huitième siècle jusqu'en 1780, se trouvait aux archives de la préfecture. Cette collection, qui n'est complète que pour l'hôpital (Bicêtre et la Salpêtrière), forme, en y comprenant les répertoires, une centaine de registres in-folio.

» Nous prenons au hasard celui de 1718 à 1732, et nous en extrayons les écrous suivants :

» — Le nommé Riétain, dit la Rivière, yvrogne furieux ; mis à l'hôpital. (Lettre de M. de Machault.)

» — Le sieur abbé de Fontenille, intrigant ; le mettre entre les mains d'un officier. (Lettre de M. de Machault, du 10 avril 1718.)

» — La nommée Marie Mallet, fille de mauvaise vie, qui débauche des hommes mariez ; mise à l'hôpital. (8 may.)

» — Le nommé Claude Niquet, homme capable de toutes sortes de crimes ; mis à l'Hôpital ; envoyé à la Louisiane.

» — Le nommé Pierre Bureau, laquais hors de condition, portant l'épée, vagabond, perturbateur du repos public.

» — La nommée Diriancourt, se disant la marquise de Doubert ; mise au Refuge à cause de son mauvais commerce avec le sieur marquis de Castelnau de Loubert, le 28 août, moyennant 390 livres que M. le duc d'Antin aura soin de faire payer.

» — Le nommé Charles Caillon, imprimeur ; mis dans les prisons du For-l'Évêque pour avoir imprimé quantité d'escrits concernant les affaires d'Estat, sans permission.

» — De Villiers, caissier du sieur Regnault, fermier

général, pour avoir causé du désordre et fait des inso-
lences dans un café; mis au For-l'Évêque.

» — Le sieur Didier, capitaine au régiment de Condé,
joueur; relégué à la suite de son régiment.

» — Madelaine Dutau, femme de Jacques Philippon,
qui a quitté la maison de son mari; mise à l'Hôpital.
Liberté le 14 juillet.

» — Antonio Lecointe, dit Fouques, retenu à l'Hôpital.
Violent et impie. L'ordre envoyé à Mme la présidente de
Ménars. Envoyé à la Louisiane le 17 avril 1720.

» — Le nommé Quennerx, connu pour un scélérat des
plus furieux. Liberté, six mois après.

» — Le nommé J.-B. Maillard, crocheteur, violent
blasphémateur du saint nom de Dieu; mis à l'Hôpital le
10 juin 1718. A la Louisiane, 17 avril 1730.

» — Le nommé la Pommeraye, qui est tous les jours
rempli de vin et d'eau-de-vie; mis à l'Hôpital le
29 juillet.

» — Le nommé Henri Gobert, mis dans la maison des
Nouveaux-Convertis, pour y être instruit des vérités de
la religion catholique. 11 août.

» — Le nommé Raby, marchand horloger, mis à la
Bastille le 10 août; lettre de M. de Machault, et en
marge : « Transféré dans le séminaire des prêtres de
» l'Oratoire de Notre-Dame-des-Vertus, pour y être in-
» struit dans la religion catholique, le 31 janvier 1719.
» — Du 2 novembre 1723, transféré dudit séminaire à
» la Charité de Charenton, moyennant la pension que le
» roy y payera. »

» Que dites-vous de ce pauvre horloger si doucement
converti par les prêtres de l'Oratoire, qu'il en devient fou,
et que la générosité du roi lui ouvre les portes de Cha-

renton quatre ans après? Dieu sait encore ce que c'était que Charenton à cette époque! Il y a, dans les papiers relatifs à l'exercice de 1785, une lettre vraiment originale du prieur des frères de la Charité de ce couvent. Il se plaint au contrôleur général du petit nombre de ses pensionnaires, il supplie qu'on lui en envoie davantage, « attendu que ce n'est que sur la quantité qu'il peut re-» trouver les frais de son état-major. »

» Dans une autre lettre, il représente certains prisonniers des deux sexes comme « absolument tout nus depuis » longtemps, » et demande qu'on les transfère à Bicêtre, « attendu que ce n'est que dans cette maison qu'on les » tolère ordinairement en cet état. »

» Il est affreux de penser que bon nombre de ces aliénés de par le roi ne le sont réellement devenus que dans ces odieuses maisons, et que les registres ne mentionnent pas qu'un seul en soit jamais sorti guéri. Il est vrai qu'avant Pinel on s'occupait de les garder, de les battre, sans songer le moins du monde à les guérir.

» Les mêmes motifs d'arrestation se retrouvent à chaque page, et ces motifs consistent souvent en une simple épithète : « Libertin, escroc, intrigant, joueur, ivrogne, » écrivain, libraire, imprimeur. » Il est vrai que la colonne des sorties n'est quelquefois pas moins curieuse ; des gens représentés comme couverts de crimes sont mis en liberté quatre jours après ; des assassins sont envoyés à la Louisiane, au Canada, à la Martinique, à Saint-Domingue ; des voleurs de grand chemin sont exilés à cinquante lieues de Paris, ou sont relâchés à condition de s'engager dans tel ou tel régiment.

» Au milieu de cette élégante société, nous n'avons pas été peu surpris de rencontrer Voltaire.

» — 11 avril 1748. Le sieur Arrouet, prisonnier à la Bastille, sera rendu libre et relégué au village de Châtenay, près Sceaux. Lettre de M. de Machault, dudit jour.

» Et en marge, il est écrit :

« Liberté, le 11 dudit.

» Permission de revenir à Paris pour vingt-quatre » heures. Du 10 may 1748.

» Permission de revenir à Paris pendant huit jours. » Du 1er juillet 1718.

» Permission d'y rester encore pendant un mois. Du » 8 août 1718. »

» Quelques pages plus loin, nous lisons :

« Du 16 mai. Le nommé Cartouche, qui a assassiné le » sieur Luron, lieutenant de robe courte, et le nommé » Tantôt; mis au For-l'Évêque.

» Le nommé Cartouche, le cadet, soupçonné complice, » idem. »

» Et en marge du premier nom, ce seul mot : rompu.

» Voici trois écrous, inscrits à la file, et qui rappellent parfaitement la fable du *Renard et du Loup plaidant devant le Singe.*

» — Du 16 juillet 1757. La femme Passerel, mise à la Salpêtrière.

» Elle avait écrit à Mgr l'archevêque une lettre anonyme dans laquelle elle accusait son mari de vouloir attenter à la personne du roi. C'était par jalousie de ce qu'il vivait en intrigues avec la femme Richard.

» En liberté le 17 juin 1759.

» — Passerel, mari de la précédente. Mis à Bicêtre le 18 juillet.

» Mauvais sujet et escroc.

» En liberté le 4 octobre 1757.

» — Femme Richard, mise à la Salpêtrière le 19 juillet 1757.

» Vivait en intrigues avec Passerel et occasionnait du trouble dans son ménage.

» En liberté le 25 août 1758.

« C'est ce qu'on peut appeler faire d'une pierre trois coups. Mais voici qui est plus grave et en même temps d'un plus haut comique. Un sieur Clermont, qu'on était en train de rouer vif, je ne sais pour quel autre crime, demande à faire des révélations. Il déclare que M. le duc d'Olonne a voulu le charger à prix d'argent d'assassiner son homme d'affaires, le sieur Courtois. Le greffier prend note et l'on achève de rompre Clermont. Fort bien ! Que pensez-vous qu'il arrive?

» — Du 12 août 1764. M. le duc d'Olonne, accusé par le testament de mort du nommé Clermont, roué vif, d'avoir voulu faire assassiner son homme d'affaires, le sieur Courtois. — Envoyé à Saint-Pierre en Cise, en vertu d'une double lettre de cachet contre-signée de Choiseul.

» Une note marginale nous apprend que, deux mois après, M. le duc a été transféré dans une abbaye, « avec » tous les égards dus à son rang. » Et plus bas, nous lisons :

» — Du 24 août. Le sieur Courtois, homme d'affaires de M. le duc d'Olonne, exilé à vingt lieues de Paris, *à cause du scandale.* »

—

IMPOTS SINGULIERS.

REDEVANCES BIZARRES.

Dans le volume des *Curiosités des traditions*, au chapitre des *Mélanges*, il a été parlé de quelques *redevances singulières*. Il est bon, je crois, de reprendre cette curieuse matière et de la développer ici dans ses détails les plus intéressants et les plus imprévus.

C'est le moyen âge, pendant lequel la féodalité fut si habile, si infatigable à créer, à multiplier, à varier l'impôt et la taxe sous toutes ses formes, qui nous occupera.

« Il n'est peut-être pas, dit M. Bret [1], un petit angle de terre dans notre pays qui n'ait été l'objet de transactions desquelles des redevances plus ou moins étranges ont été le résultat. On sait que, sous le règne de François Ier, le célèbre chancelier du Prat voulut établir en principe qu'*il n'y avait point de terre sans seigneur*, et que le franc-aleu n'existait en France nulle part, principe de gouvernement despotique établi en Turquie, et que Louis XIV semblait proclamer lorsqu'il disait : *l'État, c'est moi*.

» Nous avons un volume de l'avocat Furgole, entièrement écrit pour prouver que quelques parties du Bordelais (ancienne Guienne) conservaient le franc-aleu, sous le règne de Louis XIV.

[1] La *France littéraire*, t. I, p. 320 (février 1832).

» A compter de Hugues Capet, tous les actes d'inféodation contenaient des relevés en faveur du propriétaire qui se dessaisissait. Quelquefois ces réserves ne peuvent être considérées que comme des stigmates de vassalage qu'on voulait attacher au domaine fieffé, sans qu'il en résultât aucun profit réel pour le vendeur et le donateur.

» On appelait de nombreux témoins, souvent d'illustres chevaliers, pour signer l'acte par lequel l'inféodé s'obligeait à donner à jour fixe une paille ou un fétu. »

C'était ici un lévrier blanc, un lapin, un chien, dont les oreilles avaient été découpées ou mutilées d'une certaine manière; un cerf, un épervier; là, un arc avec une corde d'étoupe, une lance, des gantelets, des éperons dorés, comme les chevaliers seuls avaient le droit d'en porter.

La seigneurie de Chartres, devenue celle d'Arpajon, et la même dont les habitants interviennent comiquement dans le fameux noël :

Tous les bourgeois de Chartres, etc. ;

fut donnée par Louis XI à son chambellan Louis de Gravelle, sieur de Montaigu, *à la charge par ledit sieur et ses hoirs de nourrir pour nostre Majesté une horière et d'amener icelle à nous et à nos successeurs avec les lurons que icelle aura faicts et allaictés, quand de ce ledict sieur sera requis.* (Lettres datées de Montil – lez – Tours, avril 1472.)

Quelquefois ces redevances, qui, au premier abord, semblaient fort peu de chose, étaient comme les pierres d'attente de longs et ruineux procès. Il fallait n'oublier ni le jour, ni l'heure, ni la manière de présenter cette paille ou ce fétu. D'ordinaire, vous deviez l'offrir de la main droite, en employant le *pouce* et l'*index*. L'acte d'inféodation voulait que ce fût de la main gauche, en employant l'*index* et l'*auriculus* (petit doigt). Si vous ne remplissiez la formalité bizarre, il fallait plaider au bailliage, à la prévôté, au parlement ; vous perdiez votre cause, vous étiez dépossédé.

C'est même dans cette possibilité de dépossession par suite d'un oubli ou d'une erreur, à propos de la redevance à acquitter, que se trouve la raison de toutes les bizarreries dont nous parlons. Tout l'espoir du seigneur était que son vassal ne s'acquittât point envers lui ou s'acquittât sans remplir les formalités requises, puisque le retrait de la terre inféodée dépendait de ce non-acquittement de la dette féodale.

Ce principe subtil, que les faits précédents ont déjà pu faire entrevoir, ressortira complétement de ce qui nous reste à dire.

Quelques redevances consistaient en objets de peu de valeur, c'est vrai, mais toujours difficiles à trouver. Le seigneur féodal n'exigeait plus qu'un lapin, mais il fallait que cet animal eût l'oreille droite blanche et l'autre noire. L'inféodé apportait-il un lapin portant les marques convenues, il arrivait souvent qu'on disputait, on plaidait pour savoir si l'oreille noire n'était pas teinte.

Certains vassaux de l'abbesse de Remiremont devaient lui apporter, tous les ans, un plat de neige, à la Saint-Jean d'été. S'ils n'avaient pas eu le talent d'en conserver, ils devaient conduire à l'abbaye une paire de taureaux blancs.

Au lac de Grandlieu, près de Machecoro, ceux à qui le seigneur louait son droit de pêche étaient obligés de venir tous les ans *danser une danse que l'on n'eût point encore vue, et chanter une chanson que l'on n'eût point encore entendue, sur un air qui ne fût point encore connu.*

Ces redevances gaillardes, dont la musique et la danse font les frais, sont assez communes.

Boissieu, dans son livre de l'*Usage des fiefs*, rapporte qu'un vassal des environs de Paris était obligé, pour tout devoir féodal, *de contrefaire l'ivrogne, de danser à la manière des paysans, et de chanter une chanson gaillarde devant la femme de son seigneur suzerain.*

Il faut ranger dans la même catégorie la servitude imposée à un nommé Baudoin, de faire à jour et heure fixes, un petit saut, une grimace et un petit p... *(bombulus).* « Ce seraient, dit M. Bret, des monuments historiques fort curieux que les quittances délivrées pour de pareilles redevances. »

Les vassaux du sire de Pincé devaient chaque année présenter leur joue pour recevoir, si bon il semblait au seigneur, une chiquenaude ou un soufflet.

A Rouen, les Célestins avaient droit de passage avec une charrette chargée, pourvu qu'en passant ils jouassent du flageolet ; « et c'est peut-être là, dit encore M. Bret, l'origine longtemps cherchée du proverbe : *Voilà un plaisant célestin !*

Les jongleurs qui entraient à Paris, du temps de saint Louis, s'exemptaient du droit de péage en chantant un couplet devant les péagers, et l'on sait que, vers le même temps, les bateleurs *(joculatores)* qui entraient dans la même ville obtenaient remise du péage de quatre deniers, à condition de faire danser leur singe devant le percepteur du droit. Le dicton : *Payer en monnaie de singe,* n'a pas d'autre origine.

« J'ignore, dit Saint-Foix, si un chanoine, dont il est question dans les registres de la cathédrale d'Évreux, sous le nom de Jehan Bouteille, mourut une bouteille à la main, mais on voit dans ces registres qu'il fonda un *obit*, accompagné d'une cérémonie assez singulière. Pendant cet *obit*, on étendait sur le pavé, au milieu du chœur, un drap mortuaire, aux quatre coins duquel on mettait quatre bouteilles pleines du meilleur vin et une cinquième au milieu, le tout au profit des chantres qui assisteraient à ce service. »

On sait ce que, dans les anciennes cours de nos rois, on appelait *fous en titre d'office*, ou bien encore *joyeux du roi*; mais ce qu'on ne sait pas d'ordinaire, c'est qu'une ville, celle de Troyes en Champagne, était, comme redevance particulière, tenue de fournir ces bouffons royaux, avec tel soin et telle régularité que l'office ne chômât jamais. Vers le milieu du siècle dernier, on conservait encore dans les archives de la vieille ville champenoise l'original d'une lettre de Charles V relative à cette coutume. La voici :

« Charles quint, par la grâce de Dieu, roy de France,

» A leurs seigneuries les maires et échevins de nostre bonne cité de Troyes, salut et délection :

» Sçavoir faisons à leur dessus dictes seigneuries que Thevenin, nostre fol de cour, vient de trépasser de cestuy monde dedans l'autre. Le Seigneur Dieu veuille avoir engré l'aume de luy qui oncques ne faillit en sa charge et fonctions emprès nostre royale seigneurie; et mesmement ne voulist trespasser sans faire quelque joyeuseté et faire gentille farce de son métier. Pourquoy avons ordonné que luy seroit dressé marbre funéraire, représentant ledit sire avecque une épitaphe condigne [1].

[1] Le tombeau de Thévenin était à Senlis, dans l'église de Saint-Maurice.

» Ores, comme par le trespassement d'iceluy, la charge de fol en nostre maison est de faict vacquante, avons ordonné et ordonnons aux bourgeois et villains de nostre bonne ville de Troyes, qu'ils veuillent, pour droict à nous acquis, sça depuis longues années, nous bailler un fol de leur cité, pour récréer nostre Majesté et les seigneurs de nostre palais.

* Ce faisant, feront droict à nos royaulx priviléges. Et pour gregneu seront lesdits bourgeois et villains à tout mais nos féaux et amés subjects. Le tout sans délai ni surcis aulcuns; car voulons que ladite charge ne reste un plus longtemps vacquante. En nostre palais de Paris, le 14 janvier de l'an de l'Incarnation MCCCLXXII. »

Un seigneur de Saint-Yon, près de Montlhéry, avait voulu que son vassal détachât chaque année, la veille de la Saint-Jean, la jarretière de sa dame, et qu'il la remît à sa place. L'héritier de ce seigneur, qui se trouvait être d'humeur jalouse, et dont la femme était des plus belles, voulut renoncer à cette redevance. Le malin vassal insista pour qu'elle fût maintenue, et fit valoir son droit de débiteur, comme en tant d'autres cas les seigneurs faisaient valoir leur privilége de créancier. Le suzerain dut se soumettre et subir les conditions de la bizarre inféodation.

Un seigneur des environs de Bressuire avait un vassal à qui il était imposé, chaque fois que la dame suzeraine accouchait, de venir le lendemain des couches, à la porte de la chambre conjugale, et d'y crier à haute voix : *Vive la très-haute et très-grande dame de céans et son nouveau-né !* Ce n'était pas tout : il devait, pour égayer l'accouchée, boire tout d'une *halenée* une bouteille de vin, et manger une livre de pain, avec une perdrix bien salée et bien poivrée.

Les femmes de Magny, près Pontoise, étaient tenues d'aller battre les fossés du château de Bantelu chaque fois que la dame châtelaine était en travail d'enfant, et cela afin d'empêcher les grenouilles de l'assourdir de leur bruit.

Pareil usage existait à Luxeuil, pour la plus grande tranquillité du seigneur abbé. Les paysannes, en battant les fossés de leurs longues gaules, devaient dire en leur patois : *Pax, pax, reinotte, pax; laissas dormir monsu l'abba de Luxeu.*

Chez le seigneur de la Hoc, en Picardie, les femmes des vassaux devaient en choisir une entre elles pour tenir les pieds de la sienne pendant la première nuit de ses noces.

Souvent les redevances n'étaient que des épreuves d'où ne résultait aucun profit pour le seigneur, mais qui entraînaient, pour les vassaux, des efforts bizarres, voire des *casse-cou.* Dans une seigneurie du Poitou, par exemple, tous les jeunes mariés étaient obligés d'essayer de franchir un large fossé plein d'eau. Le premier qui parviendrait à tenter l'épreuve avec succès devait faire abolir le droit du suzerain et en exempter tous les mariés à venir ; mais la largeur du fossé était telle, dit M. Bret, qu'aucun des sauteurs ne put faire exempter ses compatriotes de sauter, à leur tour, le jour de leurs noces.

Quelquefois c'est dans un fossé plein de boue que le marié, vêtu de blanc, devait se précipiter, ou bien il lui fallait sauter par-dessus des vessies gonflées d'air : c'est ce qu'on appelait *le saut des verruges.* D'autres fois encore, on mettait de la malice dans l'épreuve, et il ne suffisait pas au marié de la manquer pour en être quitte : il emportait, après son insuccès, des railleries de toutes

sortes, comme vous allez voir. On le faisait sauter par-
dessus un bois de cerf, et, s'il ne le franchissait pas à
souhait, il devait se faire une coiffure de cette ramure in-
jurieuse.

Dans le Vexin normand, quelques seigneurs obligeaient
leurs vassaux à passer le première nuit de leurs noces au
sommet d'un arbre, et d'y consommer leur mariage. Il
fallait payer très-chèrement le rachat de cette redevance
plus qu'étrange.

Quant à l'autre droit du seigneur, le fameux, je n'ai
rien à en dire. Quoi qu'on ait tenté pour le mettre en
doute, son existence est plus facile à prouver qu'à con-
tester. C'est tout ce que j'en dirai, ainsi que des autres
droits de *jambage*, etc.

Parlons de redevances plus sérieuses. Plusieurs de
celles qu'on avait établies en l'honneur des prêtres rap-
pelaient l'étymologie donnée au mot prélat (*prælatus*,
porte devant).

L'évêque de Paris, outre un cierge de vingt-cinq sols,
avait le droit d'exiger du seigneur de Montlhéry qu'il
fût l'un de ses porteurs le jour de son intronisation.
Au douzième siècle, c'était déjà une très-ancienne redevance [1].

Le seigneur de Villepinte, village près Paris, était l'un
des autres porteurs du prélat; en 1250, nous voyons
Guy de Senlis, dit le Loup, figurer ainsi au sacre de
l'évêque de Paris.

Parmi d'autres seigneurs tenus de la même redevance,
nous devons citer encore les sires de Gourney.

Il arriva plus d'une fois que, lassés de leur charge, in-

[1] L'abbé Lebœuf, *Histoire du diocèse de Paris*.

dignés de leur rôle, les seigneurs laissaient cheoir le prélat sur *le pavé*.

Quand l'abbé de Figeac, en Languedoc, faisait son entrée dans sa ville, le seigneur de Montbrun devait aller au-devant de lui, vêtu en arlequin et la jambe nue. Il prenait le cheval du moine par la bride, et le conduisait ainsi jusqu'à la porte de l'abbaye.

Le baron de Ceissac était obligé, comme vassal de l'évêque de Cahors, d'aller, le jour que ce prélat entrait dans sa ville épiscopale, se placer, pour l'attendre, dans un lieu et à une place que désignaient formellement les titres. La tête découverte, la jambe et la cuisse droite nues, le pied droit chaussé d'une pantoufle, il devait, après l'avoir humblement salué, prendre par la bride la mule épiscopale et s'en aller ainsi jusqu'à l'église cathédrale, puis jusqu'au palais, résidence de l'évêque. Là, nouvelle obligation. Il devait servir le prélat pendant le premier service, qu'on appelait alors la première table. Cela fait, il pouvait partir, emmenant la mule et emportant la vaisselle, qui dès lors lui appartenaient.

Ici l'obligation dernière imposée à l'évêque fait pour ainsi dire comprendre la redevance, mais pour celle qui précède, on ne voit la raison de sa bizarrerie que dans son impossibilité même, et dans la nécessité du rachat, dont le seigneur exigeait sans doute un prix d'autant plus haut que le redevancier était plus obligé d'y recourir.

Les œufs et la volaille figurent fort souvent dans les actes d'inféodation. Quelquefois la redevance en était des plus minimes. On lit, par exemple, dans le cartulaire de Saint-Magloire que le curé de Nogent-sur-Marne devait recevoir à la Saint-Étienne, le lendemain de Noël, *un pain*, et à l'Ascension *trois œufs*. Les moines de l'abbaye de Saint-Maur-des-Fossés possédaient, dans le onzième siècle, une redevance plus copieuse sur des terres de Neuilly-sur-Marne.

On lit dans les anciens actes de cette inféodation : *De Nobiliario* (de Neuilly) *remanent XXIX pânes, LIX capones, et denarios XVI, solidos X et dimidium.*

L'abbé Lebœuf a donné cette citation, en ajoutant naïvement : « On voit par là que les religieux avaient des redevances de chapons en grand nombre. » Mais il dit encore, et c'est le détail le plus curieux pour peu qu'on le commente : « Burchardt, comte de Corbeil, qui avait fait présent aux moines de Saint-Maur de cette terre de Neuilly, eut chaque année un anniversaire des plus solennels. » Or un anniversaire n'allait jamais sans un bon repas, surtout chez des moines ; l'emploi des 59 chapons de la redevance se trouve ainsi tout trouvé, et en l'honneur de celui à qui l'on devait d'en être gratifié.

Les chanoines de Sainte-Geneviève, en vertu de l'inféodation à eux faite du village de Rosny, entre Montreuil et Villemomble, payaient chaque année six oies à la ville de Paris, comme délégataires du domaine du roi. Sur les six, les chanoines devaient en recevoir une de la commanderie des Templiers, et une autre encore des moines de Vincennes.

Cette redevance remontait au dixième siècle, et elle se maintint jusqu'à la révolution. La ville, donnant quittance, y signait encore : *Nomine domini regis.*

De toutes ces *impositions* en nature, quelque modiques qu'elles fussent, résultaient des querelles interminables. Celle dont nous venons de parler en dernier lieu en est la preuve. Le dossier des procès dont elle fut cause serait énorme s'il était possible d'en rassembler les pièces.

On peut dire qu'elle fut sept siècles en *litige*. Parmi les plaidants figurent : en 1209, frère A. de Coloor, maître de la maison du Temple en France ; en 1224, Olivier de la Roche, *grand maître des Templiers ;* puis ce sont, du côté des Génovéfains, de très-illustres abbés. On remarque aussi, comme intervenant dans l'affaire, un sire de Peusy ou de Reusy, qui disputa fièrement les six oies à saint Louis lui-même.

Les redevances nous ont déjà fait tomber dans l'impossible ; si nous continuons, elles vont nous mener à l'absurde.

Les vassaux du seigneur de la Tour-Chabot, en Poitou, étaient tenus de lui présenter un roitelet lié avec un câble sur une charrette traînée par quatre bœufs.

A Saint-Maixent, le doyen des bouchers devait, un genou en terre et tête nue, venir baiser le marteau de la porte du seigneur ; les autres bouchers, venant après, payaient deux deniers, et on leur lavait les mains avec de l'eau de roses.

Certain vassal, pour tout devoir de feudataire, devait se rendre, une fois l'an, chez son seigneur ; mais en faisant ce trajet, il fallait qu'il reculât toujours d'un pas quand il en avait fait deux. Une chronique du treizième siècle fait mention d'un voyage en Palestine entrepris selon ce mode de locomotion peu expéditive.

Dans un autre lieu, on voit un châtelain exiger de son vassal qu'il vînt, sur première réquisition, relever les quilles que sa dame abattrait, *en présence de noble assemblée.*

Ce jeu figure souvent dans les priviléges des seigneurs. D'eux seuls dépendait en certains pays le droit que les moines et les paysans avaient de s'y exercer A l'abbaye de Long-Pont, ce droit ne pouvait être accordé que par le seigneur de Montlhéry, qui le faisait payer cher; et généralement, dans les foires et fêtes patronales, il fallait acquitter impôt pareil pour obtenir pareil droit.

La féodalité était si jalouse de ses priviléges, qu'elle réclamait et plaidait pour les plus odieux. Ne voit-on pas, par exemple, figurer sur la liste seigneuriale de Villiers-le-Bel, en 1224, une dame châtelaine « se plaignant au parlement de ce que le prévôt de Paris s'opposait à ce qu'elle eût des fourches patibulaires permanentes, quoiqu'elle eût le droit d'exercer la justice *du larcin*, quoiqu'elle eût le droit d'exercer la coupure d'oreilles, et de faire *enterrer vives les larronnesses?* »

Le prévôt représenta que ceux qui avaient droit de fourches, les *faisaient seulement dresser quand le droit échéait, et qu'ils les abbattaient aussitôt.* Le parlement décida qu'il en serait de même dans la seigneurie de Villiers-le-Bel.

Souvent le fief qui donnait droit à ces priviléges, à ces redevances, se concédait lui-même d'une manière singulière. On connaît l'histoire de cet évêque, par exemple, à qui Clovis concéda toutes les terres qu'il pourrait parcourir sur sa mule pendant que lui, roi, ferait la sieste. Voici un autre fait, digne pendant de celui-ci, et qui prouve aussi à quel point le caprice et le bon plaisir faisaient loi alors, surtout quand il s'agissait de cette chose si sérieusement discutée aujourd'hui, *la propriété.*

Charlemagne, dit une vieille chronique, dit à un de ses vassaux qu'il voulait récompenser, de monter sur une haute montagne et d'y donner fortement du cor. « Aussi loin que le son portera, lui dit-il, aussi loin terres et gens seront à toi. » L'homme obéit, et une fois au sommet, sonna de toutes ses forces ; puis, quand il fut descendu de la montagne, il se mit à parcourir terres et villages, prés et forêts, demandant à chaque homme qu'il rencontrait s'il avait entendu le cor. S'il répondait *oui*, il lui appliquait un soufflet en lui disant : « Tu es mon homme. »

On conçoit ce qu'une propriété aussi bizarrement concédée dut entraîner, comme solde et payement, de redevances dignes d'elle, c'est-à-dire aussi singulières que celles dont nous avons déjà parlé, et dont il nous faut parler encore :

« Dans les premiers temps, au dixième, onzième et douzième siècle, dit M. de Mas-Latrie, dans un curieux travail sur les droits seigneuriaux, les tributs féodaux formaient le revenu principal du seigneur. L'argent étant rare et le commerce à peu près nul, le seigneur n'achetait rien ; il se faisait tout fournir, même les meubles et les ustensiles, par ceux qui lui payaient redevances : fers à cheval, socs de charrue, voitures, éperons, gants, arcs et flèches ; tout lui venait de cette façon, jusqu'aux verres ou cornes à boire : encore fallait-il, en certains lieux, que cette corne fût apportée par une jeune fille de dix-huit ans tout juste, ni plus ni moins. »

Le voyer de l'abbaye de Quimperlé, en Bretagne, devait donner huit licous pour les chevaux de l'abbé ; il devait, de plus, fournir la corde pour la cloche du monastère.

Le seigneur de Valmonde tenait son fief, à la charge pour lui et ses hoirs de donner comme redevance deux arçons de selle, l'un aux armes de France, l'autre aux armes de Clovis.

Le seigneur de Pacé, en Anjou, avait droit de faire

travailler tous les chaudronniers qui passaient dans sa seigneurie, et de prendre aux marchands de verres leurs plus beaux verres, à la seule condition de leur faire boire chopine. Ce n'est pas tout : son droit le plus étrange, et non pas le moins enviable, était celui-ci : chaque année, le jour de la Trinité, il faisait amener à son château toutes les femmes *jolies*,—par ce mot, on entendait alors les femmes *sages*, — qu'on pouvait trouver à Saumur et dans les faubourgs; chacune devait payer quatre deniers et apporter une couronne de roses et causer avec les officiers du château. Celles qui refusaient étaient piquées d'un aiguillon marqué aux armes du seigneur ; celles qui n'étaient pas *jolies*, je veux dire *sages*, n'avaient pas droit à la danse. On les conduisait auprès de la dame du Pacé, afin d'être vertement admonestées. Elles pouvaient se racheter de la réprimande moyennant cinq sols.

Plusieurs tenanciers de l'abbaye de Montmartre devaient porter annuellement, au monastère, des bottines fourrées destinées à l'usage des religieuses.

Cette redevance m'en rappelle une autre à laquelle les reines de France étaient elles-mêmes tenues envers l'abbaye du Val-de-Grâce. Elles devaient y faire porter les premiers souliers de leur fils premier-né. On les y conservait précieusement.

Monteil, dans son *Histoire des Français des divers états* (quatorzième siècle), met en scène un vassal ayant payé à son seigneur une redevance de souliers.

« J'étais, il y a quelques années, à Monte-Jean, sur Loise, fait-il dire par le frère, principal acteur dans cette partie de son livre : je dînais au château. Tout à coup les deux battants de la porte s'ouvrent, et il entre le valet du prieur, qui pose devant le seigneur une pile de souliers qu'il avait sous le bras. Le seigneur les examine, les compte, lui donne quittance et lui dit : « Tu me remets des souliers bien forts, bien cousus, bien cloués ; tu me les remets à l'heure du dîner, à la bonne heure ! Tu es en chaussons, à la bonne heure ! mais tu n'es pas et tu devrais être chaussé de souliers à double semelle, ainsi qu'il est écrit dans mes titres. Soit pour cette année : souviens-toi cependant que l'année prochaine j'y regarderai de plus près. »

Les gants étaient une redevance des plus communes : c'était un de ces tributs légers qui, sans faire porter au vassal une véritable charge, consacraient toutefois chaque année sa dépendance et le droit suzerain de son seigneur sur lui. Souvent la redevance n'était qu'un bouquet, une fleur, mais plus ordinairement, je l'ai dit, c'était une paire de gants. « De là vint, dit M. Mas-Latrie, l'usage de présenter des gants aux personnes qui assistaient à une once. »

Le même présent se faisait aux personnes qui apportaient une heureuse nouvelle, et le proverbe : *Vous en aurez*, ou bien : *Vous n'en aurez pas les gants*, en venait certainement.

Dans le roman de la Rose, la vieille parlant à l'amant, dit :

> Viens-je, dit-elle, à temps aux gants,
> Si je vous dis bonnes nouvelles,
> Toutes fresches, toutes nouvelles.

Le don était souvent d'une plus grande valeur. Un prince se dépouillait et donnait son habit au messager qui lui apportait une agréable nouvelle. La reine, femme de Charles VII, étant accouchée d'un fils le 4 février 1435,

le duc de Bourgogne, à qui l'on vint l'apprendre, donna
au héraut, en outre de cent riders d'or, la robe fourrée
dont il était vêtu. Le duc de Roquelaure, apprenant que
le roi lui accordait le gouvernement de Guienne, offrit au
garde du corps, messager de cette bonne nouvelle, l'épée
d'or qu'il portait en échange de la sienne.

La *paraguante* espagnole, dont l'usage et le mot passèrent dans nos usages et dans notre vocabulaire au dix-
septième siècle, est aussi une de ces gratifications qu'on
payait avec des gants ou autres menus présents au porteur de nouvelles agréables. Le mot s'étendit et, du
temps de Molière, *paraguante* s'appliquait à toute gratification, à tout profit. Le Mascarille de *l'Étourdi*, se promettant de faire emprisonner le rival de son maître, dit

> Qu'il sait des officiers de justice altérés,
> Qui sont pour de tels coups de vrais délibérés.
> Dessus l'avide espoir de quelque *paraguante*,
> Il n'est rien que leur art avidement ne tente ;
> Et du plus innocent, toujours à leur profit,
> La bourse est criminelle et paye son délit.

Nous avons déjà parlé des redevances d'animaux, gibier, volailles ; mais nous sommes loin d'avoir épuisé la
matière, ces sortes d'impôts en nature étant ceux auxquels le vassal était le plus ordinairement soumis.

Les poules, on l'a déjà pu voir, étaient la redevance la
plus commune. Le fermier, encore aujourd'hui, est souvent tenu d'en payer une de même sorte à son propriétaire. On les désignait diversement : c'étaient des poules
de cou, des poules de corps, des poules du foyer, de la
fumée, etc. ; des poules du carnaval, de la Pentecôte, de
la Saint-Martin. L'usage qu'on en devait faire, ou l'é-

poque à laquelle se payait la redevance, expliquent l'origine de ces noms. La poule de *cou*, par exemple, était celle dont la plume servait à faire les lits ou *couette*, comme on disait alors; les *poules de foyer* étaient celles qu'on mangeait au pot; les *poules de fumée*, celles qu'on mangeait rôties.

Quand le mouton était l'objet de la redevance, on ne manquait pas d'exiger qu'il fût cornu, lainu et dentu, de même que le coq devait toujours être grand et rouge. L'expression : *Rouge comme un coq de redevance*, venait de là. Dans certains villages, la rente ne pouvait s'acquitter qu'en poules blanches.

M. Michelet, qui, dans ses *Origines du droit français*, a si curieusement développé la plupart des pratiques féodales, entre autres celles qui sont relatives aux droits seigneuriaux, dit qu'il n'a pas rencontré de redevances de chiens, faucons et oiseaux de proie. C'est une erreur, selon M. de Mas-Latrie, et il donne des exemples pour preuves de son dire. « Les seigneurs de Bruniquel, écrit-il, devaient chaque année à l'évêque de Cahors l'hommage d'un épervier. Les sires de Tancarville avaient droit de recevoir un autour du vicomte de Rouen, pour chaque vaisseau venant d'Irlande... En reconnaissance de la protection que nos rois accordaient à l'abbaye de Saint-Hubert, l'abbé était obligé d'envoyer au roi, tous les ans, au mois de juillet, six chiens courants et six oiseaux de proie pour le vol. Ces chiens et ces oiseaux étaient conduits par deux chasseurs présentés à Sa Majesté, dans ses appartements, par une personne de considération qui remettait en même temps au roi une lettre de l'abbé. Cette personne, avec les chiens, les oiseaux et les deux chasseurs, étaient introduits dans l'appartement royal par l'introducteur des ambassadeurs et par le grand maître des cérémonies; le chef de la députation faisait un compliment au roi pour annoncer la redevance; le prince recevait les chiens et les oiseaux, faisait donner une gratification aux chasseurs, et cent écus d'aumône pour la chapelle de l'abbaye de Saint-Hubert. »

Les vassaux du seigneur de Pons en Saintonge devaient des *coqs auxquels ne manquait aucune plume;* mais il fallait une cérémonie singulière pour que ces coqs fussent livrés et reçus. Tous les gens de la justice de Pons, heure de midi sonnant, montaient à cheval, en robe et en bonnet carré. La queue des chevaux pendait à tous crins; chaque homme tenait à la main, sous peine d'amende, une gaule de houx. Il devait aussi être sans éperons.

La cavalcade, précédée du prévôt, parcourait la ville, et celui-ci, après avoir, par trois fois, interpellé chaque vassal, devait recevoir de lui le coq de redevance.

Quand toute cette volaille avait été examinée, acceptée, puis mise en tas, le seigneur de Pons prenait dans la foule le vassal qu'il tenait à honorer le plus, et cet homme de choix devait jeter en l'air, l'un après l'autre, tous ces volatiles entassés. Les uns s'en allaient sur les toits, les autres tombaient dans les caves, ceux-ci, à qui il restait quelque force, volaient jusque sur l'autre bord de la rivière qui était proche. Les sergents de Sa Seigneurie devaient les suivre et les prendre partout; et Dieu sait au milieu de quels rires, de quels cris, de quelles huées! On finit pourtant par dispenser les sergents du passage sur l'autre rive : il leur suffit de mettre les pieds sur les bords du courant, et de jeter trois fois de l'eau, avec un poêlon, sur le pont, en criant : *De la part de monseigneur de Pons.*

Les impôts sur les produits de la terre, comme ceux que nous venons de voir sur les animaux domestiques, étaient, sauf les bizarreries de formalités qui les accompaguaient, des impôts naturels, ou, comme on disait, des *redevances utiles*; dans la même catégorie, bien que ce ne soit plus autant le besoin quotidien, mais le luxe qui y trouve son compte, il faut placer les redevances sur les épices.

Elles étaient assez communes au moyen âge. « Il y avait dès les premiers temps des redevances de sel, dit M. de Mas-Latrie. Philippe de Valois, ayant établi un impôt sur cette denrée, fut appelé par dérision le *roi de la loi salique*, surnom qui renfermait en même temps une allusion à la manière dont ce prince était parvenu à la couronne. On sait qu'à la mort de Charles le Bel, ses trois filles furent exclues de la couronne, par une interprétation forcée de la loi salique, qui décidait, prétendait-on, qu'un homme seul pouvait régner en France ; et dès lors Philippe de Valois, son cousin, fut appelé au trône.

« Le poivre était, avant la découverte du cap de Bonne-Espérance, une des redevances utiles, et très-utiles. Il était fort recherché et d'un prix si élevé, qu'on disait proverbialement *cher comme poivre* : aussi était-ce un présent d'importance et l'un des tributs que les seigneurs, ecclésiastiques ou séculiers, exigeaient de leurs vassaux ou de leurs serfs.

» Geoffroy, prieur du Vigeois, voulant exalter la magnificence d'un certain Guillaume, comte de Limoges, raconte qu'il en avait chez lui des *tas énormes amoncelés sans prix, comme si c'eût été des glands pour les porcs.* L'échanson étant venu un jour en demander pour les sauces du comte, l'officier qui gardait ce magasin si précieux *prit une pelle*, dit l'historien, *et en donna une pelletée entière*. Quand Clotaire fonda le monastère de Corbie, parmi les différents revenus qu'il exigea de ses domaines pour les religieux, il y avait trente livres de poivre. Le vicomte Roger ayant été assassiné en 1107, dans une sédition, par les bourgeois de Béziers, une des punitions que son fils infligea aux rebelles, lorsqu'il les eut soumis par les armes, fut un tribut de trois livres de poivre à prendre annuellement sur chaque famille. »

J'ai parlé de prestations bizarres, j'ai parlé même des impossibles; en voici d'autres de même nature.

Une ordonnance disait : « Quiconque osera contredire le roi sera tenu de fournir cent cygnes noirs et cent corbeaux blancs. »

C'est une mystification, mais qui, si l'on cherche bien, a toutefois sa raison d'être : le roi était infaillible, donc inaccessible à la contradiction. Celui qui tentait d'être son contradicteur s'évertuait donc à une chose impossible, et c'est dans un impôt impossible à payer qu'on lui cherchait une punition. Ainsi la peine du talion elle-même avait ses subtilités dans la loi ancienne.

Ici la mystification était pour celui à qui on infligeait la redevance ; ailleurs elle s'adressait à celui qui devait recevoir le bizarre impôt. « A Bologne, dit Muratori, certains fermiers des bénédictins de Saint-Procule donnaient, à titre de redevance, la fumée d'un chapon bouilli, c'est-à-dire que chaque année, à un jour déterminé, le fermier s'approchait de la table de l'abbé, apportait le chapon dans l'eau bouillante, entre deux plats, et le découvrait de manière à ce que la fumée pût s'en échapper ; cela fait, il emportait le plat et il était quitte. »

Pareille redevance n'était pas bien pénible pour le débiteur. Il y en avait qui étaient à son profit, dans certaines conditions toutefois. Par exemple, celle-ci : les chanoines de la Sainte-Chapelle de Dijon devaient chaque année, l'un après l'autre, baiser la joue de la duchesse de Bourgogne.

« L'obligation de courir la pelote pour le roi, dit M. Mas-Latrie, institution singulière et qui appartient, sans contredit, au système féodal, existait à la Rochelle, au seizième siècle. Cet hommage était dû au roi par les nouveaux mariés de l'année. Les gens de noblesse et pratique étaient obligés d'accompagner la pelote du seigneur roi, aux jours et lieux désignés par lui pour son plaisir, s'il était présent, sinon pour l'agrément de ses officiers. Chacun des nouveaux mariés de l'année présentait trois pelotes, l'une figurée des armoiries du seigneur, et les deux autres entièrement blanches pour être courues au plaisir dudit seigneur. Cet usage existait aussi à Taillebourg, et le vainqueur dans le droit de *pelote* avait le passage gratuit pendant un an sur le pont de cette ville. »

DÉNOMINATIONS SINGULIÈRES

DONNÉES AUX PARTIS, SECTES, &c.

« C'est dans le parlement de 1621 que prirent naissance les deux partis qu'on nomme aujourd'hui les *torys* et les *whigs*.

» Le nom de tory est pris d'une troupe de scélérats qui désolait le midi de l'Angleterre. Celui de whigs était le nom que prenaient quelques brigands qui ravageaient l'Écosse. Le premier de ces partis soutient l'autorité royale, l'autre soutient les priviléges du peuple : le parti du roi domine ordinairement dans la chambre des pairs, celui du peuple dans la chambre des communes. C'est à Jacques Ier, si jaloux d'arriver au pouvoir absolu, qu'il faut rapporter une partie des maux que la rivalité de ces deux factions a causés à la Grande-Bretagne.

» Il y eut un temps où les femmes disposées à cabaler, comme dans d'autres pays, affichaient le parti dont elles étaient par le côté du visage où elles plaçaient leurs mouches. »

Chacun des deux partis ne garda pas toujours le rôle qu'on lui donne ici, et qui est en effet celui auquel il fut fidéle. Il fut un temps où le parti royal était soutenu par les whigs, et le parti contraire par les torys. Alors, par conséquent, les noms s'échangèrent : c'est le peuple qui fut tory, et la noblesse qui fut whig. Il en était ainsi, par exemple, à l'époque où parut le pamphlet très-original d'un certain Smith de Leicester, ayant pour titre : LA PIERRE DE TOUCHE, ou *Méthode simple et aisée de discerner le bon et véritable Anglais de l'Anglais corrompu, c'est-à-dire l'ami de la liberté et de la patrie, de l'esclave de la fortune et de la cour ; ouvrage utile à tous gentilshommes, marchands, artisans, laboureurs et autres qui ont droit de donner leur voix aux élections, etc.*

Timeo Danaos et dona ferentes.

L'avertissement mis en tête fait juger tout d'abord du caractère et de la façon de penser de l'auteur :

« L'état florissant et la gloire de l'Angleterre, dit-il, s'éclipsent à mesure que la dépravation de nos mœurs augmente : la corruption est si générale aujourd'hui qu'on n'entre plus au parlement sans acheter les suffrages de sa ville ou de sa province. Tout homme qui aspire à devenir membre de la chambre basse est obligé de tenir table ouverte pendant le temps de son élection ; ceux en qui réside le droit d'élire ne voient guère qu'en ces occasions les personnes des différents partis, qui emploient toutes sortes d'artifices pour les surprendre : le loup dévorant s'y revêt de la peau de l'innocent agneau. Celui qui en secret est vendu à la cour, jure sur les saints Évangiles d'être toujours contraire au ministre ; l'honnête artisan, le simple fermier, l'en croient sur parole : le plus grand nombre, soit faute d'expérience, soit faute de capacité, n'est pas en état de connaître le fourbe sous le déguisement qui le cache. Ainsi, tel croit choisir un homme zélé pour sa patrie, qui donne sa voix à un ambitieux prêt à tout sacrifier à sa fortune.

» Les malheurs qui arrivent tous les jours par les

ruses que les wighs emploient pour nous séduire m'ont déterminé à rendre publiques les observations que j'ai faites sur une matière aussi importante. Ce sont autant de règles sûres pour distinguer un véritable tory de celui qui n'en a que le masque. Ces règles sont en même temps à la portée de tout le monde : il n'est nécessaire ni d'avoir étudié, ni d'avoir hanté les cafés de Londres pour en faire l'application. Celui qui aura des yeux verra, et celui qui aura des oreilles entendra. J'apprends à discerner un whig d'un tory à la manière de se vêtir, d'agir, de parler, de boire et de manger, etc. En un mot, avec ma méthode il n'est plus besoin que d'avoir des yeux et des oreilles pour ne jamais s'y méprendre. »

De tous ses chapitres, nous choisissons le plus curieux et le plus amusant, celui qui a pour titre : *Observations à faire à un repas d'élection pour découvrir si celui qui demande à être député est un véritable tory, et si l'on peut compter sur lui.*

« Vous remarquerez d'abord de quel air votre homme vous recevra. Si, en entrant, il vous prend loyalement la main, et, vous la serrant de toute sa force, il vous la secoue bonnement et simplement, comme c'était la coutume de nos pères, louez-en le ciel et dites en vous-même : « Celui-là est des nôtres. » Si, au contraire, il vous fait une humble inclination de corps, accompagnée d'une profonde révérence, craignez cette politesse étrangère, prenez-garde à vous, vous êtes en pays ennemi.

» Vous ferez ensuite attention à ce que l'on servira sur la table. Si vous y voyez paraître des potages, des entrées, et telles autres inventions de la cuisine française, celui qui vous traite est à coup sûr un whig, quelques protestations contraires qu'il vous fasse : ceux de ce parti n'osent pas manger selon leur goût naturel; ils suivent à leur table les lois de quelque éminent glouton de Paris, et préfèrent une poularde à la Béchamel, ou une oie rôtie avec une sauce aux pommes cuites.

» Si, sur la table du candidat, il n'y a pas de plum-pudding, ou si, en ayant, il n'en mange pas, autre preuve qu'il est un whig. « Dis-moi qui tu fréquentes, et » je te dirai qui tu es, » est une maxime sûre : « Dis-moi de » quoi tu vis, et je te dirai comment tu penses, » en est une autre qui ne l'est pas moins.

» S'il fait servir le rôt, soit viande de boucherie, soit viande blanche ou gibier, sans qu'il soit inondé de beurre, soyez bien sûr que ce n'est pas un tory : un homme de ce parti ne commettrait pas une faute aussi essentielle, dans la crainte de blesser le goût de quelques prétendus docteurs en cuisine, qui blâment dans la nôtre tout ce qui n'est pas conforme aux usages français.

» S'il se sert de la fourchette pour porter les morceaux à sa bouche, au lieu de les prendre et de ramasser la sauce même avec son couteau, ainsi que nos pères l'ont toujours pratiqué, c'est un homme que la mode a gâté et sur qui l'on ne peut compter.

» A l'égard de la boisson, elle ne donne pas lieu à des remarques moins sûres : les liqueurs fortes donnent du courage, et c'est pour cela que les torys les aiment. Tout homme qui préfère le vin de Bordeaux à celui de Portugal, doit prévenir contre lui : il n'a sûrement pas à cœur l'intérêt de sa patrie, puisque le premier de ces vins nous vient d'un pays dont le commerce nous est à charge, et que nous faisons au contraire un commerce très-avantageux avec le pays d'où nous tirons l'autre.

» Si celui qui veut être membre du parlement allait jusqu'à boire du vin de Bourgogne préférablement à celui de Bordeaux, c'est un homme qui a perdu le goût naturel aux Anglais, et qui par là donne tout lieu de croire qu'il a aussi perdu la façon de penser : l'un est une suite de l'autre ; jamais un véritable tory, eût-il séjourné dix ans en France, n'a pu se faire à la saveur du vin de Bourgogne, ni au fumet d'une perdrix.

» Enfin, si le candidat aime mieux le vin de Champagne que les vins blancs que nous tirons d'Espagne et de Portugal ou que nous fabriquons dans notre île, il n'y a plus rien à examiner, c'est un whig déguisé : quoi qu'on puisse vous alléguer en sa faveur, refusez-lui constamment votre voix On choisit un jour, contre mon sentiment, un homme dont je m'étais méfié parce que je l'avais vu boire trois verres de vin de Champagne : six mois après, il nous tourna casaque et se rangea du parti de la cour. On ne peut se fier à ceux qui aiment une boisson si peu faite pour notre nation ; ils n'ont pas plus de solidité que la mousse de la liqueur qui leur plaît si fort.

» Il est juste aussi d'avertir l'Anglais honnête et bien intentionné pour sa patrie d'une mode que les wighs ont introduite depuis peu à leurs tables : je veux parler des seigneurs de ce parti, ou des particuliers fort riches assez ridicules pour les imiter, c'est-à-dire, en général, des Anglais qui ont le goût le plus déplacé. On connaît la manière scandaleuse dont les whigs affectent parmi nous d'établir les modes et les vices des nations étrangères. Aujourd'hui, la plupart d'entre eux boivent leur vin à la glace, et ce n'est constamment que par air, ce goût ne nous étant point naturel. Il en est néanmoins qui affectent de s'en servir, même au mois de décembre, et cela parce que c'est l'usage chez les Français, qui ont le cerveau brûlé. J'étonnerais bien plus nos braves Anglais du nord, qui ne connaissent que leur campagne, et n'ont vu de ville que celle d'York, quand je leur apprendrai qu'à certaines tables de Londres on sert aujourd'hui de la glace à manger, comme on sert sur les leurs de la gelée de groseilles. A quel point de corruption sommes-nous parvenus! O temps, ô mœurs! Et que diraient nos vertueux ancêtres de ce luxe étrange? Heureusement cette dépravation ne s'est pas encore introduite chez les sages torys, et ceux de ce parti qui sont simples et honnêtes font encore chauffer leur vin avant de le boire, ainsi que l'ont toujours pratiqué les véritables Anglais, ce qui est d'un usage salutaire pour l'estomac. C'est aussi la coutume des Chinois : chez ce peuple si sage, on mange froid et l'on boit chaud.

» Ce qui distingue le plus les torys des whigs, c'est qu'en effet ils boivent beaucoup plus que ceux-ci. On peut juger de quelle façon un homme pense sur le gouvernement à sa manière de boire. Un simple tory boit le double d'un whig. Un tory un peu ardent dans son parti boit autant que douze whigs ensemble. Il n'y en a point de ceux de la première classe qui ne soient en état de boire à un repas d'élection, en rasades bien mesurées, toutes les santés du parti et toutes les malédictions que, selon l'usage, on y donne au chef du parti contraire, et, de plus, la confusion de la haute Église en général et la damnation de tous nos seigneurs spirituels en particulier.

» J'avoue que la règle n'est pas sans exception : nous avons quelques lords qui ne boivent pas mal pour des gens de cour. Il y en a tel d'entre eux que l'on voit tous

les jours ivre au café ; mais la façon de penser de ceux-
là est connue, et , par conséquent , ils ne sont pas dangereux.

» La dernière réflexion qui me reste à faire sur ce
sujet est que tout homme qui en presse un autre de boire
et ne boit pas lui-même est un ennemi qui cherche à le
surprendre : c'est ainsi qu'en usent grand nombre de
wighs. Le franc et loyal tory n'a pas recours à de si
lâches bassesses : comme il est sans malice , il est sans
ruse ; et si l'intérêt de son parti ou la simple politesse
exige qu'il enivre ses convives, il est le premier à leur
donner l'exemple qu'ils doivent suivre. »

Pour en finir avec ces mots *whigs* et *torys*, nous
allons reproduire un passage où Daniel de Foë s'explique sur leur étymologie. Ce qu'il dit ne détruit pas ce
qui précède , mais le complète au contraire.

En Suède, à la mort de Charles XII, les partis aristocratiques qui se partagèrent le royaume reçurent du
peuple les dénominations triviales de parti des *chapeaux* et
parti des *bonnets,* qui furent pour beaucoup dans l'espèce
de discrédit dont ils ne tardèrent pas à être frappés.

« Le mot de *tory* est irlandais ; il date du temps des
guerres de la reine Élisabeth en Irlande. Il servait à
désigner une espèce de pillards qui, n'appartenant à aucune armée , mettaient le pays à contribution , sans distinction d'Espagnol ou d'Anglais. Plus tard, dans les
massacres de l'année 1641, il s'en trouva un grand
nombre qui aidèrent à commettre les actes les plus odieux
et les plus sanguinaires, dans les occasions surtout où
des papistes épargnaient leurs parents de l'autre religion.
Ceux qui n'hésitaient pas à égorger père et mère, sœurs,
frères, leurs parents les plus proches, leurs amis les

plus chers, furent flétris du nom de torys. En Angleterre, vers l'an 1680, apparut un parti de prétendus protestants qui s'appliquèrent à la ruine de leur pays. Ils commencèrent par tourner la conspiration papiste en ridicule et par encourager les papistes à la renouveler. Pour accomplir leur dessein, ils sollicitèrent et obtinrent l'exil du duc de Monmouth, le rappel du duc d'York ; plus tard ils se mirent à *abhorrer* (déclarer leur horreur pour la doctrine limitative de la prérogative royale), à pétitionner, à repousser le bill d'exclusion (d'un héritier catholique de la couronne); ils abandonnèrent les chartes municipales et les libertés de leur pays à la volonté arbitraire du prince ; puis ils massacrèrent les patriotes, persécutèrent les dissidents, et enfin intronisèrent un souverain sous prétexte de droit héréditaire, et la tyrannie sous prétexte d'obéissance passive. Titus Oates fut leur véritable parrain, et voici à quelle occasion il leur donna le sobriquet de tories. L'auteur peut garantir l'anecdote, car il lui est arrivé d'être un des témoins de la circonstance. Quelques honnêtes gens s'étaient réunis dans la Cité, sur le bruit qui s'était répandu qu'on allait essayer d'étouffer les dépositions (dans l'affaire de la conspiration papiste) et de gagner Bedloe et Stephen Dugdale. M. Bedloe s'avisa de dire à l'assemblée que des lettres d'Irlande lui annonçaient la prochaine arrivée de quelques tories chargés de l'assassiner ainsi que le docteur Oates. Le docteur, dont le zèle était très-emporté, ne put plus dès ce moment entendre quelqu'un parler contre le complot ou contre les témoins, sans s'imaginer que c'était un de ces tories venus d'Irlande pour le tuer, et quiconque le contredisait était traité par lui de tory; de sorte qu'à la fin le nom de tory devint populaire, et s'attacha si

bien aux hommes de ce parti, au milieu de leurs procédés
sanguinaires, qu'ils ne purent plus s'en débarrasser ;
aussi finirent-ils par l'adopter eux-mêmes, comme ils
ont adopté aujourd'hui celui de *high-flyers* [1].

» Quant au mot de *whig*, il est d'origine écossaise.
On commença à en faire usage quand les hommes de
l'ouest, appelés Caméroniens, se furent soulevés pour la
défense de leur religion. On appelait *whig* dans ce pays-
là une espèce de liqueur que boivent les Highlanders,
mais dont je ne me rappelle plus la composition [2], et le
nom de la boisson était devenu commun à ceux qui en
usaient. Il servit dès ce moment à désigner la malheureuse population de cette partie de l'Écosse qui, persécutée sans pitié, contre toute loi et justice, croyait posséder civilement le droit de la liberté religieuse, et en conséquence résistait fréquemment au pouvoir arbitraire de
ses princes. Ces pauvres gens, las d'être toujours oppri-
més, prirent les armes, vers 1681, dans la fameuse insurrection de Bothwellbridge. Le duc de Monmouth,
alors en faveur, fut chargé, par le roi Charles, de réprimer
cette rébellion, et il la réprima en effet. A son retour, au
lieu de la reconnaissance qu'il attendait, il ne trouva que
froideur et reproches pour sa clémence envers les révoltés, et le duc de Lauderdale dit au roi Charles, en jurant,
que le duc s'était montré si poli à l'égard des whigs,
qu'il devait être lui-même un whig au fond du cœur. Le
mot fit fortune, et bientôt tous les amis et partisans du

[1] Nom qui, sous la reine Anne, servait à désigner les partisans de la haute Église. Littéralement, gens de la *haute volée*.

[2] *Whig* est ce que nous appelons le petit-lait ; en anglais,
whey : breuvage acide auquel, dit un écrivain tory, on a comparé
quelque chose de plus aigre encore, un presbytérien écossais.

duc furent traités de whigs. Ceux-ci imitèrent l'exemple de l'autre parti : ils adoptèrent eux-mêmes le sobriquet. »

« La petite et courte guerre que Louis, Dauphin, fit à Charles VII, en 1442, fut nommée *praguerie;* pas un auteur ne dit pourquoi. Peut-être étoit-ce par allusion à ce qui se passoit à Prague, où on jouoit des couteaux [1]. »

Comines n'est pas de cet avis : selon lui, praguerie viendrait de *briquerie* [2]; mais le Duchat le dément, pour se mettre du parti de l'abbé de Longuerue, et donner ainsi une nouvelle force à son étymologie, qui nous semble, à nous, décisive. Il ajoute que, à partir de cette révolte, *être en praguerie*, voulait dire être en rébellion : « C'étoit, écrit-il en terme de mépris, parce que le succès n'en fut pas plus heureux que ne l'avoit été peu d'années auparavant la révolte des Praguois ou Bohémiens, qui succombèrent enfin, quelques victoires qu'ils eussent remportées d'abord sous Zisca, leur chef [3]. »

En Suède, à la mort de Charles XII, les partis aristocratiques qui se partagèrent le royaume reçurent du peuple les dénominations triviales de parti des *chapeaux* et parti des *bonnets*, noms qui furent pour beaucoup dans l'espèce de discrédit dont ces partis ne tardèrent pas à être frappés.

L'une de ces factions avait à sa tête le comte de Horn, l'autre le comte de Gyssenborg.

« La première, dont le système était pacifique, écrit Mentell, cherchait à entretenir la bonne intelligence avec les cours de Russie et d'Angleterre; l'autre, au contraire, appuyée par la France, et appuyée du crédit des comtes de Lawenhaupt et de Tessin, ne respirait que la guerre. Le

[1] *Longueruana*, p. 79-80.
[2] Liv. vi, chap. 2.
[3] *Ducatiana.*

gros de la nation, et surtout de la jeune noblesse, était dévoué à ces derniers. On trouva un moyen immanquable d'entretenir ces divisions, en désignant chacun des partis par une épithète triviale qui pût passer dans la bouche du peuple et y rester. La faction guerrière prit le nom de *chapeaux*, et donna à la faction opposée celui de *bonnets*. Les chapeaux, par l'influence du comte de Saint-Séverin, ministre de France, parvinrent à se rendre maîtres des affaires ; le comte de Horn et les principaux chefs de son parti furent démis de leurs emplois ; le comte de Gyssenborg fut mis à la tête du ministère [1]. »

Nulle part et à aucune époque, les dénominations que prirent les partis ou qui leur furent imposées n'ont été aussi variées et aussi singulières qu'en France pendant la révolution. Elles forment une nomenclature trop piquante, et la plupart tiennent trop aux événements dont elles semblent être l'étiquette burlesque, pour qu'on ne les consigne pas ici.

En voici la liste abrégée, par ordre d'époques.

En 1789, 1790, 1791. — Aristocrates ; enragés ; noirs ; impartiaux ; hommes du 14 juillet ; membres du côté gauche ; membres du côté droit, orléanistes ; jacobins ; cordeliers ; feuillants ; fayettistes ; monarchiens ; etc.

En 1792 et 1793. — Ministériels ; amis de la liste civile ; chevaliers du poignard ; girondins ; hommes du dix août ; septembriseurs ; modérés ; hommes d'État ; brissotins ; hommes du 31 mai ; fédéralistes ; montagnards ; membres de la plaine ; crapauds du marais ; suspects, etc.

En 1794 et 1795. — Avilisseurs ; endormeurs ; apitoyeurs ; alarmistes ; amis de Pitt et Cobourg ; muscadins ;

---

[1] Voy. aussi *Souvenirs* de Lévis, p. 112.

agents de l'étranger; hébertistes; sans-culottes; contre-révolutionnaires; ultra-révolutionnaires; thermidoriens; habitants de la Crète; terroristes; maratistes; égorgeurs; patriotes de 1789; compagnons de Jésus; chevaliers du soleil; matevons; etc.

Depuis 1796 jusqu'en 1818. — Directoriaux; consulaires; impérialistes; royalistes; vendéens; chouans; libéraux; ultra-libéraux; ultra-royalistes; jacobins blancs; bonapartistes; romains; ministériels; constitutionnels; indépendants; doctrinaires.

On n'est pas d'accord sur l'origine du mot *huguenot* : selon les uns, dont Leibniz combattait justement l'opinion, il viendrait de ce début de la harangue d'un réformé : *Huc nos venimus*, etc.; selon d'autres, ce n'est autre chose que le mot suisse *heusquenaux*, signifiant gens séditieux; ceux-ci y voient un souvenir du nom de Jean Huss; ceux-là, et Adrien de Valois est du nombre, une altération du mot *huet* ou *huguet*, qui, dans le vieux français, était un terme de mépris. Enfin, il en est qui le dérivent du grec εὖ, bien, et γνῶσις, connaître, parce qu'en effet les huguenots passent entre eux pour être les seuls qui soient heureusement initiés. Nous préférons à toutes ces versions celle qui donne pour racine à ce nom les mots allemands *eid-gnossen*, qui signifient alliés en la foi. Ce ne fut longtemps qu'une appellation infamante, à tel point qu'au dix-septième siècle, Conrart ne pouvait encore souffrir qu'on l'employât dans le style sérieux. Il en était de même de *huguenotisme* et de *huguenoterie*.

Le mot *parpaillot*, que Ménage écrit *parpaillaut*, était une des dénominations injurieuses données aux calvinistes en quelques lieux, et surtout au midi de la France.

Ce nom leur était venu, selon Est. Pasquier, parce que,

au siége de Clérac, ils firent une sortie, vêtus de chemises blanches, en un temps où l'on voyait beaucoup de
papillons, que les Gascons appellent *parpaillots*, comme
les Italiens *farfalla*. Borel, qui admet aussi l'étymologie
de *parpaillols* (papillons), prétend qu'on désigna ainsi les
calvinistes parce que, courant au danger sans crainte, ils
allaient chercher la mort, comme font les *papillons* qui
se vont brûler à la chandelle. Mais, selon une opinion
plus favorable, adoptée par Balzac [1] et par Moréri, ils
doivent ce surnom à Jean Perrin, seigneur de *Parpaille*,
président à Orange, et l'un de leurs coreligionnaires, qui
fut décapité à Avignon, le 8 août 1562, par ordre de Fa-
brice Serbelloni. Renouvelé au siége de Montauban,
comme une injure aux calvinistes, ce nom est encore usité
chez le peuple pour désigner un impie.

Depuis la fuite du roi Jacques II, et l'avénement du
duc d'Orange au trône d'Angleterre, les catholiques d'Irlande, fidèles au roi banni, ont désigné par le nom d'*o-
rengemen* (orangites) les protestants des trois royaumes
partisans de l'usurpateur et des princes qui lui ont succédé. La bataille de la Boyne, où Jacques perdit son en-
jeu, fut l'un des grands triomphes de l'orangisme. Celle
de Culloden, où Charles-Édouard risqua et perdit ce qui
lui restait d'espérances, fut pour les orangistes un plus
beau succès encore. Les jacobites d'Irlande n'en furent
pas toutefois complétement abattus. Ils continuèrent, sous
le coup de persécutions incessantes, avec l'opiniâtreté la
plus courageuse, leur opposition contre la maison d'O-
range. C'est à cette haine inassouvie, à cette lutte sourde
mais implacable, que l'*association des Irlandais unis*,

---

[1] *Œuvres*, édit. in-fol., II, p. 246.

fondée par Wolf-Tone, dut sa naissance, en 1794, et que l'expédition française, combinée pour un débarquement en Irlande, vers les baies de Baudry et de Texel, entre le général Hoche et ce même Wolf-Tone, faillit devoir son succès. En 1821, O'Connel, se faisant médiateur pacifique avant de s'ériger en agitateur, voulut amener une réconciliation entre les catholiques et les orangistes. Il profita pour cela du voyage que le roi Georges IV fit en Irlande. Il en obtint des promesses qui ne devaient être qu'un leurre bientôt découvert. Alors la lutte recommença. Sheil et surtout O'Connel, en furent les héros. Au mois de mai 1823, ils posèrent les fondements d'une nouvelle association catholique ; et, par des moyens toujours pacifiques, en s'opposant sans cesse aux rixes sanglantes prêtes à s'engager, le 11 juillet et le 5 novembre 1829, par exemple, en tenant bon contre toute attaque déloyale, même contre le bill qui abolissait leur association catholique, ils firent si bien qu'ils amenèrent le ministère Wellington à promulguer, le 10 juin 1829, un bill d'émancipation pour l'Irlande. Depuis cette grande victoire de ses adversaires, le parti orangiste s'est perdu dans le parti tory avec lequel il ne cesse toutefois de s'opposer à tous les droits et priviléges réclamés pour l'Irlande. On sait quels terribles coups O'Connel, retranché dans ses formidables *meetings* du *repeal*, lui a portés encore avant de mourir, le 15 mai 1847. — En Belgique, on nomme *orangistes* les partisans de la maison d'Orange, qui, avant 1830, régnait sur cet État par l'un de ses princes, Guillaume de Nassau.

Maintenant, quelques mots sur quelques-unes de ces sectes curieuses qui sont pour l'Église ce que les partis et les révolutionnaires sont pour l'État. Nous choisirons deux des plus fameuses, d'origine anglaise l'une et l'autre, les *presbytériens* et les *quakers*.

Calvin, parlant dans ses livres de la liturgie anglaise établie par Henri VIII, avait dit qu'elle était pleine « d'inepties supportables » (tolerabiles ineptias), et n'avait pas « la pureté désirable. » Ces seules paroles de l'hérétique de Genève, tombées au milieu de la foule des sectaires qui s'étaient ralliés à sa doctrine en Angleterre, et surtout en Écosse, suffirent pour faire dans ces deux royaumes un grand nombre de sectes toutes ennemies de l'épiscopat anglican, toutes empressées à détruire ces inepties qu'il consacrait, et à atteindre cette pureté que Calvin déclarait si désirable.

L'une des premières associations religieuses formées en haine du rite anglican fut celle des *presbytériens*, ainsi nommés parce que, proscrivant toute distinction hiérarchique entre les ministres du culte, ils donnaient le pouvoir d'ordination et le gouvernement spirituel aux seules assemblées *(presbytères)*, composées de membres égaux et présidés par les anciens. Après cette égalité religieuse qui introduisait la démocratie dans l'Église, le premier but à atteindre par les presbytériens était la pureté de foi qu'ordonnait Calvin, et qui fit donner à tous ces sectaires le nom de *puritains* aussitôt qu'ils s'en furent déclarés les apôtres.

Henri VIII vivait encore quand les presbytériens tentèrent leurs premières entreprises de réforme en Angleterre ; il s'en effraya, car il vit tout d'abord quel dangereux esprit les animait, non-seulement contre son Église, mais encore contre toute suprématie royale ou aristocratique. Il prévoyait que de tels hommes, après avoir conquis l'égalité dans l'Église, demanderaient l'égalité dans l'État, et que pour eux la ruine de l'épiscopat ne serait qu'un acheminement vers la destruction de la royauté. N'avaient-ils, pas en effet, pour premiers mots de leur évangile républicain ces paroles de Calvin : « Un grand empire est un grand mal, et il est aussi fou de souhaiter à un roi une puissance absolue que de désirer l'irrésistible puissance d'un torrent qui ravage tout. »

Préoccupé de ces craintes, que redoublaient les progrès du *puritanisme*, Henri VIII multiplia ses persécutions contre les nouveaux apôtres. Aussitôt qu'il en surgissait une congrégation, il sévissait contre ses membres ; afin de fuir l'échafaud toujours dressé, les presbytériens étaient ainsi forcés de s'exiler en Hollande, à Genève et à Francfort. A la fin de sa vie, Henri VIII en était arrivé, contre les puritains, à un tel point de haine que, afin de concentrer tous ses efforts contre eux, il laissait prévaloir le parti catholique.

Plus tard, Élisabeth nous semble avoir compris et continué cette politique de son père, quand elle dit : « Je sais très-bien ce qui contenterait les catholiques ; j'ignore ce qu'il faudrait pour contenter les puritains. »

Après la mort de Henri VIII, à l'avénement d'Édouard VI, les persécutions cessèrent cependant contre les presbytériens ; le gouvernement chercha même à les rallier. Parmi ceux qui furent alors rappelés de l'exil se trouvait l'Écossais Jean Knox, homme de convictions farouches et ennemi de tous ménagements, revenant de Genève où ses entretiens avec Calvin avaient retrempé sa foi. Édouard VI lui fit offrir un évêché ; il refusa ; et comme il vit que de nouvelles persécutions allaient menacer ses coreligionnaires, il quitta l'Angleterre et se retira en Écosse, sa patrie, où il savait que le gouvernement serait moins puissant pour le combattre et les esprits moins disposés à l'entendre. Un grand nombre de frères chassés d'Angleterre par les persécutions de la sanglante Marie ne tardèrent pas à l'y suivre.

C'est à Weans que Knox réunit ses principaux adeptes pour un premier *covenant ;* mais les menaces du gouvernement vinrent troubler ce triomphe, et forcer le prédicant de retourner à Genève.

Quand il revint, un nouveau covenant avait été signé, et cette fois les comtes d'Argyle, de Morton et de Glaincairn avaient prêté l'autorité de leur nom à cette charte religieuse et républicaine, où se révélaient les alarmes des réformés. Knox arriva pour renouveler la lutte. Elle fut terrible et signalée par d'affreux désordres. Les églises et les monastères étaient mis au pillage, les ornements du culte brûlés ou dispersés.

Le presbytérianisme s'installa à Perth, à Crail, Anstruther, Scone, Stirling, Linlithgow et Cambus-Konnet. Les covenantaires furent même un instant maîtres d'Édimbourg, et cela presque sans coup férir ; aucun combat important ne fut livré. Le triomphe des puritains paraissait assuré, et la nouvelle révolution religieuse survenue en Angleterre, où Élisabeth succédait à Marie la catholique, semblait en être une garantie de plus. Les puritains d'Écosse allaient donc pouvoir contracter avec leurs frères d'Angleterre, libres enfin de toute persécution, une alliance capable de contre-balancer celle des catholiques avec les Français. Knox mit tout en usage pour se concilier la bienveillance de la nouvelle reine d'Angleterre. Il fit taire un instant sa haine et ses invectives. Il modifia même ses opinions démocratiques, et, cherchant à les mettre d'accord avec les nouveaux besoins de sa politique, il s'écria un jour : « Les femmes ne devraient pas régner, mais Dieu permet les miracles, et Élisabeth est un miracle ! »

Mais c'étaient là de vaines précautions, d'inutiles ménagements : Élisabeth déjoua cet espoir des presbytériens. Obéissant aux mêmes terreurs qui avaient armé son père contre ces sectaires républicains, elle renouvela avec une excessive rigueur les persécutions commencées par Henri VIII et continuées par Marie Tudor. Knox recommença ses anathèmes.

Ces invectives, où il prodiguait à Élisabeth, comme auparavant à Marie Tudor et à Marie Stuart, les surnoms de *Jésabel* et de *Médée*, furent d'impuissantes paroles. Le coup porté aux presbytériens d'Angleterre était mortel. Persécuté plus violemment parce qu'on le croyait alors plus redoutable, dit Neale, le puritanisme cessa d'être une secte, et fut une faction fanatique, animée à la fois d'un zèle ardent pour ses propres dogmes et d'une vive exaspération contre ses oppresseurs. »

C'est seulement en Écosse que le puritanisme continua d'être une puissance. Là rien ne lui faisait plus obstacle ; toute la nation avait été soulevée par les prédicants presbytériens ; après une longue guerre civile, Marie Stuart, détrônée par eux, avait été forcée de s'exiler en Angleterre, où l'attendaient la prison et l'échafaud ; et à cette même époque, si le fils de cette malheureuse reine, si Jacques régnait sur l'Écosse, c'était pour y subir l'influence tyrannique des réformés, étant moins un roi que l'esclave de cette secte impérieuse dont M. Guizot a dit avec tant de vérité : « Populaire dans son berceau, elle s'était, par sa propre force et en dépit de tous les obstacles, élevée jusqu'au trône au lieu d'en descendre. »

Jacques fut ainsi dominé par les presbytériens jusqu'au jour où, montant sur le trône d'Angleterre, il échappa à leur empire. Le souvenir des outrages qu'il avait subis en Écosse le suivit dans son nouveau royaume. Loin donc d'accueillir les plaintes des puritains d'Angleterre qui espéraient en lui, comme dans un prince élevé par leurs ministres et devenu ainsi leur protecteur naturel, il ne songea qu'à les contenir dans l'obéissance passive dont la rigueur d'Élisabeth leur avait fait une loi, et en même temps il chercha à détruire la puissance souveraine des presbytériens en Écosse.

Pour donner un semblant de légalité à la préférence qu'il allait ainsi témoigner pour le culte anglican, il réunit à Hamptoncourt les docteurs des deux religions ; et, après de longues conférences, dont il résuma les débats dans cette maxime : *Point d'évêques, point de rois*, il ne dissimula plus son penchant pour l'épiscopat et sa haine, trop longtemps cachée, pour les principes démocratiques des puritains. Jacques comprenait trop les devoirs de la royauté pour en agir autrement ; il savait trop bien à quelle tyrannie il allait se soustraire en enlevant ainsi aux presbytériens tout espoir de domination religieuse : « Souvent, écrit-il dans l'un de ses livres, les prédicateurs populaires de l'Écosse m'ont calomnié uniquement parce que j'étais roi ; c'est, à leurs yeux, le plus grand des crimes. Ils disent au peuple que tous les rois et tous les princes sont les ennemis naturels des libertés de l'Église. Ils prêchent l'égalité ; mais leur égalité n'est que la mère du désordre et l'ennemie de l'unité, qui, elle, est la mère de l'ordre. » Il ne se contenta même pas de maintenir en Angleterre, dans toute sa prépondauce, la suprématie de l'épiscopat, et tenta de l'établir en Écosse.

Dès l'année 1618, tous ses efforts tendirent au renversement de la constitution républicaine de l'Église écossaise et à la réhabilitation de l'épiscopat dont quelque ombre subsistait encore. Pour réussir dans ce dessein, il agit avec adresse et prudence, employant moins les rigueurs et les menaces que les fraudes et les corruptions.

« Le despotisme se montra même souple et patient, dit M. Guizot; il s'adressa tantôt à l'ambition des ecclésiastiques, tantôt à l'intérêt des petits propriétaires, offrant à ceux-ci un rachat facile de la dîme, à ceux-là les hautes dignités de l'Église et les grandes charges de l'État, marchant toujours à son but, mais se contentant de progrès lents et tortueux. »

Charles Ier continua par les mêmes moyens l'œuvre de son père; en 1636, elle paraissait presque à son terme. Le presbytérianisme, sourdement miné, tombait en ruines; l'Église d'Écosse était passée par degrés sous le joug d'une hiérarchie et d'une discipline à peu près conforme à celle de l'Église anglicane, et consacrait également le pouvoir absolu, comme le droit divin des évêques et du roi. « L'épiscopat avait recouvré sa juridiction, dit M. Guizot; l'archevêque de Saint-André était chancelier du royaume, l'évêque de Ross sur le point de devenir grand trésorier; sur quatorze prélats, neuf siégeaient dans le conseil privé et y possédaient la prépondérance. »

Une dernière mesure, trop hâtée par Charles Ier, d'après les conseils de l'inflexible Lawd, un dernier coup trop soudainement porté, l'introduction arbitraire et subite d'une nouvelle liturgie dans l'Église d'Écosse, le 23 juillet 1836, détruisit tout l'ouvrage, et la tentative échoua en touchant au succès.

Un tumulte affreux éclata dans la cathédrale même d'Édimbourg. Toute l'Écosse se souleva ; quatre comités, composés de la haute noblesse, des gentilshommes et du clergé presbytériens, rédigèrent le fameux covenant par lequel ils s'engageaient à défendre contre tout péril le souverain, la religion, les lois et les libertés du pays ; et, en 1638, tout le peuple signa cet acte.

Charles Ier s'effraya, et des négociations furent entamées avec les rebelles ; espérant obtenir l'épiscopat pour prix de ses concessions, le roi promit d'abolir la liturgie et la cour de haute commission. Mais une assemblée presbytérienne, réunie à Glascow, avait déjà déjoué cette espérance en abrogeant l'épiscopat, ainsi que les droits de doctrine et de discipline, et en prononçant l'excommunication contre tous ceux qui refuseraient de signer le covenant. Tout accommodement devenait donc impossible ; il fallut recourir aux armes.

Charles envahit l'Écosse avec une nombreuse armée ; mais il se laissa fléchir par l'apparente soumission des Écossais effrayés, et conclut à Berwick (17 juin 1639) un traité que violèrent les covenautaires quand le roi eut congédié ses troupes.

Il fallut donc recommencer la guerre, et Charles, que préoccupait sa lutte avec le parlement, en laissa le soin à l'inflexible comte de Strafford. Alors mille sectes, à la fois politiques et religieuses, s'agitaient en Angleterre : c'étaient les *brownistes*, les *indépendants*, les *niveleurs*, fractions éparses du grand parti des presbytériens d'Angleterre, et qui essayaient dans ce pays contre le trône de

Charles Ier et l'épiscopat les mêmes tentatives que Strafford combattait en Écosse.

Une alliance était naturelle entre les rebelles des deux nations. Un pacte, signé à Édimbourg par les chefs écossais et les envoyés du long parlement, consacra cette union. La communauté de culte fut la base de ce traité, par lequel les deux peuples se rendaient solidaires l'un de l'autre pour la défense du christianisme sans évêque.

Les presbytériens écossais se trouvèrent ainsi mêlés à la lutte terrible de Charles contre son parlement, et enchaînés dans tous les excès de cette guerre régicide.

Ils ne s'arrêtèrent que trop tard dans cette voie désastreuse. Moins effrénés que les *indépendants*, dont Cromwell était le chef, ils ne demandaient que le libre exercice de leur culte et le triomphe du covenant. En consentant à signer cette charte religieuse et démocratique, Charles Ier redevenait un roi pour eux. Quand ils virent donc que les indépendants, non contents de le chasser du trône, allaient jusqu'à demander son supplice ; quand ils les entendirent répéter, en s'appuyant d'un passage des livres saints : « Que le sang versé dans la guerre civile devait retomber sur la tête du roi pour que le peuple en fût absous, » les presbytériens s'effrayèrent de leur alliance avec de tels hommes, irrités d'ailleurs des réformes tentées contre le rite presbytérien par les indépendants qui, reniant jusqu'à l'autorité des simples prêtres, investissaient chaque fidèle de toutes les fonctions sacerdotales, ils se plaignirent de ce que les Anglais outre-passaient ainsi la réforme religieuse et violaient le pacte solennel d'union conclu entre les deux peuples.

La scission devint imminente ; et quand Charles Ier fut décapité à Londres, loin d'approuver ce crime de tout un

peuple, les presbytériens écossais proclamèrent roi
Charles II, qui consentait à signer le covenant. Rede-
venus ainsi les défenseurs de la cause des Stuarts, leurs
princes naturels, les Écossais prirent les armes contre
leurs anciens alliés, qui triomphaient en Angleterre. Mais
leurs efforts échouèrent contre la fortune de Cromwell à
Dunbar et à Worcester; Charles II fut obligé de fuir,
laissant les Écossais sous le poids des malheurs que son
couronnement et son invasion en Angleterre avaient
attirés sur eux.

Quand la révolution opérée par Monck lui eut rendu
le trône d'Angleterre, Charles II méconnut les services
des presbytériens écossais. L'épiscopat fut rétabli par lui;
dans un nouveau parlement, convoqué en 1661, la basse
Église ne compta plus que cinquante-six membres; enfin
le covenant fut brûlé, et Charles, portant un dernier coup
au presbytérianisme, publia, le 19 mars 1662, ce fameux
bill d'uniformité par lequel il est ordonné que tout ministre devra recevoir l'ordination épiscopale, approuver
sans réserve le livre des prières communes, et prêter le
serment d'obéissance canonique.

Plutôt que de se soumettre à cette sentence, deux mille
ministres puritains renoncèrent à leur bénéfice. Ainsi la
foi était encore vive et ardente parmi les membres de
cette secte courageuse. Sous Jacques II, la tyrannie du
duc de Lauderdale, commissaire du roi en Écosse, souleva de nouvelles séditions; mais ce fut un vain effort:
les puritains, d'abord vainqueurs à London-Hill, furent
vaincus par le duc de Monmouth près du Pont de
Bothwell.

Le sort des puritains devint meilleur sous Guillaume III.
L'Écosse ne reconnut la souveraineté du prince usurpa-

teur qu'en stipulant expressément l'existence de son Église nationale; et, depuis, tout souverain montant sur le trône britannique prête serment de maintenir l'Église presbytérienne dans tous ses droits, priviléges et immunités.

Les *quakers*, qui sont des sectaires aussi doux et aussi paisibles que les presbytériens furent indomptés et guerroyants, tirent, comme on sait, leur nom du mot anglais qui signifie *trembleurs*. Ils donnent à leur association la dénomination de *société chrétienne des amis*. Se glorifiant des pratiques convulsionnaires et des contorsions à l'usage de leurs rites bizarres, ils ont à cœur de ne jamais se montrer devant Dieu sans *trembler*.

La religion des quakers prit naissance en Angleterre, où elle eut pour fondateur, en 1647, Georges Fox, cordonnier du village de Driton, dans le comté de Leicester.

Richard Farnsworth, Jacques Naylor, Jean Camm, T. Taylor, et plusieurs autres, furent les premiers prosélytes qui aidèrent, dans sa sainte mission, le cordonnier-prophète, « bienheureux instrument, dit Guillaume Penn, dont Dieu s'était servi dans ce grand jour de l'Évangile. »

L'association des quakers prit tout d'abord le nom de *famille d'amour*, « parce que, quand ils vinrent à s'entre-connaître, dit Penn, ils s'assemblaient quelquefois, non point pour prier et prêcher formellement en tel lieu ou à telle heure fixe, comme ils avaient accoutumé de faire ci-devant, mais ils attendaient ensemble, en silence et à mesure qu'il leur venait quelques idées, qu'ils croyaient pouvoir atteindre à l'inspiration divine, et les mettaient au jour. »

Ces habitudes de contemplation extatique réagirent si bien sur les cervelles faibles de certains prosélytes, « que, perdant de vue l'humilité et la crainte de Dieu, ils furent exaltés outre mesure à cause de l'excellence des révélations, et au lieu de tenir leur esprit humblement dans la dépendance de celui qui avait ouvert leur entendement pour pénétrer le sens profond de sa loi, ils donnèrent champ libre à leur imagination, et, confondant leurs propres rêveries avec les inspirations de l'Esprit divin, ce mélange produisit un fruit monstrueux qui devint le scandale de ceux qui craignaient Dieu. »

Ces folies de quelques-uns firent donner à tous les quakers le nom de *ranters*, extravagants, « ce qui donna occasion aux méchants de tourner la religion en ridicule. » On persécuta les amis, on déchaîna contre eux la raillerie satirique des pamphlétaires et les rigueurs de la loi. « On annonçait, dit encore Guillaume Penn, que nos amis ne tiendraient pas plus d'un an ou deux ; et, pour vérifier cette prophétie, on faisait contre eux des lois sévères. On tâchait de les effrayer pour leur faire abandonner leurs croyances, ou de les détruire s'ils y restaient fidèles. »

Ainsi Cromwell fit arrêter Fox, et Marguerite Stell, sa femme, devenue fameuse dans la secte par des prédications. Taylor, qui se faisait appeler fils unique de Dieu, soleil de justice, roi d'Israël, fut fustigé comme blasphémateur. Ces persécutions n'ébranlèrent point les quakers dans leurs croyances. Pour s'y soustraire, ils passèrent en foule en Amérique.

Dès l'année 1650, ils s'y étaient établis et y avaient même pris un accroissement considérable, surtout dans les contrées septentrionales de ce vaste continent.

A la même époque, ils se répandaient aussi dans les divers États de l'Europe et fondaient, principalement en

Hollande, plusieurs colonies durables. Il y en eut cependant un grand nombre qui ne quittèrent pas l'Angleterre et qui continuèrent d'y vivre perpétuellement en butte aux risées de la foule et aux pamphlets des écrivains.

Leur lutte même y demeura sous le coup de l'interdit jusqu'en 1689, où un acte de tolérance vint leur en permettre le libre exercice, ce qui n'empêcha pas le peuple de continuer contre eux des railleries et des attaques. Ainsi, en 1745, les quakers qui habitaient Londres s'étant obstinés à tenir leurs boutiques ouvertes un jour de jeûne public, le peuple s'ameuta contre eux, et une foule d'écrits calomnieux les accusant d'hypocrisie furent répandus par la ville. Ils publièrent, pour toute réponse, une humble apologie, où ils déclaraient, à l'exemple de tous les sectaires persécutés, que la paix divine est préférable à l'amitié des princes.

Cependant leur secte prospérait loin de la métropole, sur la terre lointaine dont ils s'étaient fait une patrie.

En 1680, Guillaume Penn, que les prédications de Thomas Loë avaient conquis à la doctrine des quakers, était devenu, avec Robert Barclay et Samuel Fisher, le principal propagateur de cette croyance. Déjà deux fois ses écrits et ses discours en faveur de sa secte l'avaient fait enfermer à la tour de Londres. Mais ce rôle de martyr ne lui avait pas suffi ; il avait voulu être le bienfaiteur de ses coreligionnaires.

Ayant hérité d'une créance de 400,000 francs, due à son père par le gouvernement anglais, il se fit céder, en échange de cette somme, la propriété et la souveraineté du vaste territoire américain contigu au New-Jersey, à l'ouest de la Delaware. Ce rivage, sur lequel Penn était débarqué le 24 octobre 1682, devint, sous le nom de Pensylvanie, la nouvelle patrie des quakers. Mais, avant de se croire maître définitif de ce territoire, avant de regarder son titre de propriété comme légal, Penn voulut lui donner pour sanction le consentement des indigènes; il fit avec eux l'arrangement le plus équitable qui eût encore été fait avec les propriétaires légitimes du pays. Le seul privilége d'autorité qu'il réserva aux quakers dans le gouvernement qu'il établit, ce fut de leur accorder une majorité imposante au sein de l'assemblée législative.

« Ainsi, dit Douglas [1], les quakers ont toujours formé les trois quarts de l'assemblée de Pensylvanie, quoique dans la réalité ils n'excédassent pas un quart du peuple. » Cette haute influence, accordée à la caste souveraine, entrait tout à fait dans le plan du gouvernement fondé par Penn, et dont le but était, ainsi qu'il le dit lui-même, « de donner force au pouvoir par rapport au peuple, et de garantir le peuple de tout abus de pouvoir, afin qu'il fût libre par l'obéissance légale; car la liberté sans l'obéissance est confusion, et l'obéissance sans liberté est l'esclavage. »

Avec des idées aussi avancées sur la liberté, les quakers devaient être les ennemis naturels du despotisme que le gouvernement anglais faisait peser sur les colons d'Amérique. Ils furent donc les premiers à réclamer contre les actes arbitraires de l'Angleterre; et, quand éclata la guerre de l'indépendance, il se forma parmi eux une secte de quakers indépendants qui, malgré les défenses de leur religion, ne refusèrent pas de prendre les armes, et dont quelques-uns devinrent même des généraux distingués.

[1] *Histoire des colonies*, II, 326.

L'esclavage des noirs fut aussi toujours odieux aux quakers. « Ce fut de l'Amérique du Nord, imbue de leurs doctrines, dit un publiciste anglais, que partit le signal de la grande croisade contre l'esclavage. » Dès l'année 1783, ils en demandèrent l'abolition, et Wilberforce porta devant le parlement leur généreuse requête.

Les quakers restés fidéles à leur religion forment encore aujourd'hui la plus grande partie de la population de New-Jersey, de la Pensylvanie et du Delaware, trois des principales provinces des États-Unis. Ils se distinguent par leur bonhomie, leur tranquillité et leur intelligence industrielle; tout, dans les villes qu'ils habitent, marche sans bruit, sans secousse, sans, pour ainsi dire, qu'on s'en aperçoive. Les affaires de banque, dans lesquelles ils sont fort experts, occupent un grand nombre de quakers; ils y rivalisent d'habileté avec les juifs. En 1829, c'est un quaker qui passait à Londres pour être le grand homme de la bourse, *the great man of change.*

On reconnaît ces sectaires à leurs apparences austères et à un costume distinctif qui consiste, pour les hommes, en un habit de couleur sombre et un chapeau à larges bords, et, pour les femmes, dans une mantille et un tablier verts. La sobriété la plus rigoureuse est leur régime ordinaire, et leur longévité prouve son excellence.

D'après une statistique exacte, il a été prouvé qu'il y a proportionnellement autant d'octogénaires chez les quakers que d'hommes de quarante ans à Londres. Quant à leurs dogmes religieux, qui, depuis Fox, n'ont subi que de très-faibles modifications, ils sont toujours au nombre de quatre principaux, ainsi qu'on l'apprend par le livre déjà cité de Guillaume Penn, *Histoire abrégée de l'origine et de la formation de la Société dite des quakers :*

1° L'autorité civile ne peut exercer aucun droit sur la croyance religieuse;

2° Les serments exigés par les juridictions civiles sont illicites; une simple déclaration négative ou affirmative suffit;

3° La guerre est une chose illégitime : aussi doit-on refuser de porter les armes et ne témoigner aucune joie à la nouvelle d'une victoire;

4° Les ministres de la foi ne doivent recevoir aucun salaire; ils doivent être nourris par les offrandes des fidèles, comme les apôtres. Tout quaker peut d'ailleurs obtenir ce titre sacerdotal sans aucune forme d'ordination et par le seul consentement de l'assemblée.

Ainsi, tout quaker est prêtre, et il était naturel qu'il en fût ainsi dans une religion admettant pour principe de sa doctrine que tout homme qui recherche l'esprit divin en reçoit immédiatement l'inspiration, don précieux déposé en germe dans le cœur humain.

Les quakers n'ont aucun culte, aucun rite particuliers, si ce n'est leur manière bizarre de prier en tremblant et en se convulsionnant. Une seule tribu, celle des *saken-quakers* (quakers danseurs), établie à Labanon, à 140 milles de New-York, a pris pour base de sa foi le verset de l'Ancien Testament où il est dit que David dansa devant l'arche du Seigneur. Pensant de là que la danse seule est agréable à Dieu, tous les dimanches, hommes d'un côté, femmes de l'autre, commencent leur culte en dansant.

MORTS MYSTÉRIEUSES ET ÉTRANGES [1].

La manière dont fut tué le comte de Soissons, au milieu même de sa victoire, au combat de la Marfée, est, comme on sait, restée un mystère [2]. D'après les suites heureuses que cette mort eut pour Richelieu, dont le retour victorieux du comte eût pu renverser le pouvoir, on a pensé, et l'on a répété partout, qu'un séide aux gages du cardinal avait fait le coup ; l'abbé de Longuerue le nie, et explique ainsi sa dénégation :

« Étant à Sedan, dit-il, j'allai à Doncheri voir le champ de bataille où fut tué le dernier comte de Soissons. On me montra une côte assez roide, et des anciens, qui avoient été de ce temps-là, me dirent que le comte, ayant entendu tirer sur le haut, piqua pour y aller. On luy cria qu'il n'y allât pas. On eut beau crier, il piqua des deux ; ses gens le suivirent, mais comme il étoit mieux monté qu'eux, il y arriva avant eux, et ils le trouvèrent tué. Voyez comment placer là les assassins apostés par le cardinal de Richelieu [3]. »

[1] Pour faire ce chapitre, nous avons dirigé nos recherches de manière à ce qu'il ne fît pas double emploi avec celui des *Curiosités biographiques* qui a pour titre : *Morts par accidents singuliers.* Quand nous nous rencontrerons pour les mêmes faits, nous aurons soin de varier les détails.

[2] Voy. *Curiosités biographiques*, p. 105. Ce qui y suit ne s'y trouve pas, bien entendu.

[3] *Longueruana*, p. 83.

Il n'en est pas moins vrai que l'à-propos de cette mort imprévue et la sûreté des moyens employés par le ministre pour en tirer tout le parti possible, en paralysant et muselant cette révolution toute prête qui n'attendait que son chef, le comte de Soissons [1], feront toujours du ministre, vis-à-vis de cet événement, une sorte de complice indirect. On ne croit guère, d'ailleurs, aux hasards et aux bonheurs en ces sortes d'affaires, pour Richelieu moins que pour personne; d'autant plus que, dix ans auparavant, en 1631, lors de la mort ou plutôt de la disparition du comte de Moret à la bataille de Castelnaudary, il en avait déjà été favorisé. Or, *nunquàm bis in idem*, et c'est ici surtout qu'il faut répéter le vieil adage. Mon avis est, sauf toute réserve, dont mon respect pour l'histoire et pour ses mystères me fait une loi, que le ministre, se sentant impuissant à faire tomber sous la même hache qui décapita Bouteville, Cinq-Mars, Montmorency, de Thou, Chalais et tant d'autres, des têtes presque royales, comme celle de M. de Soissons, un prince du sang, un Condé, et celle du comte de Moret [2], un frère de M. de Vendôme, un bâtard de Henri IV, trouvait bon de suppléer à cette impuissance du bourreau par l'un de ces coups de pistolet ou d'arquebuse qui lui donnaient sa victime au milieu de la mêlée d'une bataille, par l'une de ces morts perdues dans le nombre, dont il prenait le profit sans avoir à en rendre compte.

Une autre mort, non moins chargée d'ombre et non moins heureuse pour Richelieu, est celle de Gustave-

---

[1] Voy. *Revue française*, 20 mai 1855, un article sur le comte de Cramail.

[2] Voy. *Curiosités biographiques*, p. 257.

Adolphe à Lutzen ; nous en avons parlé ailleurs dans ce volume ; nous rappelons donc seulement ici l'opinion de M. Craufurd [1] à ce sujet, quand il a dit que cette mort était « arrivée si à propos, qu'on a cru, comme disent les joueurs, que le cardinal avait aidé à la fortune. »

Les causes de la mort du pape Clément XIV, malgré les explications données par le dernier historien du pontife, le P. Theiner, sont encore et seront sans doute longtemps un mystère. Nous ne répéterons pas les accusations auxquelles cette mort, entourée de ténèbres, a donné lieu contre une société fameuse ; nous ne chercherons même pas s'il y a des apparences de vérité dans le singulier procédé d'empoisonnement mis, dit-on, en usage contre l'infortuné Ganganelli : on sert une pastèque à la table du pontife, l'officier dégustateur l'ouvre, détache une tranche, la mange, comme c'est son devoir, essuie son couteau humide sur sa serviette, coupe une autre tranche et la présente au pape ; il la mange et est empoisonné. Le poison était étendu en poudre blanche très-fine sur la serviette qui avait servi à essuyer le couteau après que la première tranche, mangée sans péril par l'auteur du crime, avait été détachée. Encore une fois, je n'irai pas au fond de ce fait, au moins ingénieux et digne de venir du pays des Borgia, pour savoir ce qu'il cache de vérité ou même de probabilité ; je me contenterai de citer une anecdote sur les prévisions douloureuses que Ganganelli avait de sa mort, et sur les présages dont il était entouré par ceux qui n'eurent peut-être rien moins que de l'étonnement quand arriva cet événement sinistre :

[1] *Mélanges d'histoire et de littérature*, p. 191.

« Clément XIV, pendant les derniers mois de sa vie, était tombé dans une espèce de marasme, produit sans doute par la même cause à laquelle on attribue sa mort. Sa seule dissipation était la promenade aux environs de Rome ; le cardinal de Bernis l'accompagnait quelquefois. Un jour qu'ils en revenaient ensemble, et que le carrosse allait rentrer dans la ville, Sa Sainteté aperçut les quatre lettres F. P. Q. P. tracées sur le mur à côté de sa porte, en très-gros caractères ; comme on allait au pas, il ne lui fut pas difficile de les faire remarquer au cardinal, à qui il demanda s'il savait ce qu'elles signifiaient : celui-ci répondit que non. « Je le sais bien, répondit Ganganelli ; elles signifient : *Finira presto questo pontificato.* » Le cardinal fut consterné de cette explication, dont la santé du pape ne lui faisait sentir que trop la justesse, d'autant plus qu'elle démontrait qu'il connaissait son état et en était fortement frappé ; il tâcha pourtant de rassurer Sa Sainteté, en rejetant bien loin cette explication ; il lui fit observer que le hasard seul pouvait avoir fait tracer ces lettres, qui, d'ailleurs, donneraient lieu à cent autres explications différentes, si on voulait les chercher. Le pape hocha la tête et ne répondit rien. Le cardinal, rentré dans son palais, n'eut rien de plus pressé que d'envoyer une personne de confiance voir si les quatre lettres fatales étaient encore sur la muraille ; elles n'y étaient plus. Il ne fut pas possible de méconnaître l'intention de ceux qui les avaient tracées pour être vues seulement par Sa Sainteté. L'un de nous tient cette anecdote du cardinal lui-même [1]. »

---

[1] *Nouveau recueil d'anecdotes inédites*, par MM. de Fortia et G. D. S. C. ; Paris, 1814, in-12, p. 273-275.

Dans une note de M. Michelet [1], nous trouvons ce fait curieux dont le souvenir lui est inspiré par la vue du Campo-Santo, à Pise :

« Dans ce cloître, où tant de figures mystérieuses me regardaient d'un air scrutateur, je remarquai, entre les antiques tombeaux étrusques et ceux des croisés italiens, la statue antique de l'Allemand Henri VII, le chevaleresque et religieux empereur, qui fut empoisonné dans la communion, et mourut plutôt que de rejeter l'hostie. »

La mort de don Carlos, fils de Philippe II, fut longtemps un mystère ; mais elle ne l'est plus depuis la publication du recueil de M. le colonel de Schepeler [2].

Plusieurs des pièces qui s'y trouvent ont trait à ce drame de famille pour lequel Philippe II se montra ce qu'il était partout, sombre et inexorable. Ces pièces ont été analysées ainsi :

« N⁰ˢ 3-8. *Documents relatifs à l'infortuné don Carlos et à la reine Élisabeth de Valois.* — Depuis que Llorente a publié son *Histoire de l'inquisition*, on s'accorde à regarder, sans plus ample examen, don Carlos comme un scélérat aussi achevé que son père. D'après M. Schepeler, ce jeune prince n'avait point le cœur méchant, mais son éducation avait été négligée, et ses passions s'étaient développées avec d'autant plus d'énergie qu'il était obligé de les dérober à la vigilance de ceux qui l'entouraient. Une lettre de Philippe II à l'impératrice sa mère laisse entrevoir que le projet d'empoisonner son fils préoccupait dès lors le cœur de ce monarque.

[1] *Introduction à l'histoire universelle*, p. 204.
[2] *Matériaux pour servir à l'histoire d'Espagne ;* Aix-la-Chapelle, 1830.

» La pièce n° 4 est une espèce de proclamation dans laquelle Philippe II annonce à la ville de Madrid qu'il a fait empoisonner don Carlos. Il avait écrit de même à toutes les autres villes de l'Espagne pour les informer de l'arrestation du prince ; il voulait par là donner un air de légalité à cette mesure cruelle. Sa profonde hypocrisie se révèle également dans ses lettres à Henri II, roi de France, à Catherine de Médicis, à la duchesse de Savoie et au connétable de France. Ce sont des lettres autographes adressées à ces personnages, qui lui avaient écrit pour s'informer de la santé de la reine, son épouse ; Élisabeth était alors enceinte ; les médecins la croyaient hydropique et la traitaient en conséquence. Elle se trouvait à l'extrémité ; néanmoins, dans ces lettres, son époux annonce qu'elle se porte à merveille et qu'il en éprouve la plus vive satisfaction. »

Ainsi, voilà Philippe II convaincu tout à la fois pour sa franchise et pour son hypocrisie : d'un côté, en avouant qu'il a fait empoisonner son fils ; de l'autre, en cachant la maladie de la reine, maladie causée aussi sans doute par le poison, puisque Carlos ayant dû mourir, comme accusé d'aimer sa belle mère, la reine, que Philippe croyait sa complice, ne devait pas avoir une mort différente.

Il paraît qu'on ne s'en tint pas à faire mourir don Carlos, et que Philippe voulut se venger du coupable sur son cadavre même. Sous Philippe V, en effet, d'après ce que rapportait Louville, notre ambassadeur, quand on ouvrit le cercueil de don Carlos, on le trouva décapité, ayant la tête à ses pieds.

« Sur quoi, lit-on dans les *Pièces intéressantes* de la Place [1], quelqu'un parlant aux Hiéronymites de la sévérité

[1] Tom. I, p. 227.

de Philippe II à l'égard de don Carlos, un de ces moines ignorants et superstitieux répondit : « Que ce prince était bien coupable, puisque le pape avait permis sa mort. »

Le sort du czarewitz Alexis, fils de Pierre le Grand, a plus de ressemblance avec celui de don Carlos : seulement on a moins longtemps eu de doute sur la manière dont le fils du czar avait été tué. Pierre le Grand, dans ses plus sanglantes exécution, mettait moins de dissimulation que Philippe II, et de plus, comme on va le voir, il s'en fallut de peu que le prince russe n'échappât à la mort qui l'attendait en Russie.

« Il n'est guère possible, dit Dutens, d'avoir des détails plus authentiques sur ce qui regarde le prince Alexis que ceux qui m'ont été donnés par un seigneur russe très-lié avec le maréchal Romanzow, fils du général employé pour faire arrêter ce malheureux prince.

» Le seigneur russe dont je parle m'a raconté que, étant allé à Schenboürn faire visite au comte de ce nom, il le conduisit à un petit château qu'il avait près de sa terre, où il lui fit voir l'appartement dans lequel le prince Alexis avait vécu longtemps caché, après s'être éloigné de la cour de son père Pierre Ier.

» Ce même seigneur m'ajouta qu'il tenait du maréchal Romanzow que le czar Pierre, ayant résolu de faire revenir le prince son fils en Russie, et sachant qu'il s'était retiré dans quelque partie des États de l'empereur Charles VI, avait écrit à ce prince (vers 1717) pour le prier de permettre que le général Romanzow pût voir son fils, quelque part où il fût, afin de le persuader de revenir à sa cour, promettant de ne pas insister sur son refus, s'il refusait de venir.

» L'empereur, qui s'était bien attendu à cette demande,

avait déjà conseillé au prince Alexis de se retirer à Naples, et l'avait fort recommandé au vice-roi de ce royaume, alors sous sa domination.

» Ainsi, lorsque le général Romanzow vint à s'acquitter de sa commission, il reçut pour réponse que le prince Alexis n'était pas dans les États de la maison d'Autriche. Il sollicita alors un ordre de l'empereur, à tous les gouverneurs de ses États en Italie, pour donner à ce général la permission de voir le prince Alexis, s'il se trouvait dans les places de leur commandement.

» Avec cet ordre, il parcourut le Milanais, toute la Lombardie, mais en vain. Il fut à Naples, et n'eut d'autre réponse sinon que l'on ne savait où était le prince.

» Un jour que le général Romanzow s'entretenait en langue russe avec des personnes de sa suite, devant un barbier qu'il avait fait venir, le barbier témoigna quelque étonnement dont le général lui demanda la raison. Il répondit qu'il ne comprenait pas un mot de la langue qu'il parlait, mais que ce qui l'avait surpris était qu'elle lui semblait la même que celle d'un grand seigneur étranger qu'il allait souvent raser au *Castel-del-Novo*.

» Le général, frappé de ce qu'il entendait, continua à l'interroger, et, lui ayant fait quelques présents, apprit du barbier qu'un jeune seigneur dont il lui décrivit la personne, était servi avec beaucoup de respect par plusieurs hommes de sa suite, et menait une vie très-retirée et cachée au Castel-del-Novo; et cet homme donna de tels renseignements sur tout ce qui regardait le prince Alexis, que le général n'eut pas le moindre doute que ce ne fût lui. Il fut aussitôt chez le vice-roi, et lui ayant fait voir de nouveau l'ordre de l'empereur, et lui ayant assuré qu'il était convaincu que le prince Alexis était au Castel-del-Novo, il obtint la permission de le voir aux conditions spécifiées dans la lettre de Pierre Ier à l'empereur. Il vit donc ce malheureux prince, qui d'abord refusa de retourner à Pétersbourg. Le général Romanzow gagna à force de présents une femme qui vivait avec le prince, et qui avait beaucoup d'influence sur lui, et, par ce moyen, on parvint à lui persuader de retourner à Saint-Pétersbourg, où l'on sait quelle fut sa destinée. »

La manière dont fut tué Charles le Téméraire à la bataille de Nancy n'est pas généralement connue ; elle ne se trouve bien racontée que dans la *Chronique de l'anonyme,* qu'on devrait donner pour supplément aux Mémoires de Comines. Nous allons donner ce récit, qui éclaircira l'un des mystères de la fin du quinzième siècle :

« Le duc Charles, voyant son arrière-garde tâtée si vivement de toutes parts qu'elle s'en alloit entièrement défaite, avoit commandé au sieur Delalain de partir de son rang pour aller au secours ; mais la plupart de ses gens, emportés d'effroi à la vue du carnage qui s'étoit fait de leurs compagnons, et désolés d'ouïr le cor des Suisses, au son duquel ils avoient été si rudement maniés à Grandson et à Morat, l'abandonnèrent pour se sauver qui çà qui là vers les montagnes, ce qui fut cause qu'il se résolut d'y aller lui-même ; et comme on lui accomodoit son armet, advint que le lion d'or qu'on y avoit mis pour cimier tomba sur l'arçon de la selle, dont il prit un si mauvais augure qu'il dit incontinent : *Hoc est signum Dei ;* et néanmoins ne laissa de passer outre et de se fourrer où le combat étoit le plus furieux avec tant de valeur et de courage que, s'il eût été suivi comme il appartenoit, il eût infailliblement fait quitter à son ennemi l'avantage qu'il avoit gagné sur lui. Enfin, s'apercevant que peu de ses gens rendoient combat autour de lui , et que Jacques Galliot qui commandoit son arrière-garde, ayant pris l'épouvante, s'étoit sauvé à la fuite, avec la plupart des siens, du côté de Tomblaine ; même que la bataille, affaiblie du meilleur de sa cavalerie, avoit pris parti du mieux qu'elle avoit pu, il se résolut à la chose de laquelle il avoit toujours le plus blâmée, qui fut de ménager sa vie par une prompte fuite, lui qui n'avoit jamais vu la peur au visage , et duquel on disoit partout qu'il ne craignoit rien en ce monde que la chute du ciel ; et, en cette perplexité, prit le galop entre la ville et les montagnes à intention de gagner le chemin de Metz. Mais, suivi de près, sans être néanmoins reconnu, il fut arrêté au passage d'un ruisseau, où son cheval s'embourba, et tué de trois coups qu'il reçut au même instant , l'un proche le fondement, l'autre en l'une des cuisses, et le troisième en-dessus de l'oreille, lequel lui ouvrit la tête jusqu'aux dents.

» On tient que ce fut un nommé Claude de Bauzemont ou de Blaumont, châtelain de Saint-Dié, qui l'abattit de cheval d'un coup de lance qu'il lui donna à l'endroit de la croupière ; homme sourd, et auquel vraisemblablement le duc s'était déclaré en ce détroit, sans être par lui entendu. Mais depuis, ayant appris que c'était le duc qu'il avait ainsi abbatu, il en prit un tel regret qu'il en mourut. »

« Jeanne d'Albret, dit Lenglet-Dufresnoy [1], est-elle morte empoisonnée par des gands que lui avait vendus un scélérat de parfumeur milanois nommé René, comme le prétend M. de l'Estoille dans ses *Mémoires sur l'histoire de France?* M. de Thou laisse la chose en doute ; mais

[1] *L'Histoire justifiée contre les Romans,* p. 164-165.

Claude Bégin, évêque d'Oléron, dans un journal manuscrit de cette illustre reine, loin d'en parler, ne donne même aucun lieu d'en former le moindre soupçon : il dit seulement qu'elle mourut, le 9 de juin 1572, d'une pleurésie qu'elle avoit gagnée le 3 du même mois par le mouvement extraordinaire qu'elle s'étoit donné dans l'achat des habits de noce pour le mariage de son fils Henri avec Marguerite de Valois.

» Charles IX, roi de France, voulut que son corps fût ouvert. On n'y trouva aucun indice de poison ; mais on y remarqua la cause certaine de sa mort dans un abcès, au côté que la pleurésie avait formé, ce qui dispensa de faire l'ouverture de la tête. »

La reine d'Espagne, Marguerite d'Autriche, femme de Philippe III, dont la mort mystérieuse fut l'une des causes de la disgrace et du supplice de Rodrigue Calderon, qu'on disait être son assassin, fut, dit-on, empoisonnée par des parfums, comme aurait été Jeanne d'Albret.

« Elle mourut, dit l'évêque Piasecki [1], de la senteur de quelques pastilles empoisonnées que quelqu'un avait jetées sur la braise de son feu. Son attachement aux coutumes allemandes l'avait rendue fort odieuse aux Espagnols. »

Mazarin, dont on s'accorde à croire que la mort fut naturelle, fut, dit-on, empoisonné à peu près de la même manière. Suivant des mémoires manuscrits d'un curé de Ruel, le poison qui le tua lui fut donné en parfums, ce qui fut cause qu'à la fin de sa vie on remarquait qu'il souffrait au nez des démangeaisons affreuses.

L'abbé Blache, dans ses *Mémoires* déjà cités, parle

______
[1] *In chronico.*

aussi d'un empoisonnement auquel aurait succombé Mazarin; mais, d'après ce qu'il entendit, le poison aurait été d'une toute autre nature. C'est un nommé Retro qui l'aurait administré, à l'instigation et moyennant bonne récompense du cardinal de Retz.

Blache fait raconter le crime par le cardinal de Retz lui-même :

« Il dit que, quand son ami lui eut amené le signor Pietro, ils furent tous trois enfermés une après-dînée; que lui, signor Pietro, faisant lui-même le plan de toute la manœuvre qu'il fallait tenir pour lui ôter le cardinal Mazarin de son chemin, dit qu'il fallait qu'on lui procurât une ou deux connaissances auprès de quelqu'un des domestiques de cette Éminence, de ceux qui l'approchaient de plus près; qu'on leur marquât que la simple curiosité de voir la France l'avait fait partir de Rome; qu'il était un homme riche et libéral (car il faudra faire des présents), et qu'ensuite, à cause de sa nation, on lui fit saluer le cardinal Mazarin, afin de lui faciliter les moyens de faire sa cour pendant le peu de temps qu'il serait à Paris. Il ne demandait qu'une année de temps, tout au plus, afin de ne rien précipiter; après quoi il répondait à coup sûr qu'il ferait passer le cardinal Mazarin dans la barque à Caron; mais qu'il fallait de quoi l'y conduire sûrement et payer son passage.

» Le cardinal dit qu'il interrompit le signor Pietro, que, s'il ne tenait qu'à l'argent pour réussir, rien ne lui manquerait. L'ami chez qui il était prit la parole, et dit qu'il se chargeait de faire avoir plusieurs lettres de recommandation des plus proches parents et intimes amis de l'abbé Valenti et du signor Belardino, domestiques des plus chéris du cardinal Mazarin. Quand l'ami du car-

15

dinal eut donné ses assurances au signor Pietro sur les lettres de recommandation, il fallut que le cardinal de Retz donnât les siennes au signor Pietro, afin de payer le passage du cardinal Mazarin sur la barque à Caron. Le cardinal offrit d'abord au signor Pietro 10,000 écus rendus à Rome en lettres de change, sous tel nom qui lui plairait, qui néanmoins ne seraient payés qu'après l'embarquement du cardinal Mazarin dans la barque à Caron; de plus, qu'on lui payerait grassement son voyage, qu'il serait défrayé à Paris, et que rien ne lui serait épargné pour la dépense que coûteraient les présents qu'il jugerait à propos de donner. »

C'est à la marquise d'Asserac, sa parente, que le cardinal envoya Pietro, et c'est elle qu'il chargea d'accomplir les promesses qu'il avait faites à cet homme. Or c'est de la marquise que l'abbé Blache tenait tous les détails de l'affaire. Il lui en fait donc continuer ainsi le récit :

« La marquise voulut raconter à son tour l'entrée du ballet que lui fit le signor Pietro à la première entrevue ; qu'à cette première visite elle ne fit que prendre ses lettres, lui donna sur l'heure même deux ans. L'ami signor Pietro lui fit comprendre que, dès qu'il aurait rendu ses lettres de recommandation, dont il y en avait quatre pour l'abbé Valenti et trois pour le signor Balardino, selon qu'ils lui témoigneraient il jugerait du succès de son entreprise ; car, pour les effets de *l'élixir d'hérédité* (il nommait ainsi son poison), il en avait une parfaite expérience ; et le signor Pietro ajoutait que Dieu l'avait toujours préservé d'être même soupçonné, parce que son élixir a des effets si subtils (pour être imperceptibles), que toute la médecine n'y voyait goutte. Il dit encore à la marquise qu'il avait promis à Dieu de ne jamais mettre en usage son divin élixir que dans les occasions de grande importance.

» Dès que le signor Pietro eut rendu ses lettres et qu'il vit la manière dont M. l'abbé Valenti et le signor Balardino l'avaient reçu, il revint voir la marquise plein de confiance du succès de son entreprise, et dit qu'il allait faire ce qu'il fallait auprès de ces deux domestiques du cardinal Mazarin, et que, quand il serait temps, il l'avertirait d'acheter elle-même les présents qu'il jugerait à propos qu'il fallait faire à ces deux domestiques.

» En effet, elle avait acheté pour la valeur de plus de mille écus de présents. Tous les jours, le signor Pietro venait lui rendre compte du progrès qu'il faisait par ses présents; et enfin, au bout de sept mois, il lui vint dire que l'amorce avait pris, et que le coup était lâché, que sûrement le cardinal Mazarin était dans le chemin le plus court pour s'embarquer dans moins de trois mois ou environ dans la barque à Caron. En effet, ajouta la marquise, le cardinal Mazarin tomba malade dans ce même temps d'une maladie connue à toute la médecine, sans qu'on en connût la véritable cause, parce que le charmant effet de l'élixir était que, par sa vertu, il faisait déclarer la nature selon le penchant des humeurs qu'on a dans le corps, et qu'ensuite la maladie survenait à l'un d'une façon et à l'autre d'une autre, ainsi que l'on voit celle du cardinal Mazarin, qui mourut environ le temps que le signor Pietro lui avait dit. Ce fut le 9 mars 1661.

» Il courut un bruit, dit la marquise, que Mazarin avait été empoisonné; mais les médecins rendirent témoignage du contraire. La marquise ajouta que, après la mort de Mazarin, elle satisfit à la convention faite avec le signor

Pietro par le cardinal de Retz, qui lui donna, selon son désir, des lettres de change pour Venise et pour Rome, le renvoya content et demeura auprès de lui. Le signor Pietro, par amitié pour elle, lui donna de son élixir d'hérédité, et lui laissa par écrit le secret pour le faire et les manières différentes de s'en servir. La marquise dit aussi qu'elle renvoya le signor Pietro porter lui-même la nouvelle de la mort du cardinal Mazarin au cardinal de Retz, qui s'était cantonné dans les montagnes des Vosges, en Lorraine, où il attendait ce grand événement dans une grande perplexité. »

A l'époque où la révolution commença à devenir de plus en plus imminente, on eut peur que les ennemis du roi ne fissent quelques tentatives contre les jours de Marie-Antoinette, dont la vigueur suppléait à la faiblesse de son mari. Mme Campan parle ainsi des craintes conçues à ce sujet :

« En 1790, dit-elle, une contre-police qui appartenait au roi découvrit qu'il se tramait un projet d'empoisonner la reine. Elle m'en parla sans la moindre émotion, ainsi qu'à son premier médecin Vicq-d'Azyr ; nous cherchâmes, lui et moi, quelles précautions il fallait prendre : il se reposait beaucoup sur l'extrême sobriété de la reine ; cependant il me conseilla d'avoir toujours à ma portée une bouteille d'huile d'amandes douces, que je ferais renouveler de temps en temps, cette huile et le lait étant, comme on sait, le contre-poison le plus sûr pour les déchirements qu'excitent les corrosifs.

» La reine avait une habitude qui inquiétait particulièrement M. Vicq-d'Azyr. Du sucre en poudre se trouvait toujours sur la commode de Sa Majesté, et souvent,

sans même appeler personne, elle en mettait des cuille-
rées dans un verre d'eau lorsqu'elle voulait boire.

» Il fut convenu que je ferais râper une grande quantité de sucre chez moi; que j'en aurais toujours des
cornets dans mon sac, et que trois ou quatre fois le jour,
lorsque je me trouverais dans la chambre de Sa Majesté,
je le substituerais à celui du sucrier.

» Nous savions que la reine eût empêché toute précaution de ce genre, mais nous ignorions son motif. Un
jour, elle me surprit seule faisant l'échange dont je viens
de parler, et me dit qu'elle pensait bien que c'était une
opération concertée avec M. Vicq-d'Azyr, mais que je
prenais une peine bien inutile.

» — Souvenez-vous, ajouta-t-elle, qu'on n'emploiera
pas un grain de poison contre moi : les Brinvilliers ne sont
pas de ce siècle-ci ; on a la calomnie, qui vaut beaucoup
mieux pour tuer les gens, et c'est par elle qu'on me fera
périr. »

Parmi les morts étranges, partie de ce chapitre dont
il nous reste à parler, je n'en connais pas qui mérite
mieux d'être ainsi qualifiée que celle de l'amiral Drake,
le premier navigateur anglais qui parvint jusqu'aux terres Magellaniques.

Son escadre avait touchée à l'île des Crabes, en Amérique, et il était descendu à terre. Aussitôt il fut environné par ces énormes animaux. Quoiqu'il fût armé,
quoiqu'il fît une longue résistance, il dut succomber.
Ces crustacés monstrueux, les plus grands qui soient au
monde, lui coupèrent les jambes, les bras et la tête avec
leurs serres, et rongèrent son cadavre jusqu'aux os.

La mort de M. de Charleville est aussi d'une bien
épouvantable étrangeté :

« En 1719, dit Paco [1], les Atac-Apas de la Louisiane se saisirent de M. de Charleville et du chevalier de Belle-Isle, égarés à la chasse au-dessus de la baie de Saint-Bernard, dans le golfe de Mexique : les Français n'étaient alors ni en paix ni en guerre avec les Atac-Apas, dont on ignorait jusqu'au nom et jusqu'à la demeure, fort reculée de tous les établissements de la colonie. Ces barbares conduisirent les deux étrangers dans leur village, assommèrent à coups de massue M. de Charleville, qui était fort corpulent, le coupèrent en pièces, et le mangèrent le jour même à un repas général de toute la horde assemblée, réservant M. de Belle-Isle pour un autre festin, dont un hasard inespéré l'exempta de se trouver. »

La mort de Mungo-Park rentre dans la série des morts mystérieuses et étranges tout à la fois. Pour bien s'en rendre compte, il faut connaître toute sa vie de courses et d'aventures.

Il naquit en 1770, à Fowlshiels, en Écosse. Il se voua d'abord à l'étude des sciences, se fit même recevoir médecin, mais dans la seule pensée de faire tourner au profit des excursions lointaines, dont le désir le tourmentait, toutes les connaissances scientifiques qu'il aurait acquises. En 1791, le major Houghton, étant mort à Jarra, en Afrique, après avoir vainement cherché à déterminer le cours du Niger, Mungo-Park, qui venait de se préparer aux lointaines explorations par un premier voyage dans l'Inde, s'offrit à la Société africaine de Londres pour l'aller remplacer. Ses services furent agréés ; cependant il ne partit de Porstmouth que le 22 mai 1695. Il arriva, le 21 juin, sur les côtes d'Afrique par l'embou-

____

[1] *Recherches sur les Américains*, I, 219.

chure de la Gambie, fit un court séjour à Pisania, où il lui
fut pourtant permis d'étudier minutieusement les mœurs
des Feloups, des Yolofs, des Foulahs, des Mandingues;
traversa les royaumes de Walli, de Wouli, de Bondou,
de Kajaaga, de Kussan, de Kaarta et de Bambaa; échappa
à grand'peine aux piéges des Maures dans les mêmes
lieux qui avaient été fatals au major Houghton; et enfin,
le 21 juillet, atteignit le Niger, objet de ses recherches,
but de son voyage. Poursuivant sa course vers l'est, il
traversa le fleuve; mais, parvenu à Silla, il se détermina
à ne pas pénétrer plus avant. Alors, revenant vers
l'ouest, et affrontant entre autres dangers celui d'être
dépouillé et volé à chaque pas, comme il le fut à Sibi-
doulou, il traversa tout le gouvernement du Manding,
fut arrêté à Kamalia par la maladie, pendant toute la
saison des grandes pluies; mais enfin, ayant heureusement franchi le désert de Jallonka, il put arriver aux
bords de la Gambie, le 10 juin 1797, puis retourner à
Pisania, et de là en Angleterre, par la voie des Indes
occidentales. En 1805, il entreprit vers les mêmes contrées un second voyage qui devait lui être funeste. Parti
de Porstmouth le 30 janvier, il était arrivé le 8 mars à
Gorée, et sans tarder s'était enfoncé dans les terres. En
novembre, il avait déjà atteint le Niger, près de Boussa,
lorsque les naturels l'attaquèrent. Acculé au fleuve, il
crut trouver son salut en s'y précipitant; il y périt avec
la plupart de ses compagnons, suivant le récit de Akh-
med-Ebn-Fathoumah. Cette mort malheureuse arriva,
non pas, comme on l'a écrit partout, le 4 janvier 1806,
mais bien le 23 décembre 1805, comme l'a prouvé
M. d'Avezac dans un savant Mémoire, lu en 1833 à la
Société asiatique. On a du premier voyage de Mungo-

Park une relation fort curieuse, toute remplie de détails du plus haut intérêt scientifique sur les mœurs des habitants du centre de l'Afrique, aussi bien que sur l'histoire naturelle de cette contrée, mais principalement consultée pour l'indication exacte qu'elle donne des sources de la Gambie, du Sénégal et du cours du Niger, fleuve mystérieux comme le Nil, dont la direction vers l'est avait été oubliée depuis les Grecs et les Romains. Cet ouvrage, publié sous le titre de *Voyages dans les contrées intérieures de l'Afrique, faits en 1795, 1796, 1797, 1799*; in-4°, a été souvent réimprimé et traduit. En 1800, il en parut un abrégé (Paris, in-12).

Ces morts étranges, qui semblent plus tenir du roman que de l'histoire, nous ont amené peu à peu, et à notre insu, dans la région des légendes et des visions. C'est donc par une légende et par une vision que nous terminerons.

Cette légende est une des plus curieuses : c'est celle des *énervés*.

Vous savez qu'on nomme ainsi les tristes héros d'une vieille chronique mérovingienne qui a trouvé plus de contradicteurs que de croyants. Suivant la légende sur la vie de sainte Bauteuch, dont le récit longtemps inédit a été publié par M. Floquet, le roi Clovis II avait deux fils qui se révoltèrent contre lui et tentèrent de s'emparer du royaume pendant un pélérinage qu'il avait fait en Palestine. C'est vainement que sainte Bathilde, leur mère, voulut les faire rentrer dans le devoir; ils rassemblèrent des troupes, et, peu effrayés par le retour de leur père, ils osèrent l'affronter lui-même et le combattre. Ils furent vaincus, et en punition de leur révolte, ils furent condamnés « à perdre la force et la vertu de leur corps, » c'est-à-dire, suivant une coutume barbare de ce temps-là, à subir le supplice de l'*énervement*, qui consistait à brûler avec des fers rouges les jarrets du condamné. Après cette opération cruelle, les jeunes princes, inutiles au monde, ne demandèrent plus qu'à se consacrer aux œuvres saintes de la prière et de la charité. Ils supplièrent surtout qu'on les laissât se retirer dans quelque pieux asile pour y faire pénitence. Le roi, qui commençait à les prendre en pitié, demanda conseil à la reine. Elle lui remontra que cette affaire regardait la Providence, et qu'il fallait remettre les princes à la merci de Dieu. Il les fit placer sur un bateau, avec un serviteur et des vivres, et les abandonna au cours de la Seine. La barque les porta en Normandie, vers *Jumyères*, appelée depuis *Jumièges*, « en un lieu qui était environné de grandes montagnes pleines de fosses et de roches. » L'ermite saint Philibert les y reçut, les fit porter à l'humble monastère qu'il avait fondé, les guérit, leur fit prendre l'habit monastique, et, après leur mort, ordonna de construire un tombeau sur lequel, selon le *Brief recueil des antiquités de Jumièges*, de dom A. Langlois, on voyait « les deux figures et effigies de ces deux fils, eslevez en sculpture fort antique, vestus de longs habits diaprez et parsemez de fleurs de lys sans nombre, en la façon des anciens roys. » Une épitaphe latine faisait, en quatre vers assez barbares, le récit de leur faute et de leur malheur : « C'est ici que reposent, en l'honneur de Dieu, les enfants de Clovis, fils d'une race guerrière, qui prit en main la défense de la foi. D'après le vœu de Bathilde, leur mère, ils vinrent ici faire pénitence de leur crime et de l'affliction qu'ils ont causée à leur père. » Rien ne manquait pour consacrer cette légende : la tradition l'avait transmise, les livres et les manuscrits la confirmaient, et un tombeau, des sculptures, une épitaphe, l'attestaient encore mieux. Il est pourtant démontré aujourd'hui qu'elle est fausse, par ce qu'on sait de Clovis II qui fut le moins guerrier des rois fainéants, et de ses trois fils, Clotaire, Childéric et Thierry, qui, loin d'avoir le sort des *énervés*, régnèrent tous successsivement après lui. Mabillon avait mis en doute déjà le fait de cette chronique, et il avait cherché à établir que les statues de la tombe de Jumiéges représentaient Tassillon, duc de Bavière, et son fils Théodore, relégués dans un cloître par Charlemagne, pour les punir d'avoir soulevé une révolte des Huns. Le père Toussaint Duplessis avait, de son côté, émis la pensée que ces deux effigies pouvaient bien être celles des deux enfants du Carloman qui fut fils aîné de Charles-Martel et frère de Pepin le Bref. Mais de tout cela rien n'est concluant, et il faut en revenir à l'opinion de Langlois de Rouen, qui, non content de corroborer la critique que Mabillon et Duplessis avaient faite de l'ancienne légende, transporte les faits à une toute autre date, ne voit dans ceux que raconte l'épitaphe qu'une fable inventée vers le temps de Richard Cœur-de-Lion, et dans le tombeau qu'un monument du treizième siècle, ce que ne démentent pas, du reste, le caractère des figures, les vêtements et les ornements des deux statues. Un *mystère*, publié en 1838 par M. Jubinal et Leroux de Lincy, fut composé au moyen âge sur la légende des *énervés*; il a pour titre : *Miracle de Notre-Dame et de sainte Bauteuch* (Bathilde).

Vers la fin de 1810, le *Journal de Paris* publia, d'après une gazette allemande, la relation d'une vision étrange qu'aurait eue le roi Charles XI, roi de Suède : on chercha ce que ce fait singulier pouvait avoir de vrai, et l'on trouva qu'il était authentique, du moins d'après une pièce conservée dans les archives mêmes de Stockholm. Voici ce qu'elle rapportait, conservant pour le fond la relation de la gazette allemande et ne s'en écartant que pour les détails :

« Le 16 juillet 1696, le roi Charles XI fut très-malade ; il eut une rechute en février 1697, à Kongsæur, qui l'obligea de se faire transporter à Stockholm, où il languit quelque temps. Le 2 avril suivant, étant dans son lit, à six heures et demie du matin, il crut entendre du bruit dans la salle des États, qui n'était séparée de son appartement que par une muraille ; il chargea le comte de Horn, grand écuyer, d'aller voir ce que c'était. Il y fut, et revint dire à Sa Majesté qu'il n'y avait pas le moindre bruit dans la salle, qui d'ailleurs était trop bien fermée pour qu'on pût y pénétrer. A huit heures, le roi, entendant encore du bruit, y envoya Cronhielm, avec la même réponse que le grand écuyer. Vers neuf heures et demie, le roi, peu satisfait de cette réponse, parce que le bruit continuait toujours, voulut s'assurer du fait par lui-même. Il se mit sur son séant, se fit aider par ceux qui étaient dans sa chambre, et se leva. En descendant l'estrade, il fut saisi d'une grande émotion : s'étant remis, il dit à ses courtisans de le suivre, et marcha vers la salle des États, dont il fit ouvrir la porte. C'est lui qui va parler :

« Je vis la salle éclairée ; sur le trône était un jeune
» prince, la couronne sur la tête et le glaive à la main ;
» il avait devant lui plusieurs gentilshommes vêtus de
» rouge ; des poteaux étaient au bas du trône, et des bour-
» reaux y coupaient les têtes de ces gentilshommes, qui
» s'y rendaient les uns après les autres, de manière qu'il

» en restait peu debout. Dieu m'est témoin combien j'étais
» épouvanté ; je m'écriai : O ciel! qu'est-ce que cela si-
» gnifie, et quand cela arrivera-t-il? Personne ne répondit ;
» je répétai ma demande ; alors une voix que tous mes
» assistants ont entendue, quoiqu'ils n'aient rien vu de
» tout ce que j'ai vu, et que la salle fût absolument vide
» pour eux, a répondu très-haut : Ce sera sous le cinquième
» roi après toi. Alors je m'écriai, en me tournant vers ceux
» qui m'avaient suivi : Dieu soit loué! nous n'y serons
» plus ; je me retirai dans ma chambre, et me remis au lit. »

Le roi, en rentrant dans son appartement, demanda à
tous ceux qui revenaient avec lui de la salle des États
s'ils n'avaient pas entendu la réponse qui lui avait été faite.
Ils répondirent affirmativement, et l'un d'eux la répéta
mot à mot. Alors Sa Majesté répéta aussi la même phrase :
« Dieu merci, nous n'y serons plus! » Elle mourut le
5 avril, trois jours après cette vision.

Le cinquième roi désigné dans la réponse faite à
Charles XI est le Gustave-Adolphe détrôné en 1809.

INVRAISEMBLANCES HISTORIQUES.

CHOSES QUI N'ONT PU EXISTER.

« En quelles mains était l'histoire en ce temps-là! dit
le prince de Ligne parlant des mensonges qui couvrent

les livres à propos du duc d'Albe ; elle fait périr par la main du bourreau dix-huit mille gentilshommes dans les Pays-Bas : il n'y en avait pas deux mille dans toute leur étendue. »

Le maréchal de Villars dictait à un secrétaire la relation d'un combat qui venait de se donner entre un gros détachement de son armée et un corps qui faisait partie de celle des ennemis, et dans lequel les Français avaient eu tout l'avantage.

Après avoir dit au commencement de cette relation que le détachement des ennemis était de trois mille hommes, il disait à la fin qu'on en avait tué quatre mille. Le secrétaire lui ayant fait remarquer cette erreur de calcul : —Tu as raison, lui dit-il ; tu n'as qu'à mettre qu'on en a tué deux mille cinq cents.

Le général Beurnonville avait obtenu, en 1791, le commandement d'un corps d'armée. Il eut avec les Autrichiens plusieurs affaires, qui ne furent pas toutes à son avantage, notamment celle de Pellygen et celle de Grew-Machen. Dans le rapport qu'il fit de ce dernier combat, il affaiblissait ses pertes d'une manière si dérisoire, qu'on crut qu'il obéissait servilement à des ordres ministériels.

« Après trois heures d'une action terrible, disait-il, et dans laquelle les ennemis ont éprouvé une perte de dix mille hommes, celle des Français s'est réduite au petit doigt d'un chasseur. »

Cette singulière gasconnade amusa beaucoup tous les clubs de Paris. On en fit une chanson dont le refrain était :

> Hélas ! citoyen Beurnonville,
> Le petit doigt n'a pas tout dit.

Les soldats eux-mêmes, commentant l'hyperbole, ajoutaient que « le petit doigt perdu s'était retrouvé. »

« Les Espagnols, lisons-nous dans les *Recherches* de Paw *sur les Américains* [1], ont dit que Montézuma égorgeait annuellement vingt mille enfants, et qu'il baignait de leur sang les idoles du Mexique. Ici l'exagération est si grossière et si sensible qu'on ne doit pas s'attacher à la démontrer. On offrait des victimes humaines dans tous les temples de Mexico, et il y avait, dit Antonio de Solis, deux mille temples dans cette capitale. La vérité est qu'il n'y avait qu'une seule chapelle, bâtie en amphithéâtre, dans toute cette ville barbare : on avait, à la dédicace de cette chapelle par Ahuizol, immolé, dit Herrera, soixante-quatre mille hommes : on trouva cent et trente mille crânes de personnes dévouées et sacrifiées, en différents temps, dans cette boucherie sacrée, où l'on respirait un air cadavéreux et dont les murs étaient enduits de sang caillé depuis les lambris jusqu'au plafond. Il est constant que Herrera a multiplié le nombre des victimes presque dans la même proportion que Solis a multiplié le nombre des temples, et que l'un et l'autre a moins pensé à instruire la postérité qu'à excuser les grandes et infâmes actions des Espagnols.

» C'est ainsi que Tite-Live, dans l'espérance d'indisposer son lecteur contre les ennemis de Rome, rapporte sérieusement qu'Hannibal faisait distribuer et manger de la chair humaine à ses soldats pour les encourager. Si les Carthaginois avaient à la fois sacrifié des enfants à Saturne, mangé des hommes en Italie, et tourmenté leurs prisonniers jusqu'à la mort en Afrique, il faudrait

[1] T. I, p. 208-209.

qu'ils eussent conservé au sein de la vie sociale les trois véritables caractéristiques des mœurs sauvages, ce qui n'est pas vraisemblable, ou du moins ce serait un phénomène sans exemple, dont on pourrait exiger d'autres preuves que le témoignage des auteurs romains. »

Le baron de Trenck, sur lequel on s'est tant apitoyé, ne nous a fait souvent pleurer que sur de gros mensonges et sur de lamentables invraisemblances. Les uns et les autres sont ainsi réfutés dans un livre très-curieux ayant pour titre : *Souvenirs d'un homme du monde* [1].

Il est y dit :

« *La vie de Frédéric, baron de Trenck, écrite par lui-même, et traduite de l'allemand en français par M. le Bock*, membre de la noblesse immédiate de l'empire, aux cantons de Kocher en Souabe et du haut Rhin, lieutenant des maréchaux de France, gouverneur pour le roi de la ville de Sierck, etc. ; à Metz et à Paris, 1778, 2 vol. in-12, avec approbation et privilége, offre quelques invraisemblances que l'éditeur aurait pu faire disparaître.

» La sœur du baron, expirante de douleur, accablée des affreux traitements qu'éprouve son frère, auquel elle avait été condamnée à bâtir une horrible prison, se porte néanmoins assez bien, quoique expirante ; a l'âme assez calme, quoique désespérée à en mourir, pour épouser en secondes noces le colonel de Pape.

» La commisération du landgrave de Hesse-Cassel, gouverneur de Magdebourg : « L'intérêt que mes mal-
» heurs, dit le baron de lui-même, ma constance et mes
» talents, avaient inspiré au landgrave de Hesse-Cassel,

[1] T. I, p. 265.

» engagea ce prince humain à faire monter un fourneau
» dans le vestibule de ma prison. Il ordonna de plus
» qu'on rouvrît la fenêtre de mon cachot, qu'on m'ôtât
» le carcan que j'avais au cou, et me fit donner du papier
» et des plumes. »

» Croira-t-on qu'alors le baron de Trenck manquât
d'encre et dût se tirer du sang pour en écrire ses
œuvres?...

» Le baron arrange, aiguise la barre qui séparait ses
mains et en fait comme une pince, dérive ses menottes,
ouvre des anneaux de sa chaîne, et quand des serruriers
et des officiers font une visite exacte de ses fers, ils
n'aperçoivent aucun changement!

» Ailleurs, il a sauté une palissade, s'y est accroché
par un pied, et reçoit un coup de baïonnette au visage :
on conçoit difficilement quelle était sa position.

» A qui persuadera-t-il qu'on avait ordonné de le réveiller à tous les quarts d'heure? Quel motif aurait eu
cet ordre gratuitement barbare?

» On pourrait relever quelques autres distractions,
mais le récit d'événements éloignés est rarement d'une
fidélité rigoureuse; il est naturel de supposer qu'ils se
sont un peu confondus dans une imagination toujours
agissante, toujours brûlante, indomptée, et si longtemps
bouleversée par l'excès du malheur; mais l'invraisem-
blance nuit à l'intérêt. »

MELANGES.

« Je disois un jour à un Anglois, écrit l'abbé de Longuerue : — Vous avez manqué la France autrefois ; elle l'a échappé belle. — Le plus grand malheur qui pouvoit nous arriver, me répondit-il, étoit de conquérir la France. Notre roi, devenu roi de France, n'auroit pas manqué d'y faire son séjour au commencement, par nécessité, et ensuite les enfants qui y seroient nés, par inclination. Ils auroient oublié qu'ils étoient Anglois d'origine. L'Angleterre seroit devenue province du royaume de France, et ses rois n'y auroient été de temps en temps que pour prendre notre argent et le faire sortir de notre île. L'Anjou a-t-il été plus heureux quand ses comtes sont devenus rois d'Angleterre, et l'Écosse aussi, que nous traitons comme vous voyez, quoique ce soit le sang de ses rois qui nous gouverne [1] ? »

—

« J'ai ouy raconter que peu de temps avant l'élection du palatin à la couronne de Bohême, ce prince et son épouse étant à table, on leur produisit un joaillier qui étala des pierreries d'entre lesquelles la princesse s'en destina pour environ cent mille écus, qu'elle comptoit que son époux alloit faire payer sur-le-champ au vendeur.

» Le prince, qui trouvoit cette somme un peu forte,

[1] *Longueruana*, 100-101.

dit à sa femme que leurs finances n'alloient pas jusqu'à pouvoir faire sur l'heure un si gros payement ; sur quoi, piquée, elle le traita injurieusement de *betel-furst*, en françois, *gueux de prince.* »

—

S'il fallait en croire le Duchat, Christophe Colomb eût été Français quand il dota l'Espagne d'un monde ; et nous pourrions revendiquer ainsi, comme une conquête française, la découverte de l'Amérique.

« Christophe Colomb, lisons-nous dans le *Ducatiana* [1], étoit, en 1474, capitaine de quelques navires pour le roi Louis XI ; et comme, en ce temps-là, les Espagnols avoient fait une irruption dans le Roussillon, il crut que, par représailles et sans contrevenir à la paix contre les deux couronnes, il pouvoit courre sus aux vaisseaux espagnols. Il attaqua donc et prit deux galères de cette nation chargées pour le compte de divers particuliers. Sur les plaintes de cette action au roi Ferdinand, ce prince prit le parti d'en écrire à Louis XI. Sa lettre est datée du 9 décembre 1474 ; Ferdinand y qualifie Christophe Colomb de sujet du roi Louis XI : c'est que, comme on sait, Colomb étoit Génois, et que Louis XI étoit seigneur souverain de Gênes, quoique cette ville et celle de Savone fussent tenues de lui en fief par le duc de Milan. »

—

Dans le concile de Reims, en 1148, auquel présidait le pape Eugène III, on condamna un gentilhomme de Bretagne, nommé Éon, espèce de fou qui se disait le

[1] T. I, p. 143.

fils de Dieu, pour avoir lu dans la formule qu'on emploie pour les exorcismes : *Per eum qui venturus est judicare vivos et mortuos ;* « Par celui (en latin, *eum*) qui doit venir juger les vivants et les morts. » Il mourut en prison, et laissa une foule de sectateurs que les supplices ne purent désabuser [1].

———

« Tyr fut entièrement détruite par un des sultans, Mamelus Bondocdar, à la fin du treizième siècle, pour empêcher les Francs de s'y nicher, comme ils avoient fait auparavant. Des gens qui y ont été m'ont dit n'y avoir vu que trois colomnes ; que quand on voudroit les rétablir, on le feroit inutilement, le port étant comblé [2]. »

« Strabon dit que, de son temps, on voyoit encore les restes de Sodome, et on reconnoissoit la tour, soit que ce fussent les restes de la véritable Sodome, soit que ce fussent ceux des autres villes à qui l'on donnoit le nom de Sodome. Quelqu'un me voulut soutenir qu'il y avoit eu depuis une église à Sodome (qui, par conséquent, auroit été rétablie), et qu'on trouvoit un évêque de Sodome dans les souscriptions des conciles. Ce discours m'étonna fort, et ayant cherché quel fondement il pouvoit avoir, je trouvai que cet enragé d'Isidore Mercator avoit forgé un évêque de Sodome, et l'avoit mis avec un saint Nicolas parmi les pères du concile de Nicée [3]. »

———

Boileau a immortalisé, par un vers du *Lutrin*, le siége que soutinrent dans leur couvent les religieux augustins

[1] J.-L. Mosheim, *Hist. ecclésiastique*, III, p. 133.
[2] *Longueruana*, p. 105.
[3] *Ibid.*, 174-175.

de Paris contre le guet à pied et à cheval. Ce fameux siége méritait sans doute d'être recommandé au souvenir de la postérité; mais enfin les religieux n'avaient fait qu'une guerre défensive, et il est bien plus curieux de voir des religieuses prendre l'offensive contre des moines, leurs voisins, les chasser par deux fois de leur couvent, qu'elles voulaient envahir, et n'être que très-difficilement réduites à la raison par un bref du pape, soutenu d'un détachement de trois cents hommes de troupes réglées.

Les religieuses hospitalières des Incurables de Naples avaient prié les pères de l'Oratoire, dits de Saint-Jérôme, de leur rendre un terrain contigu à leur hôpital, et avaient été refusées avec hauteur. Elles prirent le parti de s'en rendre maîtresses par la force. Dans la nuit du 4 au 5 novembre 1728, elles firent enfoncer les portes du couvent de Saint-Jérôme, chassèrent les religieux de leurs cellules et de tout l'intérieur de leur maison, et ne leur permirent pas d'en emporter la moindre chose.

Le lendemain, elles firent murer les portes de ce couvent pour l'unir à leur monastère. Effrayés d'une pareille obstination, les pères de l'Oratoire portèrent plainte à l'officialité; mais l'official ne voulut prendre aucun parti sur cette affaire sans l'avoir communiquée au pape et sans avoir reçu ses ordres.

Cependant on autorisa les religieux à rentrer provisoirement dans leur maison, attendu qu'il semblait dur qu'ils couchassent en plein air, tandis que les religieuses hospitalières auraient deux couvents pour une seule communauté.

Ils s'y croyaient en sûreté, lorsque, le 13 du même

mois (novembre), les religieuses, ayant pris le temps où les pères de Saint-Jérôme étaient au réfectoire, firent enfoncer les portes de la maison et les en chassèrent une seconde fois. Ensuite, pénétrées du principe qu'il faut ôter à l'ennemi tous ses moyens de défense, et surtout lui couper les vivres, elles enlevèrent toutes les provisions de la maison.

Informé de cette seconde violence, et voyant qu'il fallait enfin joindre les armes temporelles aux armes spirituelles pour réduire des guerrières aussi opiniâtres, le vice-roi fit marcher, vers les deux heures après midi, un détachement de trois cents hommes. L'officier qui le commandait voulut d'abord ramener les religieuses à la raison par les voies de la douceur, mais toutes les exhortations furent inutiles; elles se moquèrent de lui et l'invitèrent à aller prêcher les brigands de la Calabre, en assurant qu'il avait assez d'éloquence pour les convertir. Il fut donc obligé de faire saisir les plus mutines et de les faire enfermer dans l'intérieur de leur monastère; après quoi, il fit rentrer les religieux dans leur couvent, où il laissa une garde de soixante hommes commandée par un capitaine et un lieutenant. Cette garde y resta six ou sept jours, et les religieuses anciennes paraissant soumises aux ordres du gouvernement, on crut, au bout de ce temps, pouvoir rendre la liberté à celles qui avaient été enfermées.

Bientôt après arriva le bref du pape, que l'official avait attendu pour se déterminer; il était favorable aux pères de Saint-Jérôme. Les religieuses de l'hôpital des Incurables, qui les avaient chassés deux fois de leur couvent, furent condamnées, pour la plupart, à jeûner pendant plusieurs mois au pain et à l'eau, au silence le plus rigoureux et à plusieurs autres pénitences canoniques. Celles qui avaient joué un rôle plus actif dans la révolte furent déclarées incapables de posséder aucune charge dans leur monastère.

Il semble, du reste, qu'à cette époque l'esprit d'insubordination et de vertige ait été plus particulièrement répandu parmi les religieuses d'Italie. Un des couvents de femmes de Viterbe en donna un autre exemple presque aussi singulier.

Les religieuses qui occupaient cette maison voyaient avec peine que l'on élevât dans leur voisinage un bâtiment qui devait leur ôter une partie de la vue dont elles jouissaient. Elles firent différentes représentations à ce sujet, et, voyant qu'on n'y avait point d'égard, elles sortirent processionnellement de leur maison, ayant la prieure à leur tête, et employèrent la force pour chasser les maçons et autres ouvriers; ensuite elles dépêchèrent un exprès à Rome pour obtenir l'absolution des censures qu'elles avaient encourues en violant les lois de la clôture.

—

Il faut du temps avant que l'opinion publique parvienne à renfermer chaque homme dans les fonctions de son état.

Sous le règne de Louis XIII, premier sujet d'un prêtre, le cardinal de Richelieu était grand maître de l'artillerie; le cardinal de la Valette était général d'armée, commanda en Lorraine, en Allemagne, en Flandre, en Italie, et Turenne servait sous lui; Sourdis, archevêque de Bordeaux, était amiral.

—

Sous le règne de Henri IV, les présidents Chevalier et de Marcilly eurent un démêlé violent. Le roi ayant voulu

en être instruit, le duc de Montpensier fut chargé de lui
en faire le rapport. Ce prince entendit les deux parties;
Marcilly s'avoua coupable, et lui remit le projet d'une satisfaction telle qu'il entendait la faire à Chevalier, en présence de telles personnes que celui-ci voudrait nommer,
et de la manière qui lui serait le plus agréable.

Chevalier ne semblait pas trop content de la réparation, mais le roi la trouva suffisante, et ordonna au duc
de Montpensier de réunir les deux parties pour qu'elle
s'effectuât, avec injonction à Chevalier de la recevoir.

Chevalier et Marcilly, se trouvant donc vis-à-vis l'un
de l'autre, la volonté du roi, qui était confirmée au jugement des maréchaux de France, des seigneurs et gentilshommes de la cour, auxquels le tout avait été communiqué,
leur fut intimée, et Marcilly, s'y soumettant en présence
des personnes ci-dessus désignées, et tête nue, fit à Chevalier la réparation suivante :

« Monsieur, il y a quelque temps que, étant sur le chemin de Gentilly, où je vous attendois de propos délibéré,
accompagné de plusieurs des miens qui étoient comme
moi à cheval, avec armes et tout avantage, je courus à
vous, qui étiez dans votre carrosse, en pourpoint, sans
armes, avec madame votre femme et ses servantes seulement, et vous outrageâmes, moi et les miens par mon
commandement, de paroles et de coups d'épée; et oultre,
je vous frappai d'un bâton, vous ne m'en ayant donné
aucun sujet, n'ayant pour lors aucun moyen de vous en
venger; et vous, m'ayant prié de vous faire au moins
donner l'épée d'un des miens pour vous faire raison de
ce que je prétendois avoir à vous demander, et que je
vous refusai; même, je voulus vous contraindre de vous
mettre à genoux; et que vous ne voulûtes le faire, ains

me dites que je vous pouvois bien tuer avec l'avantage que j'avois sur vous, mais non pas vous faire mettre à genoux; qu'il n'y a homme de bien au monde, lequel étant en l'état où vous étiez, ne puisse recevoir un tel outrage.

» Je reconnois vous avoir fait cette offense de propos délibéré, contre toute raison et la façon de procéder des gens de bien et d'honneur qui est due à ceux de votre qualité et mérite. Je voudrois savoir le moyen par lequel je vous en puisse faire satisfaction suffisante; si je le savois, je le ferois, quand il y iroit de ma vie même : *n'étoit l'arrêt que je connois avoir été donné, contre moi, au parlement, et l'exécution ignominieuse qui s'en est suivie*, je me soumettrais à recevoir de vous, à votre discrétion, pareils coups que je vous ai donnés; je vous supplie de me pardonner et intercéder pour moi envers le roi et messieurs dudit parlement, pour faire arrêter le cours desdites punitions que j'ai méritées; que je demeurerai votre ami et votre serviteur, vous assurant que si telle chose m'étoit arrivée, je me contenterois d'une satisfaction pareille à celle que je vous fais, laquelle recevant, *j'avoue que vous me donnez la vie.* »

Chevalier répondit ce qui suit :

« Monsieur, puisque le roi a trouvé la soumission et satisfaction que vous me faites suffisante, et que vous, Monseigneur (de Montpensier), et Messieurs qui sont ici près de vous le jugent tel, et que Sa Majesté me commande si expressément de m'en contenter, je veux bien vous pardonner. »

Après cette déclaration, le duc de Montpensier remontra au président de Marcilly l'énormité de sa faute, et l'exhorta de se mieux comporter à l'avenir.

Au bas de la réparation, il fut encore écrit :

« Je confesse à tous qu'il appartiendra avoir fait la soumission et satisfaction susdite à M. Chevalier, en la forme susdite, et en présence que dessus, ce douzième jour de décembre 1601. »

Signé, DESCHAMPS-MARCILLY.

Il fut signé un autre acte signé du duc de Montpensier, des maréchaux de France, des chevaliers du Saint-Esprit et des autres seigneurs et gentilshommes qui avaient assisté à la réparation.

———

Depuis le milieu du règne d'Élisabeth, on brûlait tous les ans à Londres, le 17 novembre, jour anniversaire de la naissance de la reine, une effigie du pape. En 1679, après la découverte du prétendu complot connu sous le nom de *medl tub plot*, cet auto-da-fé se fit avec plus de pompe que jamais. Voici les détails que nous trouvons à ce sujet dans une brochure fort rare, intitulée : *The burning of the pope at Temple-Bar in London*, et dans une feuille tout aussi introuvable citée par W. Scott dans le sixième livre de son édition de Dryden :

« Le 17 novembre au soir, le cortége se mit en mouvement et se rendit de Moorgate à *Bishopsgate-street, Houndsditch et Albgate*, etc., par *Cheapside* à *Temple-Bar*. La procession suivait cet ordre :

» Six fifres (*whistlers*) ouvraient la marche, en jaquette rouge, avec des bonnets de pionniers.

» Après eux venait un sacristain qui faisait sonner une cloche, et s'écriait de temps à autre, d'une voix lamentable : *Remember justice Godfrey.*

» Puis l'on voyait un cadavre qui représentait Godfrey,

en habit noir, pâle, sur un cheval blanc, avec des taches de sang sur les mains, la poitrine, et sur les vêtements et ses gants blancs ; derrière lui se trouvait l'un de ses assassins, qui le soutenait pour l'empêcher de tomber.

» Ensuite venait un ecclésiastique dont le surplis était brodé de squelettes et de têtes de morts. Il promettait indulgence plénière à quiconque tuerait des protestants.

» Il était suivi d'un autre ecclésiastique qui portait une grande croix en argent, de quatre carmes, de quatre moines gris et de six jésuites, armés de poignards ensanglantés.

» Puis venaient quatre musiciens avec des instruments à vent, appelés *waits* ; puis quatre évêques vêtus de pourpre, ayant des croix d'or sur la poitrine et la crosse à la main ; puis quatre évêques en habits pontificaux, la mitre sur la tête ; ensuite six cardinaux vêtus d'écarlate ; et enfin le médecin du pape, tenant d'une main de la poudre de jésuite, de l'autre un verre à urine [1]. Le pape fermait la marche ; il était assis sur un magnifique char de triomphe, qui formait une espèce de trône, recouvert d'écarlate, richement brodé et garni de franges, de croix et de globes d'or. A ses pieds se trouvaient deux enfants de chœur, portant d'une main un drapeau de soie blanche, parsemé de croix rouges et de poignards sanglants, de l'autre, un encensoir. Le pape était vêtu d'une longue robe écarlate, bordée d'hermine et garnie de cordons d'or et d'argent. Sa tête était ornée d'une tiare en or ; sur sa

---

[1] Ce personnage représentait Georgewa Keman, médecin de l'épouse de Charles II. Il était catholique et s'était trouvé impliqué dans le complot des papistes ; on l'avait condamné à mort ; mais, sur la déposition de quelques conjurés, il fut acquitté plus tard.

poitrine brillait un riche collier en pierreries, avec les clefs de saint Pierre et une grande quantité de chapelets, d'*Agnus Dei*, et d'autres insignes catholiques. Derrière le saint père, on voyait le diable qui l'embrassait et qui l'accablait de caresses, lui parlait à l'oreille, et de temps en temps lui conseillait à haute voix d'exterminer le roi, de forger un complot protestant et d'incendier une seconde fois la ville; à cet effet, il avait un brandon allumé à la main.

» Plusieurs milliers de flambeaux éclairaient cette bizarre procession. Une foule immense l'accompagnait en poussant des cris de joie : les balcons et les fenêtres des maisons étaient garnis de spectateurs, dont le nombre peut être évalué, pour le moins, à 200,000. Le cortége se rendit dans le plus grand ordre à Temple-Bar, où l'on tira des feux d'artifice pour divertir les spectateurs. La statue de la reine Élisabeth, à Temple-Bar, était ornée d'un laurier doré, et portait un superbe bouclier, avec cette inscription : « La religion protestante, la grande » Charte. »

Après qu'on eut chanté une chanson satirique analogue à la cérémonie, on alluma un grand feu, vis-à-vis la porte intérieure du temple; enfin Sa Sainteté, après avoir fait quelques façons, fut jetée dans les flammes : le diable, en vrai jésuite, partit d'un éclat de rire en voyant le malheur de son favori.

Depuis l'avénement de la troisième race au trône de France jusqu'à la proclamation de la république en 1792, c'est-à-dire dans un espace de 805 ans, la couronne a été portée par trente rois, qui tous ont été mariés.

Les reines sont au nombre de 50. De ces mariages, il est sorti 198 enfants, divisés en nombre égal pour chaque sexe, 99 garçons et 99 filles. Mais, outre ces 198 enfants, nos rois en ont eu encore 38 d'illégitimes, un peu plus d'un par tête, ce qui porte à 236 le chiffre total de leur progéniture.

———

Les souverains appelés au trône d'Angleterre doivent, suivant un ancien usage, payer 100 livres sterling au doyen du chapitre de Westminster le jour de leur couronnement. Lors de celui de Georges Ier, un chanoine se présenta devant lui et développa la liste de tous les souverains qui avaient acquitté cette redevance. Georges remarqua que Jacques II (le détrôné) n'y figurait pas : « aussi, dit le chanoine, en a-t-il eu pour son argent. »

———

On pourrait former un volume assez curieux des adresses présentées à divers souverains de la Grande-Bretagne, et des réponses qu'ils ont faites.

L'adresse des bourgeois de Coventry à la reine Élisabeth mérite d'être citée la première :

> We, men of Coventry,
> Are very glad to see
> Your gracious Majesty.
> Good lord! how fair you be.

« Nous, habitants de Coventry, sommes fort joyeux de voir Votre Gracieuse Majesté... Bon Dieu! que vous êtes belle! »

Réponse de la reine.

My gracious Majesty
Is very glad to see
You men of Coventry.
Good lord ! how fools ye be.

« Ma gracieuse majesté est fort joyeuse de vous voir, messieurs les habitants de Coventry. Bon Dieu ! que vous êtes sots ! »

———

Au dix-septième siècle, la question de savoir si les biens particuliers des rois de France doivent retourner à la couronne avait déjà été agitée, et, comme il arriva de nos jours, lorsqu'on la renouvela en de graves circonstances, qu'il serait oiseux de rappeler, elle avait été résolue affirmativement par les uns, négativement par les autres.

« Lorsque Henri IV, lisons-nous dans les *Mémoires* d'Amelot de la Houssaye [1], donna le duché de Vendôme à César, son fils naturel, pour le tenir aux mêmes droits que l'avaient tenu les ducs précédents, ses pères, le parlement fit difficulté d'en vérifier les lettres, disant que c'était une aliénation contraire aux lois du royaume ; mais le roi répondit en colère qu'il avait apporté un assez grand patrimoine à la couronne pour avoir la liberté d'en donner une petite partie à son fils aîné. A quoi le parlement se rendit, se contentant d'apposer à la vérification cette clause : Sans tirer à conséquence pour les autres biens patrimoniaux du roy.

» Quand Louis le Grand eut acheté le palais d'Orléans,

———

[1] T. III, p. 86.

autrement dit le Luxembourg, il dit au procureur général du Harlay, aujourd'hui premier président, que c'était pour remplacer le Palais-Royal, qu'il avait donné à M. le duc de Chartres, son gendre. Ce magistrat lui demanda en quel nom il l'avait acheté? — Au mien, répondit le roi. —Tant pis, Sire, répliqua le procureur général, car tout ce que vous acquerrez en votre nom appartient à la couronne, et, par conséquent, l'achat du Luxembourg ne remplace pas l'aliénation que vous avez faite pour assurer la possession du palais-Royal à M. le duc de Chartres; il fallait acheter le Luxembourg en son nom, pour en faire échange avec le Palais-Royal. »

L'abbé de Longuerue soutenait la thèse contraire. On lit dans le curieux *ana* qui porte son nom, et qui est la fleur érudite des conversations où brillait si bien sa merveilleuse mémoire :

« Ils disent au palais que les biens possédés par nos rois avant leur avénement à la couronne s'y réunissent de droit. Où ont-ils pris cela? Où en est la loi? Ils ne sauraient la montrer. Le prouveront-ils par les faits? Les faits leurs sont contraires. Louis XII ordonna que ses biens passeraient à ses filles, et l'ordonnance en fut enregistrée au parlement.

» Jusqu'à Charles IX, le comté de Blois n'était pas cessé réuni à la couronne, puisque c'est lui qui en fit la réunion. Henri IV regardait M. de Rohan comme son héritier et le nommait tel, pour les biens de sa mère, si lui et sa sœur, Catherine de Bourbon, mouraient sans laisser d'enfants; et quand il donna le duché d'Albret à Henri II, prince de Condé, ce fut comme disposant d'une terre qui lui appartenait de son chef. »

—

Jacques Ier, se rendant d'Édimbourg à Londres, où il allait régner, atteignit, le vingt-deuxième jour de son voyage, vers le soir, la maison d'Hinchinbrook, où l'oncle du fameux Cromwell, nommé lui-même Olivier Cromwell, faisait sa résidence d'été.

La manière dont il y fut reçu fit grand plaisir à Jacques, et, par la suite, il retourna souvent à Hinchinbrook. Les visites royales causaient tant de dépenses à ceux qui en étaient honorés, qu'elles ruinaient beaucoup de familles : aussi le monarque allait-il voir de préférence les grands, dont il voulait affaiblir la puissance.

Ce n'était sans doute pas dans des intentions aussi amicalement hostiles qu'il venait chez Olivier ; toutefois ces nombreuses visites obligèrent celui-ci à se défaire successivement de tous ses domaines. Vers l'époque où Charles Ier monta sur le trône, il se vit forcé de vendre même sa terre de Hinchinbrook. Il n'en resta pas moins fidèle à ses rois, et même, lorsque son neveu fut parvenu au faîte de la puissance, il ne déserta pas la cause des Stuarts. Cela nous explique pourquoi le protecteur, bien qu'il témoignât toujours le plus grand respect pour son oncle, lui fit enlever son argenterie et ses armes, sous prétexte de les employer au service de l'État ; et lorsque, à l'âge de quatre-vingts ans, le malheureux vieillard se fut retiré à Ramsey, son implacable neveu frappa la ville d'une contribution considérable, avec menaces de l'incendier en cas qu'elle refusât de payer. L'oncle de Cromwell envoya mille louis au protecteur et fournit quarante chevaux de montures ; mais, peu satisfait de ces sacrifices, son neveu mit toutes ses propriétés sous séquestre. Malgré toutes ces persécutions, Olivier Cromwell persista dans son attachement à la fille de ses souverains ; il mourut à l'âge de quatre-vingt-treize ans, dans la plus profonde misère. Il fallut l'enterrer furtivement pendant la nuit, de peur que les créanciers ne s'emparassent du corps comme d'un nantissement.

—

Les fortunes gigantesques de quelques particuliers ne sont pas choses nouvelles et propres à notre seule époque. Les siècles antérieurs ont eu leurs Rothschild ; nous pourrions citer Ango de Marseille, Jacques Cœur de Bourges, et mille autres ; nous aimons mieux nous en tenir à une seule de ces opulentes familles, celle des Fugger ou des *Fouckres* d'Augsbourg, comme l'appelle Rabelais.

Elle descendait de pauvres tisserands, et devint en moins de cent cinquante ans, de 1300 à 1450, l'une des plus riches et des plus illustres de la Souabe. C'est par le commerce et par la banque qu'elle s'enrichit et s'ennoblit.

Augsbourg était son principal comptoir. Rien de ce qui touche au négoce ne lui était étranger : expéditions de marchandises, comptoirs d'escompte, fournitures des palais impériaux, exploitation des mines, les Fugger s'entendaient et réussissaient à tout.

Au commencement du seizième siècle, leur fortune fut à son comble ; c'est alors qu'ils vinrent souvent en aide au trésor épuisé des empereurs. Maximilien les en récompensa en 1510. Il érigea en baronnie les terres considérables qu'ils possédaient dans le diocèse de Constance. Plus tard, ils devinrent comtes de l'empire, comme on l'apprend par les observations de Sainte-Marthe sur les lettres de Rabelais.

Charles-Quint fut souvent leur débiteur ; il logea plus d'une fois dans leur maison. Un jour, en sa présence, ils mirent, dit-on, dans la cheminée un fagot de cannelle, substance fort rare alors, qu'ils allumèrent avec le reçu d'une somme très-importante qu'ils lui avaient prêtée.

Augsbourg fut dotée par eux de magnifiques monuments et d'établissements philanthropiques sans nombre.

Ulric, Jacques et Georges Fugger, tous trois frères, mirent à son apogée la fortune de la famille. Ulric fut le premier qui entra en affaires avec les empereurs. Maximilien lui avait engagé pour une somme considérable le comté de Kirchberg et la seigneurie de Weissenhorn ; ces terres, données en nantissement, restèrent dans la famille ; elles forment même encore le fief de l'une des branches qui en subsistent aujourd'hui.

Le fils d'Ulric, que le pape Paul III fit son camérier, titre dont il s'honora jusqu'à ce qu'il se fût fait protestant, aimait les arts et les lettres ; c'est par lui que les œuvres d'Albert Dürer commencèrent à être connues en Italie ; il encouragea Henri Estienne et l'aida de son argent pour la publication du *Trésor de la langue grecque ;* on dit même que ses énormes dépenses en manuscrits forcèrent sa famille de lui retirer l'administration de son bien. Il mourut à Heidelberg, en 1584, à l'âge de cinquante-huit ans, léguant sa magnifique bibliothèque à l'électeur palatin.

Ce furent Antoine et Raimond, fils de Georges, et par conséquent neveux d'Ulric, qui furent les banquiers et les hôtes de Charles-Quint. En reconnaissance des sommes énormes qu'ils lui avaient prêtées pour son expédition contre Alger, ils obtinrent de lui le droit de battre monnaie. Charles-Quint avait une si haute idée de leurs immenses richesses que, visitant à Paris le trésor de la couronne, il dit : « Il y a un tisserand à Augsbourg qui,

avec son or seul, pourrait payer tout cela comptant. »
Antoine, chez lequel il logeait de préférence, notamment
en 1530, pendant la célèbre diète d'Augsbourg, laissa
à sa mort six millions d'écus d'or en espèces, une immense quantité de joyaux et de bijoux, et des biens immenses dans toute l'Europe et jusque dans les Indes.

Aujourd'hui, en outre de la branche de Kirchberg,
dont nous avons parlé, il reste encore de la maison des
Fugger la branche des Babenhausen, élevée au titre de
l'empire par François II en 1807. Il a paru un beau recueil de portraits des membres de la famille des Fugger
sous ce titre : *Fuggerorum et Fuggerarum imagines*,
1598, 1620.

—

« Des mœurs étonnantes, introduites depuis plus de
sept cents ans chez les chrétiens, permettaient que
des prêtres fussent seigneurs temporels et guerriers.
Louis XIV soudoya l'archevêque de Cologne, Maximilien
de Bavière, et ce même Van-Galey, évêque de Munster,
abbé de Corbie en Westphalie, comme il avait soudoyé
le roi d'Angleterre, Charles II. Il avait précédemment
secouru les Hollandais contre cet évêque, et maintenant
il le paye pour les écraser.

» C'était un homme singulier, que l'histoire ne doit
point négliger de faire connaître. Fils d'un meurtrier, et
né dans la prison où son père fut enfermé quatorze ans,
il était parvenu à l'évêché de Munster par des intrigues
secondées de la fortune. A peine élu évêque, il avait
voulu dépouiller la ville de ses priviléges. Elle résista,
il l'assiégea, il mit à feu et à sang le pays qui l'avait
choisi pour son pasteur. Il traita de même son abbaye
de Corbie. On le regardait comme un brigand à gages,

qui tantôt recevait de l'argent des Hollandais pour faire la guerre à ses voisins, tantôt en recevait de la France contre la république [1]. »

—

M. de Lévis, dans ses *Souvenirs* [2], après nous avoir parlé de l'agitation « qui régnait continuellement à Genève, petite république, dit-il, où l'on avait de temps immémorial autant de goût pour la controverse que d'aversion pour les voies de fait, » ajoute en note : « Dans un voyage que je fis à Genève, en 1782, on me montra la rue où, dans une de leurs nombreuses révolutions, on s'était battu pendant deux heures avec des seringues chargées d'eau bouillante. Plût à Dieu que cette ridicule artillerie eût été la seule arme employée dans nos discordes civiles ! »

—

Dans une note officielle, publiée par M. F. Schœll, indiquant le nombre des cadavres d'hommes et de chevaux qui ont été brûlés en Russie après la retraite de l'armée française, on trouve le résultat suivant :

	Cadavres.	Chevaux.
Dans le gouvernement de Minsk, jusqu'au 15 janvier 1813.............	18,797	12,746
Dans le même, il restait à brûler, à la même date..................	30,106	27,316
Dans le gouvernement de Moscou, jusqu'au 15 février................	49,754	27,859
Dans le gouvernement de Smolensk, jusqu'au 20 février...............	70,735	50,430
Dans le gouvernement de Wilna......	72,203	9,407
Dans le gouvernement de Kalouga....	1,017	4,384
Total......	242,612	132,142

[1] Voltaire, *Siècle de Louis XIV*, chap. x.
[2] P. 84.

A cet effroyable dénombrement, la *Gazette de Saint-Pétersbourg* ajoute qu'il est loin d'être complet, parce que les gouverneurs des provinces avaient déjà fait brûler un grand nombre de cadavres avant d'avoir reçu l'ordre d'en faire le relevé.

—

« Le 2 pluviôse an 5, on célébrait sur la place publique de Toul la cérémonie civique de « haine à la royauté. » Un général de division de l'armée française qui traversait Toul voulut assister à la cérémonie avec les troupes sous ses ordres. Après le serment prêté par les autorités civiles et par la garde nationale, ce général s'avança au milieu du carré formé par les troupes, et prononça d'une voix forte la formule suivante : « Je jure haine à la royauté et fidélité inviolable à la république; » puis il signa le procès-verbal de la cérémonie, dont l'original se conserve dans les registres des délibérations de l'hôtel de ville. Ce général, dont la ville de Toul garde ainsi l'autographe dans ses archives, était J.-B. Bernadotte, depuis roi de Suède et de Norvége sous le nom de Charles-Jean XIV [1]. »

—

M. de Kolli, baron piémontais, avait formé, en 1810, le projet de faire évader le roi Ferdinand VII et la famille royale d'Espagne de leur prison de Valençay, et de les amener sur la côte de France, où une petite escadre anglaise, commandée par l'amiral Cockburne, les attendait. Muni des instructions et des pouvoirs du marquis de

—

[1] *Revue de bibliographie*, t. II, p. 232.

Wellesley, le baron de Kolli se rendit de Londres à Paris pour y préparer ses moyens d'exécution. Arrêté le 24 mars, au moment même où il se disposait à partir pour Valençay, il fut conduit devant Foucher. Ce ministre, n'ayant pu l'engager à convertir sa mission en une trahison déguisée, pour attirer Ferdinand VII dans le piége que lui tendait Bonaparte, fit jeter Kolli dans les cachots de Vincennes, où il devint le compagnon d'infortune de MM. de Polignac. Pendant qu'il était en butte dans sa prison aux séductions, aux menaces et aux vengeances muettes de la police, Fouché et Desmarets se procurèrent un individu, nommé Albert, d'une ressemblance suffisante avec le baron de Kolli ; on lui remit les lettres de créance qu'on avait enlevées au baron, et on lui donna l'ordre d'aller parodier auprès des princes espagnols le rôle du personnage qu'il devait y représenter. Mais le roi Ferdinand, soit qu'il fût en garde contre les embûches de Bonaparte, soit que la résignation ne lui permît pas même alors l'espoir de sa délivrance, refusa tout contact direct avec l'agent de la police, empêcha qu'il n'approchât des infants don Carlos et don Antonio, et fit connaître sans détour ce qui se passait par la voie de M. Damezapa, son chambellan, à M. Bertheim, commandant du château.

Le faux Kolli, malgré le bruit semé alors à dessein, et consigné dans les journaux, de prétendues poursuites contre lui qui n'ont jamais eu lieu, en fut quitte pour ne pas toucher les 12,000 francs qui devaient être le prix de sa perfidie.

Cependant le vrai Kolli, après avoir gémi quatre ans à Vincennes, où le mauvais succès d'une tentative d'évasion et le délabrement de sa santé avaient singulièrement aggravé ses maux, fut transféré enchaîné au château de Saumur, d'où il ne sortit qu'au retour du roi, le 16 avril 1814.

—

L'alliance de l'Autriche et de la France au dix-huitième siècle démentait toutes les prévisions et toutes les traditions de la politique européenne : c'est M. de Kaunitz qui la prépara.

Cet homme si futile dans ses goûts, si profond dans les affaires, comme disait Frédéric II, était encore jeune et cachait sous les apparences de la légèreté des talents de premier ordre. Dès le congrès d'Aix-la-Chapelle, il avait jeté en avant des ouvertures qui donnèrent plus tard une grande consistance aux propositions de l'impératrice. « Si Louis XV, disait-il, voulait obliger Frédéric II a restituer la Silésie, Marie-Thérèse céderait la Flandre et le Brabant à la France. » Ces offres semblaient vaines, car au moment où il les faisait, la liaison du cabinet de Versailles et du monarque prussien était trop intime pour qu'il y fût accordé la moindre attention. L'abaissement de la maison d'Autriche était encore le programme de tous les hommes d'État français, et M. de Puysieux, plénipotentiaire de Louis XV, jugea superflu de transmettre à son souverain les adroites insinuations de Kaunitz. Marie-Thérèse, cependant, renouvela les mêmes ouvertures à Blondel, chargé d'affaires à Vienne, et plus tard au marquis d'Hautefort, ambassadeur de France.

En outre, elle envoya Kaunitz à Paris, où il travailla sur la même donnée avec une persévérance et une adresse qu'on ne saurait trop admirer. « Il répétait sans cesse, dit le dernier historien de Louis XV, que Frédéric II avait

payé de la plus noire ingratitude les services de la France ;
il ajoutait que les États du second ordre tendent toujours
à tout brouiller pour s'arrondir, et que l'union des grandes
puissances pouvait seule les contenir et assurer une paix
durable. Ces paroles ébranlaient peu à peu les préjugés
anciens. »

En attendant qu'elles eussent produit l'effet qu'il en
pouvait attendre, Kaunitz s'appliquait à gagner les bonnes
grâces de la favorite. Elle avait sur le cœur les sanglantes
épigrammes que le philosophe de Sans-Souci se permettait contre son frère de Versailles, le roi très-chrétien,
adultère au premier chef et champion zélé de l'Église.
Louis XV, inspiré par elle, haïssait Frédéric II, infidèle
allié, monarque irréligieux et libre penseur, qui se moquait en même temps du pape et de madame de Pompa-
dour. Choiseul et Bernis aidaient la favorite, dont ils étaient
les créatures, et tous trois, après tout, obéissaient, instruments dociles, à l'impulsion secrètement donnée par
Kaunitz ; Starhemberg, qui remplaça ce dernier comme
ambassadeur en France, lorsqu'il fut placé à la tête de la
monarchie autrichienne, n'eut qu'à suivre pas à pas les
errements de son habile prédécesseur.

Une fois à Vienne, et possédant toute la confiance de
Marie-Thérèse, Kaunitz sut la décider à ces démarches
humiliantes, mais justifiées par la raison d'État, qui lui
gagnèrent définitivement le cœur et l'assistance de la
maîtresse royale. « J'ai bien flatté Farinelli le chanteur, »
disait l'impératrice à Kaunitz, qui crut devoir s'excuser
du sacrifice auquel il conviait sa souveraine. L'événement
prouva que le calcul était juste. Le crédit de la marquise
balança l'autorité du conseil, dont on résolut de se passer,
certain que la majorité ne sanctionnerait jamais l'alliance

projetée. Les négociations entre l'Autriche et la France, entamées à Babiole par Starhemberg et Bernis, se continuèrent au Luxembourg chez l'historiographe Duclos, et le roi finit par nommer une commission spéciale pour discuter cette grande affaire, c'est-à-dire en réalité pour en assurer l'issue.

Sans parler des autres avantages que Marie-Thérèse allait devoir à l'appui si peu attendu de la France, elle bouleversait le système entier de la politique européenne, brouillait Louis XV avec ses alliés naturels, l'entraînait dans une guerre continentale où s'absorbèrent des richesses que, mieux inspiré, il eût exclusivement consacrées au développement de la marine française; enfin, elle faisait descendre au second rang des nations l'altière rivale qui, depuis tant d'années, toujours menaçante et armée, contenait l'Autriche dans ses frontières si souvent envahies. L'agrandissement de la Russie, le partage de la Pologne, étaient en germe dans ces combinaisons, qui tout d'abord amenèrent la guerre de sept ans.

Et tout cela parce qu'un roi spirituel et goguenard s'était raillé d'un roi libertin, d'une favorite femme forte et bas bleu, d'un ministre bel-esprit, M. de Bernis, qu'il n'appelait jamais que *Babet la bouquetière*. Cet épisode eût dû rentrer dans notre chapitre des Petites causes et des petits moyens.

FIN.

TABLE DES MATIÈRES

DANS CE VOLUME.

FIN DE LA TABLE DES MATIÈRES.